ITINÉRAIRES PRO

2022-2023

CAP Accompagnant éducatif Petite enfance (AEPE)

ÉPREUVES PROFESSIONNELLES

Annales session 2021 incluses

Entraînement intensif

1000 QCM et exercices corrigés

Ghislaine Camus
Infirmière puéricultrice, directrice d'IFAP (lycée René Auffray – Clichy-la-Garenne) et formatrice à l'Éducation nationale où elle enseigne auprès d'élèves préparant les métiers de la petite enfance.

4e édition

Vuibert

Ressources numériques

Téléchargez gratuitement le sujet EP2 de 2019 sur www.Vuibert.fr/site/210057

ISBN : 978-2-311-21005-7

Conception de la couverture : Les Paoistes
Conception de l'intérieur : Bleu T
Mise en pages : Michelle Bourgeois
Photographies de couverture : Sergey Novikov © istock

Sommaire

EP1

Accompagner le développement du jeune enfant

Entraînement intensif 13

Fiche 1 Rôle, règles et lois de l'État et des services territoriaux dans le secteur de la famille et de l'enfance 13
Fiche 2 Les différents modes d'accueil 15
Fiche 3 L'enfant en situation de handicap 17
Fiche 4 Les différents types de projet 19
Fiche 5 Le développement psychomoteur de l'enfant : acquis et aptitudes 21
Fiche 6 Les besoins de l'enfant 23
Fiche 7 L'organisation générale du corps humain 25
Fiche 8 La peau 27
Fiche 9 L'organisation de l'appareil locomoteur 29
Fiche 10 La croissance et l'hygiène de l'appareil locomoteur 31
Fiche 11 L'appareil urinaire 33
Fiche 12 L'appareil digestif 35
Fiche 13 L'appareil digestif du jeune enfant 37
Fiche 14 Les organes des sens 39
Fiche 15 Le système nerveux 41
Fiche 16 Normes et sécurité des aires de jeux et des équipements éducatifs 43
Fiche 17 Les matériels et produits liés aux soins d'hygiène et au confort 45
Fiche 18 Les produits d'entretien 47
Fiche 19 L'organisation spatiale des locaux 49
Fiche 20 La structure familiale et les droits de l'enfant 51
Fiche 21 Le principe de laïcité pour la petite enfance 53
Fiche 22 Secrets professionnels et partagés, et discrétion professionnelle 55
Fiche 23 La responsabilité civile et pénale 57
Fiche 24 La prévention des accidents domestiques 59
Fiche 25 Les maladies professionnelles et les accidents du travail 61
Fiche 26 Les principes d'ergonomie 63
Fiche 27 Les contaminations 65
Fiche 28 Préparation des locaux et du matériel avant une activité 67
Fiche 29 Mise en œuvre de conditions favorables au jeu libre 69
Fiche 30 L'expression corporelle 71
Fiche 31 Les instruments de musique et le chant 73
Fiche 32 La peinture 75
Fiche 33 Les livres 77
Fiche 34 Les marionnettes 79
Fiche 35 Les manipulations 81
Fiche 36 Les jeux symboliques 83
Fiche 37 Les jeux de société 85
Fiche 38 La découverte des cinq sens 87
Fiche 39 Les jeux moteurs 89
Fiche 40 Le portage d'un enfant 91
Fiche 41 L'habillage et le déshabillage 93
Fiche 42 Préparation et entretien de l'espace de soins de l'enfant 95
Fiche 43 Installation du jeune enfant sur le matelas de change 97
Fiche 44 La toilette du visage et des mains 99
Fiche 45 Le change du nourrisson 101
Fiche 46 L'apprentissage de la propreté 103
Fiche 47 L'installation de l'enfant au quotidien 105
Fiche 48 Les facteurs de développement et les rythmes de l'enfant 107
Fiche 49 La préparation des biberons 109
Fiche 50 Donner un biberon 111
Fiche 51 La distribution et le service des repas 113
Fiche 52 Le temps du repas 115
Fiche 53 La protection de l'enfant en danger 117
Fiche 54 Prise de température et hyperthermie 119
Fiche 55 Les maladies et affections de l'enfant 121
Fiche 56 Les parasitoses 123
Fiche 57 Les situations d'urgence et les premiers secours 125
Fiche 58 Le soin d'une plaie 127
Fiche 59 La détresse respiratoire 129
Fiche 60 La brûlure 131
Fiche 61 L'épistaxis 133
Fiche 62 Le Projet d'Accueil Individualisé (PAI) 135

Exemples d'épreuves d'examen : présentation de fiches 137

EP2

Exercer son activité en accueil collectif

Entraînement intensif 158

Fiche 63 Assurer une situation d'échanges avec l'enfant et sa famille 158

Fiche 64 Les transmissions 160

Fiche 65 La communication appliquée au secteur professionnel 162

Fiche 66 Le partage d'informations avec l'équipe et les autres professionnels 164

Fiche 67 Connaître et respecter les projets de l'établissement 166

Fiche 68 Les situations d'écoute et d'échange avec l'enfant 168

Fiche 69 Stimuler et participer à l'acquisition du langage de l'enfant 170

Fiche 70 L'école maternelle 172

Fiche 71 Assurer la préparation, l'animation et la remise en état des locaux après un atelier pédagogique 174

Fiche 72 Gestion et animation d'un groupe d'enfants 176

Fiche 73 Respecter le rythme et les règles de vie à l'école 178

Fiche 74 Respecter les mesures de sécurité à l'école maternelle 180

Fiche 75 Participer aux temps périscolaires, extrascolaires et aux travaux collectifs de l'école 182

Fiche 76 Le bionettoyage 184

Fiche 77 Les techniques de dépoussiérage des sols 186

Fiche 78 Techniques de lavage de la vaisselle 188

Fiche 79 Entretien et lavage du linge 190

Fiche 80 Les différentes structures d'accueil du jeune enfant 192

Fiche 81 L'environnement de l'enfant en collectivités 194

Exemple de sujets blancs 196

Sujet session 2020 206

EP3

Exercer son activité en accueil individuel

Entraînement intensif 217

Fiche 82 S'adapter à des situations imprévues 217

Fiche 83 Planification des activités et gestion des stocks 219

Fiche 84 Le projet d'accueil 221

Fiche 85 La procédure d'agrément 223

Fiche 86 L'embauche et le contrat de travail de l'AMA 225

Fiche 87 Les interlocuteurs partenaires de l'AMA 227

Fiche 88 La tenue professionnelle 229

Fiche 89 L'hygiène des mains 231

Fiche 90 Les techniques d'entretien de la cuisine et des appareils électroménagers 233

Fiche 91 Les techniques de décontamination des locaux et des équipements 235

Fiche 92 Les risques toxicologiques 237

Fiche 93 Le nettoyage des jouets 239

Fiche 94 Les besoins nutritionnels de l'enfant 241

Fiche 95 L'alimentation de l'enfant de 0 à 6 ans 243

Fiche 96 Les sources nutritionnelles : groupes et constituants alimentaires 245

Fiche 97 Les produits alimentaires 247

Fiche 98 La préparation des fruits et des légumes 249

Fiche 99 La fabrication de pâtes 251

Fiche 100 Les différents types de cuisson 253

Fiche 101 La préparation des repas 255

Fiche 102 Les mixés 257

Fiche 103 Les contaminations alimentaires 259

Fiche 104 Allergies, intolérances et régimes alimentaires de l'enfant 261

Exemple d'épreuve d'examen : projet d'accueil élaboré à partir d'un ensemble documentaire 263

Introduction

1. Les modalités d'évaluation

a. Généralités

Les épreuves du CAP AEPE sont composées :

• d'épreuves générales :

– Français, histoire-géographie et enseignement moral et civique (coefficient 3) ;
– Mathématiques, sciences physiques et chimiques (coefficient 2) ;
– Éducation physique et sportive (coefficient 1) ;
– Épreuve facultative de langue vivante.

• d'épreuves professionnelles :

– EP1 : accompagner le développement du jeune enfant (coefficient 7, dont 1 pour la Prévention Santé Environnement -PSE-) ;
– EP2 : exercer son activité en accueil collectif (coefficient 4) ;
– EP3 : exercer son activité en accueil individuel (coefficient 4).

b. Les épreuves professionnelles

➲ EP1 : Accompagner le développement du jeune enfant

(Coefficient 7)

Scolaires (établissements publics et privés sous contrat) **Apprentis** (CFA et sections d'apprentissage habilités) **Formation professionnelle continue** (établissements publics)	**Candidats libres** **Enseignement à distance** **Scolaires** (établissements privés hors contrat) **Apprentis** (CFA et sections d'apprentissage non habilités) **Formation professionnelle continue** (établissements privés)
CCF (deux situations d'évaluation d'égale valeur)	Épreuve ponctuelle Durée : 25 minutes
Situation d'évaluation n° 1 : au centre de formation L'épreuve prend appui sur une PFMP d'au moins 4 semaines en EAJE, auprès d'AMA ou en service d'aide à domicile, offrant des prestations de garde d'enfant(s) de moins de 3 ans. Le candidat présente une fiche relative à l'accompagnement de l'enfant dans ses découvertes et ses apprentissages. **Contenu de la fiche :** présentation du contexte d'intervention ; description de l'activité menée. **L'exposé du candidat et l'entretien durent 25 minutes** devant un jury composé de deux membres.	L'épreuve prend appui : – sur une PFMP d'au moins 4 semaines (EAJE, AMA, service d'aide à domicile) offrant des prestations de garde d'enfant(s) de moins de 3 ans, OU – sur une expérience professionnelle d'au moins 12 semaines en EAJE ou dans le contexte d'intervention professionnel du domicile.

Situation d'évaluation n° 2 : au cours d'une PFMP	
Le candidat est évalué au cours de l'une ou de l'autre PFMP de la dernière année de formation d'une durée minimum de quatre semaines en EAJE. L'évaluation est réalisée uniquement en milieu professionnel. La PFMP fait l'objet d'une évaluation conduite par le tuteur. Un bilan est effectué en fin de PFMP et donne lieu à une proposition de note établie conjointement par le tuteur et un professeur d'enseignement professionnel.	**Le candidat présente deux fiches :** – l'une relative à la réalisation d'un soin du quotidien ; – l'autre relative à l'accompagnement de l'enfant dans ses découvertes et ses apprentissages. **Contenu des fiches :** – présentation du contexte d'intervention ; – description des activités. **L'exposé du candidat puis l'entretien durent 25 minutes** devant un jury composé de deux membres.

Cette épreuve repose sur les activités suivantes :
- accompagner l'enfant dans ses découvertes et ses apprentissages ;
- prendre soin et accompagner l'enfant dans les activités de la vie quotidienne.

Les compétences attendues sont :
- recueillir les informations, s'informer sur les éléments du contexte et de la situation professionnelle à prendre en compte ;
- adopter une posture professionnelle adaptée ;
- mettre en œuvre les conditions favorables à l'activité libre et à l'expérimentation dans un contexte donné ;
- mettre en œuvre des activités d'éveil en tenant compte de la singularité de l'enfant ;
- réaliser des soins du quotidien et accompagner l'enfant dans ses apprentissages ;
- appliquer les protocoles liés à la santé de l'enfant.

Attention, en l'absence de l'ensemble des fiches, le candidat se verra attribuer la note zéro à l'épreuve.

➲ EP2 : Exercer son activité en accueil collectif

(Coefficient 4)

Scolaires (établissements publics et privés sous contrat) **Apprentis** (CFA et sections d'apprentissage habilités) **Formation professionnelle continue** (établissements publics)	**Candidats libres** **Enseignement à distance** **Scolaires** (établissements privés hors contrat) **Apprentis** (CFA et sections d'apprentissage non habilités) **Formation professionnelle continue** (établissements privés)
CCF (deux situations d'évaluation d'égale valeur)	Contrôle ponctuel écrit Épreuve écrite d'une durée de 1 h 30
Situation d'évaluation n° 1 : au centre de formation L'épreuve comporte des questions écrites qui évaluent tout ou partie des compétences et des savoirs ciblés. Le travail demandé et le degré d'exigence sont ceux du référentiel au niveau terminal.	Une PFMP d'au moins 4 semaines ou une expérience professionnelle d'au moins 12 semaines en école maternelle ou en EAJE ou en ACM (moins de 6 ans) est exigée pour présenter l'épreuve EP2. Les candidats qui n'ont aucune expérience professionnelle au sein des structures indiquées pour s'inscrire en EP1 ou en EP2 doivent réaliser les 16 semaines de PFMP prévues par l'annexe relative aux PFMP.

Situation d'évaluation n° 2 : au cours d'une PFMP Le candidat est évalué au cours de l'une ou de l'autre PFMP de la dernière année de formation d'une durée minimum de quatre semaines, en école maternelle, en EAJE ou ACM (moins de 6 ans). L'évaluation est réalisée uniquement en milieu professionnel. La PFMP fait l'objet d'une évaluation conduite par le tuteur. Un bilan est effectué en fin de PFMP et donne lieu à une proposition de note établie conjointement par le tuteur et un professeur d'enseignement professionnel.	L'épreuve comporte des questions qui évaluent tout ou partie des compétences et des savoirs du bloc « exercer son activité en accueil collectif ». Le travail demandé et le degré d'exigence sont ceux du référentiel au niveau terminal.

Cette épreuve repose sur les activités suivantes :
- inscrire son action dans le réseau des relations enfant-parents-professionnels ;
- exercer son activité en école maternelle ;
- exercer son activité en EAJE et en ACM.

Les compétences attendues sont :
- coopérer avec l'ensemble des acteurs concernés dans un but de cohérence, d'adaptation et de continuité dans l'accompagnement ;
- établir une relation privilégiée et sécurisante avec l'enfant ;
- assurer une assistance pédagogique au personnel enseignant ;
- assurer des activités de remise en état des matériels et locaux en école maternelle.

Attention, en l'absence d'attestation de PFMP conforme aux exigences de l'épreuve et fournie à la date fixée, le candidat ne sera pas autorisé à se présenter à l'épreuve et le diplôme ne pourra pas lui être délivré.

➲ EP3 : Exercer son activité en accueil individuel

(Coefficient 4)

Scolaires (établissements publics et privés sous contrat) **Apprentis** (CFA et sections d'apprentissage habilités) **Formation professionnelle continue** (établissements publics)	**Candidats libres** **Enseignement à distance** **Scolaires** (établissements privés hors contrat) **Apprentis** (CFA et sections d'apprentissage non habilités) **Formation professionnelle continue** (établissements privés)
Contrôle en cours de formation (CCF) et contrôle ponctuel Épreuve orale : exposé d'un candidat, puis entretien devant un jury composé de deux membres, d'une durée totale de 25 minutes. Temps de préparation éventuel : 1 h 30	
Le candidat présente un projet d'accueil élaboré à partir d'un ensemble documentaire. Les AMA et les employés à domicile ont la possibilité de présenter un projet d'accueil réel qui prend appui sur leur contexte d'intervention professionnel du domicile. L'AMA ou l'employé à domicile qui fait ce choix au moment de l'inscription au diplôme dépose un dossier présentant le projet d'accueil à la date fixée par le recteur (5 pages maximum). En l'absence du dépôt du projet d'accueil à la date fixée par le recteur, le candidat n'est pas autorisé à passer l'épreuve.	

Cette épreuve repose sur les activités suivantes :
- exercer son activité à son domicile, celui des parents ou en maison d'assistants maternels.

Les compétences attendues sont :
- organiser son action ;
- négocier le cadre de l'accueil ;
- assurer les opérations d'entretien du logement et des espaces réservés à l'enfant ;
- élaborer les repas.

2. Dispenses d'épreuves du CAP Accompagnement éducatif petite enfance (AEPE)

Épreuves du CAP AEPE	Certificat professionnel de la jeunesse, de l'éducation populaire et du sport (CP JEPS) mention « animateur d'activités et de vie quotidienne »	Titre Assistant (e) de vie aux familles	Brevet d'études professionnelles agricoles Services aux personnes	CAP Services aux personnes et vente en espace rural	BEP Accompagnement, soins et services à la personne	Mention complémentaire Aide à domicile
Ministère responsable de la certification	Sports	Emploi	Agriculture et Alimentation	Agriculture et Alimentation	Éducation nationale et Jeunesse	Éducation nationale et Jeunesse
EP1 : Accompagner le développement		Dispense	Dispense	Allègement	Dispense	
EP2 : Exercer son activité en accueil	Dispense				Dispense	
EP3 : Exercer son activité en accueil individuel		Dispense	Dispense	Dispense		Dispense

3. Conseils et critères à respecter

a. *Pour le contenu des fiches (EP1) et le projet d'accueil réel (EP3)*

- **La présentation**
  - Optez pour une présentation méthodique et claire, ne faites pas de ratures.
  - Faites un plan logique et structuré avec des paragraphes.
  - Soignez la présentation, écrivez sur Word si possible et respectez les consignes pour produire un document conforme aux attendus.
- **L'expression écrite**
  - Faites des phrases courtes et relisez-vous pour éviter les fautes d'orthographe et de grammaire.
  - Utilisez un vocabulaire que vous maîtrisez bien.
  - Recherchez dans le dictionnaire les mots que vous ne connaissez pas parfaitement bien.

- **Le contenu des fiches**
  - Vérifiez vos connaissances théoriques et pratiques.
  - Respectez les consignes des textes officiels.
  - Prouvez vos connaissances par un vocabulaire riche et précis.

b. *Pour l'exposé oral (EP1 et EP3)*

- **Votre présentation personnelle**

Présentez-vous rapidement au jury en indiquant :

  - votre âge ;
  - votre parcours scolaire (périodes et lieux de stage dans le milieu de la petite enfance ou de la santé) ;
  - votre parcours professionnel (les dates importantes) ;
  - votre projet professionnel ainsi que vos motivations.

- **Votre attitude**
  - Ayez une tenue adaptée à un examen, c'est-à-dire propre, classique.
  - Soignez vos mains, attachez vos cheveux et optez pour un maquillage discret.

- **L'expression orale :**
  - Posez votre voix.
  - Optez pour un débit de paroles assez lent.
  - Articulez bien et à haute voix.

- **Échange avec le jury**
  - Répondez aux questions posées calmement.
  - Acceptez la controverse.
  - Réajustez si besoin votre travail écrit.
  - Reformulez vos idées.
  - Faites apparaître vos connaissances.
  - Contrôlez vos émotions
  - Argumentez vos idées clairement et suffisamment.

c. *Pour l'épreuve écrite (EP2)*

- Lisez bien le sujet.
- Répondez aux questions au fur et à mesure.
- Si vous ne savez pas répondre à une question, laissez-la de côté, vous y reviendrez en fin de devoir.
- Ne faites pas de hors sujet en répondant à côté de la question.
- Prouvez vos connaissances par un vocabulaire riche et précis.
- Vérifiez, à la fin, que vous avez traité chaque question.
- Ne faites pas de brouillon car vous n'aurez pas le temps de recopier.

EP1

Accompagner le développement du jeune enfant

Entraînement intensif 13

Exemples d'épreuves d'examen 137

Présentation d'une fiche 137

Présentation de deux fiches 146

FICHE 1 Rôle, règles et lois de l'État et des services territoriaux dans le secteur de la famille et de l'enfance

Répondez aux questions au crayon à papier pour pouvoir effacer et recommencer au cours de votre préparation. Chaque bonne réponse donne 1 point.

S'entraîner avec des QCM

Entourez la bonne réponse.

1. Tous les établissements d'accueil du jeune enfant (EAJE) sont administrés par la commune.
A. Vrai **B.** Faux

2. La loi est un texte promulgué par le président de la République.
A. Vrai **B.** Faux

3. La région n'a pas d'implication directe dans le secteur de la petite enfance.
A. Vrai **B.** Faux

4. La loi s'impose à toute la population lorsqu'elle :
A. est publiée au *Journal officiel*.
B. est adoptée à l'Assemblée nationale.
C. garantit les droits et les devoirs.

5. La commune :
A. rémunère les professeurs des écoles de l'Éducation nationale.
B. gère et prend en charge certains accueils de loisirs associés à l'école (ALAE).
C. suit les femmes enceintes.

S'entraîner avec des QROC

Répondez aux questions suivantes :

1. Qui est à l'initiative des grandes orientations en matière de politique de la petite enfance ?

....

2. Citez deux principaux rôles de la PMI.

....

3. Définissez ce qu'est une charte.

....

....

S'entraîner en situation

Répondez aux questions suivantes :
Vous travaillez dans un accueil de loisirs associé à l'école (ALAE). Vous avez en charge plusieurs enfants de 3 à 6 ans. Deux d'entre eux, Jules et Clémentine, sont suivis régulièrement à la PMI.

1. Que signifie le sigle PMI ?

....

2. La maman de Jules est enceinte. Peut-elle être suivie par la PMI ?

....

....

Corrigés

S'entraîner avec des QCM

1. **B.** Les établissements d'accueil du jeune enfant (EAJE) peuvent être administrés par la commune mais aussi par des associations de commune, des associations ou des sociétés privées.
2. **A.**
3. **A.**
4. **A.**
5. **B.**

S'entraîner avec des QROC

1. C'est l'État qui est à l'initiative des grandes orientations en matière de politique de la petite enfance.
2. Les deux principaux rôles de la PMI sont :
   - la surveillance et le contrôle des établissements d'accueil du jeune enfant (EAJE) ;
   - le dépistage du handicap des enfants de moins de 6 ans.
3. Une charte est un texte juridique solennel qui a pour but de garantir des libertés, des droits ou des devoirs.

S'entraîner en situation

1. PMI signifie protection maternelle et infantile.
2. Oui, la maman de Jules peut être suivie par la PMI.

Auto-évaluation

1. Quelles sont mes erreurs ou mes lacunes ?

   ....

   ....

   ....

2. Quelle est ma note sur 10 ? .../10
3. Quels sont les mots que je n'ai pas compris ?

   ....

   ....

FICHE 2

Les différents modes d'accueil

Répondez aux questions au crayon à papier pour pouvoir effacer et recommencer au cours de votre préparation. Chaque bonne réponse donne 1 point.

S'entraîner avec des QCM

Entourez la bonne réponse.

1. L'assistant maternel agréé doit suivre une formation de 120 heures.
A. Vrai **B.** Faux

2. Une micro-crèche accueille au maximum 20 enfants.
A. Vrai **B.** Faux

3. La crèche parentale est un mode d'accueil individuel.
A. Vrai **B.** Faux

4. Un multi-accueil de plus de 40 places peut être dirigé par :
A. une éducatrice de jeunes enfants (EAJE).
B. une puéricultrice.
C. une auxiliaire de puériculture.

5. Selon la loi, l'encadrement des jeunes enfants dans un multi-accueil est :
A. un adulte pour 5 enfants qui marchent.
B. un adulte pour 8 enfants qui marchent.
C. un adulte pour 6 enfants.

S'entraîner avec des QROC

Répondez aux questions suivantes :

1. Que signifie le sigle EAJE ?

....

2. Qui délivre l'agrément de l'assistant maternel ?

....

3. Combien d'enfants maximum un assistant maternel agréé peut-il prendre en charge chez lui ?

....

S'entraîner en situation

Répondez aux questions suivantes.
Vous travaillez dans un multi-accueil dans la section des bébés. Adrien, 3 mois, commence son adaptation aujourd'hui.

1. Citez les deux principaux objectifs de l'adaptation.

....

....

....

2. Quel est le principal avantage de ce type de structure pour les parents ?

....

....

Corrigés

S'entraîner avec des QCM

1. **A.**
2. **B.** Une micro crèche accueille au maximum 12 enfants.
3. **B.** La crèche parentale est un mode d'accueil collectif.
4. **B.**
5. **C.**

S'entraîner avec des QROC

1. Le sigle EAJE signifie établissement d'accueil du jeune enfant.
2. L'agrément de l'assistant maternel est délivré par le président du conseil départemental après les avis des services de la PMI.
3. Un assistant maternel agréé peut prendre, chez lui, jusqu'à 4 enfants au maximum (6 en cas de dérogation due à la pandémie Covid-19) si son agrément le lui permet.

S'entraîner en situation

1. Les deux principaux objectifs de l'adaptation sont :
   – l'échange entre parents et professionnels sur les habitudes de l'enfant ;
   – la connaissance de la structure pour l'enfant et les parents (lieux, fonctionnement, etc.).
2. Le principal avantage de ce type de structure pour les parents est la souplesse des formules de garde (régulier ou occasionnel et collectif ou individuel).

Auto-évaluation

1. Quelles sont mes erreurs ou mes lacunes ?

   ....

   ....

   ....

2. Quelle est ma note sur 10 ? .../10
3. Quels sont les mots que je n'ai pas compris ?

   ....

   ....

FICHE 3 L'enfant en situation de handicap

Répondez aux questions au crayon à papier pour pouvoir effacer et recommencer au cours de votre préparation. Chaque bonne réponse donne 1 point.

S'entraîner avec des QCM

Entourez la bonne réponse.

1. La trisomie 21 est une anomalie chromosomique.

A. Vrai **B.** Faux

2. Le polyhandicap est un handicap associant une déficience motrice et une déficience intellectuelle.

A. Vrai **B.** Faux

3. PPS signifie projet personnalisé de situation.

A. Vrai **B.** Faux

4. Le PAP s'adresse aux enfants scolarisés qui connaissent des troubles des apprentissages :

A. dans le premier et second degré.
B. dans le premier degré.
C. dans le second degré.

5. Les AVS sont recrutées par :

A. la mairie.
B. le rectorat.
C. le département.

S'entraîner avec des QROC

Répondez aux questions suivantes.

1. Un enfant en situation de handicap peut être scolarisé dans un EMS. Que signifie ce sigle ?

....

2. Comment appelle-t-on l'organisme qui met en œuvre les décisions prises par la Commission des droits et de l'autonomie des personnes handicapées (CDAPH) ?

....

3. Quelle est la date de la dernière loi relative à la prise en charge de l'enfant atteint de handicap ?

....

S'entraîner en situation

Répondez aux questions suivantes.

Vous travaillez dans la section des bébés dans un EAJE. Caroline, 4 mois, commence son adaptation aujourd'hui. Sa maman vous confie que son fils aîné, Marin, 20 mois, est porteur d'un handicap auditif.

1. À quel âge Marin pourra-t-il rentrer à l'école maternelle ?

....

2. Pour mieux répondre aux besoins de Marin lors de sa scolarité, combien de fois par an le contenu et la mise en œuvre du PPS seront-ils évalués ?

....

Corrigés

S'entraîner avec des QCM

1. A.

2. A.

3. B. PPS signifie projet personnalisé de scolarisation.

4. A.

5. B.

S'entraîner avec des QROC

1. Ce sigle signifie établissement médico-social.

2. L'organisme qui met en œuvre les décisions prises par la Commission des droits et de l'autonomie des personnes handicapées (CDAPH) s'appelle la Maison départementale des personnes handicapées (MDPH).

3. La date de la dernière loi relative à la prise en charge de l'enfant atteint de handicap est le 11 février 2005.

S'entraîner en situation

1. Marin peut être scolarisé dès l'âge de 2 ans si les parents en font la demande.

2. Le contenu et la mise en œuvre du PPS seront évalués une fois par an.

Auto-évaluation

1. Quelles sont mes erreurs ou mes lacunes ?

....

....

....

2. Quelle est ma note sur 10 ? .../10

3. Quels sont les mots que je n'ai pas compris ?

....

....

FICHE 4

Les différents types de projet

Répondez aux questions au crayon à papier pour pouvoir effacer et recommencer au cours de votre préparation. Chaque bonne réponse donne 1 point.

S'entraîner avec des QCM

Entourez la bonne réponse.

1. Le projet pédagogique est l'application directe du projet éducatif de la structure.
A. Vrai **B.** Faux

2. Le projet d'école est obligatoire dans les EAJE.
A. Vrai **B.** Faux

3. Le projet est le but que l'on se propose d'atteindre dans une structure.
A. Vrai **B.** Faux

4. Le projet éducatif est obligatoire :
A. dans une école maternelle. **B.** chez un assistant maternel. **C.** dans une PMI.

5. Le projet d'école met en relation :
A. les objectifs nationaux et la situation régionale.
B. les objectifs nationaux et la situation locale.
C. les axes nationaux et le projet d'accueil.

S'entraîner avec des QROC

Répondez aux questions suivantes.

1. Citez trois types de projet possibles en fonction des structures professionnelles.

....

....

....

2. Quel est le contenu global du projet d'accueil d'un assistant maternel ?

....

....

3. Citez deux modes de garde concernés par le projet éducatif.

....

....

....

S'entraîner en situation

Répondez aux questions suivantes.

Vous travaillez dans un EAJE dont la directrice souhaite faire évoluer le projet éducatif de l'établissement.

1. Qui participe à l'élaboration de ce nouveau projet éducatif ?

....

2. Que doit définir ce projet éducatif ?

....

Corrigés

S'entraîner avec des QCM

1. **A.**
2. **B.** Il n'y a pas de projet d'école dans un EAJE mais il y a par contre un projet pédagogique et un projet éducatif.
3. **A.**
4. **A.**
5. **B.**

S'entraîner avec des QROC

1. Les trois types de projet possibles en fonction des structures professionnelles peuvent être :
   – le projet pédagogique ;
   – le projet d'accueil ;
   – le projet éducatif.
2. Le contenu global du projet d'accueil d'un assistant maternel doit préciser les modalités d'accueil de l'enfant chez lui (horaires, jeux, alimentation…).
3. Les deux modes de garde concernés par le projet éducatif sont :
   – les EAJE ;
   – les ALAE.

S'entraîner en situation

1. Ce nouveau projet éducatif sera discuté et élaboré par toute l'équipe professionnelle mais aussi avec les parents.
2. Le projet éducatif doit définir les axes et les orientations éducatives souhaités par la structure en tenant compte des besoins spécifiques des enfants.

Auto-évaluation

1. Quelles sont mes erreurs ou mes lacunes ?

   ……………………………………………………………………………………

   ……………………………………………………………………………………

   ……………………………………………………………………………………

2. Quelle est ma note sur 10 ? …/10
3. Quels sont les mots que je n'ai pas compris ?

   ……………………………………………………………………………………

   ……………………………………………………………………………………

FICHE 5 Le développement psychomoteur de l'enfant : acquis et aptitudes

Répondez aux questions au crayon à papier pour pouvoir effacer et recommencer au cours de votre préparation. Chaque bonne réponse donne 1 point.

S'entraîner avec des QCM

Entourez la bonne réponse.

1. Victor tient sa tête à 1 mois.
A. Vrai **B.** Faux

2. Clémentine a une préhension palmaire volontaire à 3 mois.
A. Vrai **B.** Faux

3. Edgar associe deux mots à 18 mois.
A. Vrai **B.** Faux

4. Clémentine marche à quatre pattes à :
A. 10 mois. **B.** 8 mois. **C.** 5 mois.

5. Gabriel est inquiet face à un visage étranger à :
A. 2 mois. **B.** 8 mois. **C.** 18 mois.

S'entraîner avec des QROC

Répondez aux questions suivantes.

1. Pour chacune de ces situations, indiquez l'âge correspondant des enfants :
– se met debout avec appui : ....
– relâche volontairement les objets : ....
– relève le buste en se tenant sur les mains : ....

2. Citez les trois impératifs à respecter pour que Charlotte, 28 mois, puisse acquérir la propreté.

....

....

3. À quel âge Louis sera-t-il capable de retrouver un objet que l'adulte lui aura caché ?

....

S'entraîner en situation

Répondez aux questions suivantes.
Vous travaillez dans la section des grands dans un EAJE. La maman de Coline est inquiète car sa fille, qui a bientôt 3 ans, ne parle pas très bien alors que sa fille aînée, Alix, faisait au même âge des phrases grammaticalement correctes.

1. Que pouvez-vous lui répondre ?

....

....

2. Que pouvez-vous préciser à la maman de Coline par rapport à l'évolution de son développement psychomoteur ?

....

Corrigés

S'entraîner avec des QCM

1. B. Victor tiendra sa tête à 3 mois.

2. B. Clémentine aura une préhension palmaire volontaire vers 5-6 mois.

3. A.

4. A.

5. B.

S'entraîner avec des QROC

1. – Se met debout avec appui : 11-12 mois.
– Relâche volontairement les objets : 7-8 mois.
– Relève le buste en se tenant sur les mains : 5-6 mois.

2. Les trois impératifs à respecter pour que Charlotte, 28 mois, puisse acquérir la propreté, sont :
– une maturité du système nerveux pour que Charlotte puisse contrôler ses sphincters anal et vésical ;
– une maturité intellectuelle pour que Charlotte comprenne ce qu'on lui demande ;
– une maturité relationnelle et affective : Charlotte doit avoir envie de devenir grande.

3. Louis sera capable de retrouver un objet que l'adulte lui aura caché à 9-10 mois.

S'entraîner en situation

1. Je peux lui répondre que l'évolution du langage est progressive et que Coline a son propre rythme, qui est différent de celui de sa sœur aînée.

2. L'évolution du développement psychomoteur de Coline doit être respectée pour qu'elle puisse, elle-même, acquérir de nouvelles compétences.

Auto-évaluation

1. Quelles sont mes erreurs ou mes lacunes ?

....

....

....

2. Quelle est ma note sur 10 ?   .../10

3. Quels sont les mots que je n'ai pas compris ?

....

....

....

FICHE 6

Les besoins de l'enfant

Répondez aux questions au crayon à papier pour pouvoir effacer et recommencer au cours de votre préparation. Chaque bonne réponse donne 1 point.

S'entraîner avec des QCM

Entourez la bonne réponse.

1. À 3 mois, un enfant est fasciné par son image dans le miroir.
A. Vrai **B.** Faux

2. L'objet transitionnel est une peluche.
A. Vrai **B.** Faux

3. À 1 mois, un enfant s'apaise, en général, quand on le prend dans les bras ou quand on lui parle.
A. Vrai **B.** Faux

4. Clémence est capable de mettre ses chaussures, seule, sans les inverser à :
A. 18 mois. **B.** 2 ans. **C.** 3 ans.

5. Alix s'intéresse aux autres personnes de son entourage ; c'est l'âge de la convivialité à :
A. 3 ans. **B.** 10 mois. **C.** 18 mois.

S'entraîner avec des QROC

Répondez aux questions suivantes.

1. Reliez le rôle de l'adulte à l'âge du développement affectif et social de l'enfant :

A. Toucher, caresses, portage •	• **a.** 2-3 ans
B. Jeu du « coucou le voilà » •	• **b.** Naissance à 2 mois
C. Jeux collectifs •	• **c.** 9 mois

2. Complétez le tableau ci-dessous en indiquant les âges des enfants dans la 2e colonne :

Période égocentrique	....
Utilise le je	....
Phase d'opposition	....

3. Dans quelle tranche d'âge faut-il favoriser les jeux symboliques ?

....

S'entraîner en situation

Répondez aux questions suivantes.

Vous travaillez comme assistant maternel agréé (AMA) à domicile. À 15 heures, après sa sieste, vous décidez de sortir Jules, 15 mois, dans le bois à côté de chez vous. Vous l'attachez dans sa poussette et vous emportez son goûter.

1. Citez les trois besoins fondamentaux dont il est question dans cette situation.

....

....

....

2. Qu'allez-vous aussi emporter pour que Jules puisse répondre au besoin de « s'occuper en vue de se réaliser » ?

....

Corrigés

S'entraîner avec des QCM

1. **B.** Un enfant est fasciné par son image dans le miroir à partir de 9 mois.
2. **B.** L'objet transitionnel est un symbole qui va représenter la maman. L'enfant établit un lien particulièrement intense avec un objet qu'il aura lui-même choisi (foulard, couche en tissu, poupée, peluche…).
3. **A.**
4. **C.**
5. **A.**

S'entraîner avec des QROC

1. **A.** Toucher, caresses, portage → **b.** naissance à 2 mois
   B. Jeu du « coucou le voilà » → **c.** 9 mois
   C. Jeux collectifs → **a.** 2/3 ans

2.

Période égocentrique	De 1 à 2 ans
Utilise le je	3 ans
Phase d'opposition	De 2 à 3 ans

3. Il faut favoriser les jeux symboliques entre 2 ans et 3 ans.

S'entraîner en situation

1. Les trois besoins fondamentaux dont il est question dans cette situation sont « respirer », « évitez les dangers », « boire et manger ».
2. Je vais emporter aussi des jouets pour répondre au besoin de « s'occuper en vue de se réaliser » de Jules.

Auto-évaluation

1. Quelles sont mes erreurs ou mes lacunes ?

....

....

....

2. Quelle est ma note sur 10 ? …/10

3. Quels sont les mots que je n'ai pas compris ?

....

....

....

FICHE 7 L'organisation générale du corps humain

Répondez aux questions au crayon à papier pour pouvoir effacer et recommencer au cours de votre préparation. Chaque bonne réponse donne 1 point.

S'entraîner avec des QCM

Entourez la bonne réponse.

1. Le foie est un organe.
A. Vrai **B.** Faux

2. Un tissu comprend plusieurs organes.
A. Vrai **B.** Faux

3. Le système endocrinien assure la fonction de relation.
A. Vrai **B.** Faux

4. La fonction de maintien de l'intégrité permet :
A. le maintien de l'équilibre intérieur. **B.** la transmission de la vie.
C. l'apport d'oxygène aux cellules.

5. Les organes des sens assurent :
A. la fonction de reproduction. **B.** la fonction de relation.
C. la fonction de maintien de l'intégrité.

S'entraîner avec des QROC

Répondez aux questions suivantes.

1. Citez trois appareils qui assurent la fonction de nutrition.

....

....

....

2. Reliez les appareils aux fonctions :

A. Appareil respiratoire • • **a.** Fonction de relation
B. Appareil génital féminin • • **b.** Fonction de nutrition
C. Système nerveux • • **c.** Fonction de reproduction

3. Quelle est la plus petite unité vivante de l'organisme ?

....

S'entraîner en situation

Répondez aux questions suivantes.

Vous travaillez dans une école maternelle. À 12 heures, les enfants de 3 à 4 ans déjeunent et parlent entre eux tout en riant beaucoup. Vous êtes présent pour les accompagner dans ce moment important de la journée.

1. Citez les deux fonctions assurées dont il est question au moment du repas.

....

....

2. Quel est le nom du tissu au niveau de l'intestin qui permettra l'absorption des nutriments, des vitamines, des minéraux et de l'eau ?

....

Corrigés

S'entraîner avec des QCM

1. A.

2. B. Un tissu est composé de cellules semblables qui remplissent la même fonction.

3. B. Le système endocrinien assure la fonction de maintien de l'intégrité.

4. A.

5. B.

S'entraîner avec des QROC

1. Les trois appareils qui assurent la fonction de nutrition sont :
- l'appareil digestif ;
- l'appareil circulatoire ;
- l'appareil urinaire.

2. Reliez les appareils aux fonctions :

A. Appareil respiratoire → **b.** Fonction de nutrition
B. Appareil génital féminin → **c.** Fonction de reproduction
C. Système nerveux → **a.** Fonction de relation

3. La plus petite unité vivante de l'organisme est la cellule.

S'entraîner en situation

1. Les deux fonctions assurées dont il est question au moment du repas sont la fonction de nutrition et la fonction de relation.

2. Le nom du tissu au niveau de l'intestin qui permettra l'absorption des nutriments, des vitamines, des minéraux et de l'eau s'appelle l'épithélium des villosités intestinales.

Auto-évaluation

1. Quelles sont mes erreurs ou mes lacunes ?

....

....

....

2. Quelle est ma note sur 10 ? .../10

3. Quels sont les mots que je n'ai pas compris ?

....

....

....

FICHE 8

La peau

Répondez aux questions au crayon à papier pour pouvoir effacer et recommencer au cours de votre préparation. Chaque bonne réponse donne 1 point.

S'entraîner avec des QCM

Entourez la bonne réponse.

1. La gale provoque un prurit.
A. Vrai **B.** Faux

2. L'impétigo est contagieux.
A. Vrai **B.** Faux

3. Le muguet est une allergie.
A. Vrai **B.** Faux

4. L'hypoderme :
A. se trouve sous l'épiderme. **B.** contient des cellules adipeuses. **C.** se divise en trois couches.

5. La peau respire :
A. elle absorbe de l'O_2. **B.** elle rejette de l'O_2. **C.** elle absorbe du CO_2.

S'entraîner avec des QROC

Répondez aux questions suivantes.

1. Comment s'appelle la couche la plus superficielle de la peau ?

....

2. Citez les cinq principaux rôles de la peau.

....

....

....

....

....

3. Quel est le nom de la substance grasse sécrétée par des glandes sébacées ? Quel est son rôle ?

....

....

S'entraîner en situation

Répondez aux questions suivantes.

Vous travaillez dans un EAJE. À 16 heures, les enfants de 1 à 2 ans sortent dans le jardin. Ils jouent à l'ombre car l'ensoleillement est encore important mais la température extérieure de 24 °C est correcte.

1. Pourquoi la peau de l'enfant est-elle peu protégée du soleil ?

....

....

2. Pour quelle raison les températures élevées sont-elles mal compensées au niveau de la peau d'un jeune enfant ?

....

Corrigés

S'entraîner avec des QCM

1. **A.**
2. **A.**
3. **B.** Le muguet est une infection due à un champignon microscopique.
4. **B.**
5. **A.**

S'entraîner avec des QROC

1. La couche la plus superficielle de la peau s'appelle l'épiderme.
2. Les cinq principaux rôles de la peau sont :
   – la protection ;
   – la thermorégulation ;
   – la production de vitamine D ;
   – l'excrétion des déchets ;
   – la perception sensorielle.
3. Le nom de la substance grasse sécrétée par des glandes sébacées s'appelle le sébum. Celui-ci protège et lubrifie la peau.

S'entraîner en situation

1. La peau de l'enfant est peu protégée du soleil car elle est encore immature et produit peu de mélanine.
2. Les températures élevées sont mal compensées au niveau de la peau d'un jeune enfant car les glandes sudoripares sont très peu actives (la sueur permet le refroidissement de l'enfant).

Auto-évaluation

1. Quelles sont mes erreurs ou mes lacunes ?
   ....
   ....
   ....
2. Quelle est ma note sur 10 ? .../10
3. Quels sont les mots que je n'ai pas compris ?
   ....
   ....
   ....

FICHE 9 L'organisation de l'appareil locomoteur

Répondez aux questions au crayon à papier pour pouvoir effacer et recommencer au cours de votre préparation. Chaque bonne réponse donne 1 point.

S'entraîner avec des QCM

Entourez la bonne réponse.

1. La moelle rouge est responsable de la production des cellules sanguines.
A. Vrai **B.** Faux

2. Les muscles, au repos, sont légèrement contractés.
A. Vrai **B.** Faux

3. L'articulation du genou est une articulation semi-mobile.
A. Vrai **B.** Faux

4. Le squelette du corps humain comprend :
A. 206 os. **B.** 106 os. **C.** 304 os.

5. Le muscle strié est attaché à l'os par :
A. les fibres musculaires. **B.** les faisceaux. **C.** le tendon.

S'entraîner avec des QROC

Répondez aux questions suivantes.

1. Quel est le rôle du cartilage de conjugaison ?

....

....

2. Citez les deux types d'os qui composent le tissu osseux.

....

....

3. Citez les trois os qui composent le membre supérieur.

....

....

....

S'entraîner en situation

Répondez aux questions suivantes.

Vous travaillez chez vous en tant qu'assistant maternel agréé (AMA). À 16 heures, vous emmenez Gaspard, 2 ans, et Madeleine, 3 ans, dans le parc à côté de chez vous. Ils courent, sautent et escaladent les petits monticules recouverts d'herbes et de sable. Ces deux enfants apprécient beaucoup les jeux moteurs. Leurs nombreux muscles sont donc sollicités.

1. Comment appelle-t-on cette sorte de muscles ?

....

2. Ces muscles permettent-ils aux enfants des mouvements volontaires ou involontaires au niveau de leur appareil locomoteur ?

....

....

Corrigés

S'entraîner avec des QCM

1. **A.**
2. **A.**
3. **B.** L'articulation du genou est une articulation mobile.
4. **A.**
5. **C.**

S'entraîner avec des QROC

1. Le cartilage de conjugaison est responsable de la croissance osseuse.
2. Les deux types d'os qui composent le tissu osseux sont :
   – l'os compact ;
   – l'os spongieux.
3. Les trois os qui composent le membre supérieur sont :
   – l'humérus ;
   – le radius ;
   – le cubitus.

S'entraîner en situation

1. Il s'agit des muscles striés, ou muscles squelettiques.
2. Ces muscles permettent aux enfants des mouvements volontaires au niveau de leur appareil locomoteur.

Auto-évaluation

1. Quelles sont mes erreurs ou mes lacunes ?

   ....

   ....

   ....

2. Quelle est ma note sur 10 ? .../10
3. Quels sont les mots que je n'ai pas compris ?

   ....

   ....

   ....

FICHE 10 La croissance et l'hygiène de l'appareil locomoteur

Répondez aux questions au crayon à papier pour pouvoir effacer et recommencer au cours de votre préparation. Chaque bonne réponse donne 1 point.

S'entraîner avec des QCM

Entourez la bonne réponse.

1. La vitamine K permet la fixation du calcium sur les os.
A. Vrai **B.** Faux

2. Le segment supérieur est la taille de l'enfant entre le pubis et les pieds.
A. Vrai **B.** Faux

3. À 2 ans, un enfant triple son poids de naissance.
A. Vrai **B.** Faux

4. La fontanelle antérieure se ferme entre :
A. 12 et 18 mois. **B.** 8 et 15 mois. **C.** 2 et 4 mois.

5. À 2 ans, un enfant mesure en moyenne :
A. 72 cm. **B.** 85 cm. **C.** 98 cm.

S'entraîner avec des QROC

Répondez aux questions suivantes.

1. Citez les quatre principaux facteurs externes indispensables pour que la croissance d'un enfant soit harmonieuse.

....

....

....

....

2. Décrivez une courbe de croissance pondérale normale.

....

....

3. Placez les chiffres ci-dessous dans le tableau, en rapport avec l'âge des enfants :
66 cm ; 15 kg ; 3 300 g ; 13 kg ; 73 cm

6 mois	2 ans	Naissance	1 an	3 ans
....	....	....	....	....

S'entraîner en situation

Répondez aux questions suivantes.

Vous travaillez dans un EAJE. À 16 heures, Virgile, 15 mois, et Anne Charlotte, 18 mois, prennent leur goûter.

1. Quel est l'aliment indispensable que ces deux enfants doivent manger au goûter ?

....

....

2. Quel est le principal intérêt de cet aliment ?

....

Corrigés

S'entraîner avec des QCM

1. **B.** C'est la vitamine D qui permet la fixation du calcium sur les os.
2. **B.** Le segment supérieur est la taille de l'enfant entre le pubis et le sommet du crâne.
3. **B.** À 2 ans, un enfant quadruple son poids de naissance.
4. **A.**
5. **B.**

S'entraîner avec des QROC

1. Les quatre principaux facteurs externes indispensables pour que la croissance d'un enfant soit harmonieuse sont :
   – une alimentation équilibrée ;
   – le sommeil ;
   – une relation affective de bonne qualité ;
   – une sortie quotidienne (forêt, parc, square…).
2. Une courbe de croissance pondérale normale doit être ascendante, régulière et comprise entre les références inférieures et supérieures.
3.

6 mois	2 ans	Naissance	1 an	3 ans
66 cm	13 kg	3 300 g	73 cm	15 kg

S'entraîner en situation

1. L'aliment indispensable que doivent manger ces deux enfants au goûter est un produit laitier (yaourt, fromage, fromage blanc…) ou du lait.
2. Le principal intérêt de cet aliment est l'apport en calcium.

Auto-évaluation

1. Quelles sont mes erreurs ou mes lacunes ?

   ....

   ....

   ....

2. Quelle est ma note sur 10 ? …/10
3. Quels sont les mots que je n'ai pas compris ?

   ....

   ....

   ....

FICHE 11

L'appareil urinaire

Répondez aux questions au crayon à papier pour pouvoir effacer et recommencer au cours de votre préparation. Chaque bonne réponse donne 1 point.

S'entraîner avec des QCM

Entourez la bonne réponse.

1. L'appareil urinaire permet l'élimination des toxines.
A. Vrai **B.** Faux

2. L'urètre de la femme est plus long que celui de l'homme.
A. Vrai **B.** Faux

3. Le cortex est un élément anatomique du rein.
A. Vrai **B.** Faux

4. L'appareil urinaire est constitué de :
A. un uretère. **B.** deux uretères. **C.** deux urètres.

5. Le sphincter de l'urètre permet :
A. le contrôle involontaire de la miction.
B. le contrôle volontaire de la miction.
C. l'évacuation de l'urine du rein vers la vessie.

S'entraîner avec des QROC

Répondez aux questions suivantes.

1. Le rein est constitué de millions de néphrons. Quel est le rôle du néphron ?

....

2. Citez les deux principales fonctions du rein.

....

3. Définissez l'incontinence.

....

S'entraîner en situation

Répondez aux questions suivantes.

Vous travaillez dans un EAJE. À 18 heures, la maman de Juliette, 30 mois, vous demande si sa fille a eu plusieurs mictions aujourd'hui ?

1. Une stagiaire CAP AEPE vous demande quelle est la signification du mot miction. Que lui répondez-vous ?

....

....

2. Juliette est née avec un seul rein. Combien de bassinet a-t-elle ? Quel est son rôle ?

....

....

Corrigés

S'entraîner avec des QCM

1. **A.**
2. **B.** L'urètre de la femme est plus court que celui de l'homme.
3. **A.**
4. **B.**
5. **B.**

S'entraîner avec des QROC

1. Le rôle du néphron est la production d'urine au niveau du rein.
2. Les deux principales fonctions du rein sont la fonction d'excrétion des déchets et de régulation de la composition du sang.
3. L'incontinence est une perte involontaire d'urine.

S'entraîner en situation

1. Je lui réponds que le mot miction signifie l'action d'uriner.
2. Juliette n'ayant qu'un seul rein, elle n'a qu'un seul bassinet. Le rôle du bassinet et de l'uretère est de drainer l'urine vers la vessie.

Auto-évaluation

1. Quelles sont mes erreurs ou mes lacunes ?

   ....

   ....

   ....

2. Quelle est ma note sur 10 ? .../10
3. Quels sont les mots que je n'ai pas compris ?

   ....

   ....

   ....

FICHE 12

L'appareil digestif

Répondez aux questions au crayon à papier pour pouvoir effacer et recommencer au cours de votre préparation. Chaque bonne réponse donne 1 point.

S'entraîner avec des QCM

Entourez la bonne réponse.

1. La bile est stockée dans la vésicule biliaire.
A. Vrai **B.** Faux

2. La déglutition du bol alimentaire se situe au niveau du larynx.
A. Vrai **B.** Faux

3. L'estomac sécrète du suc gastrique.
A. Vrai **B.** Faux

4. L'œsophage est un conduit qui fait communiquer :
A. le pharynx et la trachée. **B.** le larynx et l'estomac. **C.** le pharynx et l'estomac.

5. Le rectum fait partie :
A. du colon. **B.** de l'intestin grêle. **C.** du duodénum.

S'entraîner avec des QROC

Répondez aux questions suivantes.

1. Quel est le nom du carrefour aéro-digestif ?

....

2. Sous quelle forme sont évacués les résidus de la digestion ?

....

3. Complétez le tableau ci-dessous :

Âges	De 6 à 12 mois	De 12 à 18 mois	De 18 à 24 mois	De 20 à 30 mois
Nom des dents apparues	....	....	....	....

S'entraîner en situation

Répondez aux questions suivantes.

Vous travaillez dans une école maternelle. Marie a perdu une incisive dimanche soir. « La petite sourie est passée ! » Le lendemain à 16 h 30, à la sortie des classes, la maman de Marie, 5 ans et demi, vous pose deux questions :

1. À quel âge apparaîtront les premières incisives définitives ?

....

....

2. Quelle est l'autre expression employée pour qualifier la dentition de lait ?

....

Corrigés

S'entraîner avec des QCM

1. A.

2. B. La déglutition du bol alimentaire se situe au niveau du pharynx.

3. A.

4. C.

5. A.

S'entraîner avec des QROC

1. Le nom du carrefour aéro-digestif s'appelle le pharynx.

2. Les résidus de la digestion sont évacués sous forme de selles.

3.

Âges	De 6 à 12 mois	De 12 à 18 mois	De 18 à 24 mois	De 20 à 30 mois
Nom des dents apparues	Incisive	Première molaire	Canine	Deuxième molaire

S'entraîner en situation

1. La poussée dentaire des premières incisives définitives s'effectuera entre 6 et 9 ans.

2. L'autre expression employée pour qualifier la dentition de lait est la dentition temporaire.

Auto-évaluation

1. Quelles sont mes erreurs ou mes lacunes ?

....

....

....

2. Quelle est ma note sur 10 ? .../10

3. Quels sont les mots que je n'ai pas compris ?

....

....

....

FICHE 13

L'appareil digestif du jeune enfant

Répondez aux questions au crayon à papier pour pouvoir effacer et recommencer au cours de votre préparation. Chaque bonne réponse donne 1 point.

S'entraîner avec des QCM

Entourez la bonne réponse.

1. Vers 8 mois, le nourrisson peut manger des aliments moulinés.
A. Vrai **B.** Faux

2. Les premiers jours de vie, le nouveau-né ne présente que très peu de régurgitations.
A. Vrai **B.** Faux

3. Le réflexe de succion est un réflexe archaïque.
A. Vrai **B.** Faux

4. L'enfant peut manger en morceaux à partir de :
A. 6 mois. **B.** 10 mois. **C.** 18 mois.

5. Un enfant peut boire seul au verre à :
A. 9 mois. **B.** 15 mois. **C.** 12 mois.

S'entraîner avec des QROC

Répondez aux questions suivantes.

1. Chez l'enfant, quels sont les trois systèmes du corps que doit prendre en compte l'adulte pour lui proposer une alimentation équilibrée en fonction de son âge ?

....

....

....

2. Quelle est la règle indispensable que doit respecter un adulte pendant et après la prise du biberon d'un nourrisson ?

....

3. À quel âge un enfant peut-il utiliser une fourchette ?

....

S'entraîner en situation

Répondez aux questions suivantes.

Vous travaillez dans un EAJE. Romain, 1 an, va chez le dentiste avec son papa pour une visite de prévention. Axelle, la sœur aînée de Romain, a eu de nombreuses caries dès l'âge de 3 ans.

1. Citez deux conseils alimentaires que vous pouvez donner au papa de Romain pour prévenir le risque de caries dentaires.

....

....

2. Quel conseil lui donneriez-vous au niveau du choix du dentifrice pour le brossage des dents de Romain ?

....

....

Corrigés

S'entraîner avec des QCM

1. **A.**
2. **B.** Les régurgitations sont fréquentes car l'œsophage est très court, le cardia (sphincter entre l'estomac et l'œsophage) est immature et la capacité gastrique est petite.
3. **A.**
4. **C.**
5. **B.**

S'entraîner avec des QROC

1. Les trois systèmes du corps chez l'enfant que doit prendre en compte l'adulte pour lui proposer une alimentation équilibrée en fonction de son âge sont :
   – le système digestif ;
   – le système rénal ;
   – le système neuromusculaire.
2. La règle indispensable que l'adulte doit respecter pendant et après la prise du biberon d'un nourrisson est de le redresser régulièrement pour qu'il puisse faire un ou plusieurs rots.
3. Un enfant peut utiliser une fourchette vers 30 mois.

S'entraîner en situation

1. Les deux conseils alimentaires que je peux donner au papa de Romain pour prévenir le risque de caries dentaires sont d'éviter l'excès de sucrerie dans la journée et ne plus donner d'aliments à Romain le soir après le brossage des dents, surtout s'ils sont sucrés (biberon de lait, de jus de fruit, d'eau sucrée...).
2. Romain doit se brosser les dents avec un dentifrice dont le dosage du fluor doit être adapté à son âge.

Auto-évaluation

1. Quelles sont mes erreurs ou mes lacunes ?

   ....

   ....

   ....

2. Quelle est ma note sur 10 ?   .../10
3. Quels sont les mots que je n'ai pas compris ?

   ....

   ....

   ....

FICHE 14

Les organes des sens

Répondez aux questions au crayon à papier pour pouvoir effacer et recommencer au cours de votre préparation. Chaque bonne réponse donne 1 point.

S'entraîner avec des QCM

Entourez la bonne réponse.

1. Le cristallin permet l'accommodation.
A. Vrai **B.** Faux

2. Un nouveau-né n'est pas capable de voir sa maman à la naissance.
A. Vrai **B.** Faux

3. L'iris est coloré.
A. Vrai **B.** Faux

4. La membrane transparente à travers laquelle la lumière peut pénétrer dans l'œil s'appelle :
A. la cornée. **B.** la rétine. **C.** la choroïde.

5. Un enfant est capable de reconnaître l'odeur de sa maman :
A. dès la naissance. **B.** à partir de 3 mois. **C.** à partir d'une semaine.

S'entraîner avec des QROC

Répondez aux questions suivantes.

1. Quelles sont les deux fonctions de l'oreille ?

....

....

2. Comment s'appelle la fine membrane qui sépare l'oreille externe de l'oreille moyenne ?

....

3. Complétez le tableau ci-dessous :

Anomalies de l'œil	L'enfant a une anomalie de l'alignement des yeux.	L'enfant voit mieux de loin que de près.	L'enfant voit mal de loin mais bien de près.	L'enfant voit mal de près et de loin.
Nom du trouble visuel	....	....	....	....

S'entraîner en situation

Répondez aux questions suivantes.

Vous travaillez comme assistant maternel agréé (AMA). Colombe, 6 mois, a une alimentation diversifiée et prend beaucoup de plaisir à manger. Sa maman, qui l'a allaitée jusqu'à 2 mois, vous explique qu'au moment de la diversification alimentaire, Colombe s'est régalée tout de suite avec les différents aliments qu'elle lui proposait.

1. Que pouvez-vous préciser à la maman de Colombe ?

....

....

2. Colombe appréciera-t-elle toujours les repas que lui présentera sa maman ?

....

Corrigés

S'entraîner avec des QCM

1. A.

2. B. Un nouveau-né est capable de voir sa maman dès la naissance si la distance entre sa maman est lui est de 20 à 30 cm.

3. A.

4. A.

5. A.

S'entraîner avec des QROC

1. Les deux fonctions de l'oreille sont l'audition (ou l'ouïe) et l'équilibre.

2. La fine membrane qui sépare l'oreille externe de l'oreille moyenne s'appelle le tympan.

3.

Anomalies de l'œil	L'enfant a une anomalie de l'alignement des yeux.	L'enfant voit mieux de loin que de près.	L'enfant voit mal de loin mais bien de près.	L'enfant voit mal de près et de loin.
Nom du trouble visuel	Strabisme	Hypermétropie	Myopie	Astigmatisme

S'entraîner en situation

1. Je peux préciser à la maman de Colombe que le lait maternel a pris le goût des aliments qu'elle mangeait pendant la journée. Colombe connaissait donc déjà beaucoup de saveurs différentes au moment de la diversification alimentaire.

2. Colombe, vers 2 ans, pourra manifester son opposition par le « non ». L'alimentation peut être un des domaines sur lesquels elle souhaitera avoir un certain contrôle.

Auto-évaluation

1. Quelles sont mes erreurs ou mes lacunes ?

....

....

....

2. Quelle est ma note sur 10 ? .../10

3. Quels sont les mots que je n'ai pas compris ?

....

....

....

FICHE 15

Le système nerveux

Répondez aux questions au crayon à papier pour pouvoir effacer et recommencer au cours de votre préparation. Chaque bonne réponse donne 1 point.

S'entraîner avec des QCM

Entourez la bonne réponse.

1. Le système nerveux végétatif est soumis à notre volonté.
A. Vrai **B.** Faux

2. L'activité réflexe est une activité volontaire.
A. Vrai **B.** Faux

3. Le cerveau est constitué de quatre hémisphères.
A. Vrai **B.** Faux

4. Le neurone est constitué :
A. d'un corps cellulaire. **B.** d'un nerf crânien. **C.** d'un bulbe rachidien.

5. Le cervelet fait partie :
A. du bulbe rachidien. **B.** de l'encéphale. **C.** du système nerveux périphérique.

S'entraîner avec des QROC

Répondez aux questions suivantes.

1. Citez les deux principaux types de nerf.

....

....

2. Au niveau du système nerveux périphérique, combien existe-t-il de paires de nerfs crâniens et de paires de nerfs rachidiens ?

....

3. Citez deux appareils dont les fonctions vitales sont régulées par le système nerveux végétatif.

....

....

S'entraîner en situation

Répondez aux questions suivantes.

Vous travaillez dans un EAJE. Gabriel, 2 ans, apprécie particulièrement les jeux d'encastrement. Dès qu'il en voit un nouveau, il se précipite pour jouer avec.

1. Est-ce une activité volontaire ou une activité réflexe ?

....

2. Mettez dans l'ordre, en les numérotant de 1 à 5 dans le tableau ci-dessous, les cinq phases résumées d'une activité réflexe :

Nerf sensitif	cerveau	stimulation	nerf moteur	action
....	....	....	....	....

Corrigés

S'entraîner avec des QCM

1. **B.** C'est le système nerveux cérébro-spinal qui est soumis à notre volonté.
2. **B.** L'activité réflexe est une activité involontaire et automatique en réponse à un stimulus.
3. **B.** Le cerveau est constitué de deux hémisphères (un hémisphère droit et un hémisphère gauche).
4. **A.**
5. **B.**

S'entraîner avec des QROC

1. Les deux principaux types de nerfs sont ;
   – les nerfs moteurs ;
   – les nerfs sensitifs.
2. Au niveau du système nerveux périphérique, il existe 12 paires de nerfs crâniens et 31 paires de nerfs rachidiens.
3. Deux appareils dont les fonctions vitales sont régulées par le système nerveux végétatif sont par exemple l'appareil cardio-vasculaire et l'appareil pulmonaire.

S'entraîner en situation

1. C'est une activité volontaire ou consciente.
2.

Nerf sensitif	cerveau	stimulation	nerf moteur	action
2	3	1	4	5

Auto-évaluation

1. Quelles sont mes erreurs ou mes lacunes ?

....

....

....

2. Quelle est ma note sur 10 ? .../10
3. Quels sont les mots que je n'ai pas compris ?

....

....

....

FICHE 16 Normes et sécurité des aires de jeux et des équipements éducatifs

Répondez aux questions au crayon à papier pour pouvoir effacer et recommencer au cours de votre préparation. Chaque bonne réponse donne 1 point.

S'entraîner avec des QCM

Entourez la bonne réponse.

1. Seuls les équipements les plus dangereux sur les aires de jeux doivent être accompagnés de marquage d'informations pour prévenir les risques d'accidents. **A.** Vrai **B.** Faux

2. L'exploitant a l'obligation d'indiquer la tranche d'âge pour laquelle est destiné l'équipement installé sur les aires de jeux. **A.** Vrai **B.** Faux

3. Au niveau des équipements, les adultes doivent pouvoir accéder à tous les endroits où les enfants peuvent jouer. **A.** Vrai **B.** Faux

4. Le marquage CE est : **A.** une mention obligatoire.
B. une norme internationale facultative. **C.** une norme internationale obligatoire.

5. Au niveau du toboggan pour enfants, les règles de sécurité exigent que :
A. la pente de la dernière partie de la glissière, c'est-à-dire à l'arrivée, soit bien raide.
B. la zone de départ soit horizontale.
C. les protections de la glissière soient aérées par des grands trous de même dimension.

S'entraîner avec des QROC

Répondez aux questions suivantes.

1. Les équipements des aires de jeux subissent des contraintes prévisibles. Citez les trois principales contraintes auxquelles l'équipement doit obligatoirement résister depuis le décret du 10 août 1994.

....

....

2. Quelles sont les règles de sécurité à respecter lorsque le sable est utilisé au niveau des équipements sur les aires de jeux ?

....

....

3. Quelles sont les deux principales règles de sécurité de fabrication au niveau de l'hygiène des jouets des enfants de moins de 36 mois ?

....

....

S'entraîner en situation

Répondez aux questions suivantes.

Vous travaillez à domicile comme assistant maternel agréé (AMA). Après la sieste, vous emmenez Caroline, 8 mois, et Alix, 2 ans, dans le square à côté de chez vous pour une sortie d'une heure environ. Une nouvelle aire de jeux vient d'être installée.

Quels sont les deux principaux marquages que vous devez vérifier avant qu'Alix joue sur les différents équipements :

1.	2. ....
....	....

Corrigés

S'entraîner avec des QCM

1. **B.** Tous les équipements sur les aires de jeux doivent être accompagnés de marquage d'informations pour prévenir les risques d'accidents.
2. **A.**
3. **A.**
4. **A.**
5. **B.**

S'entraîner avec des QROC

1. Les trois principales contraintes auxquelles l'équipement doit obligatoirement résister depuis le décret du 10 août 1994 sont l'usure, le vieillissement et la corrosion.
2. Lorsque le sable est utilisé au niveau des équipements sur les aires de jeux, il doit être entretenu et renouvelé régulièrement pour éliminer les éventuelles souillures.
3. Les deux principales règles de sécurité de fabrication au niveau de l'hygiène des jouets des enfants de moins de 36 mois sont que :
   – les jouets doivent pouvoir être nettoyés ;
   – la partie en tissu des jouets doit être lavable sauf si elle contient un mécanisme qui peut être endommagé par le lavage.

S'entraîner en situation

Les deux principaux marquages que je dois vérifier avant qu'Alix joue sur les différents équipements sont :

1. La tranche d'âge auquel l'équipement est destiné.	2. La mention « conforme aux exigences de sécurité ».

Auto-évaluation

1. Quelles sont mes erreurs ou mes lacunes ?

   ....

   ....

   ....

2. Quelle est ma note sur 10 ? .../10

3. Quels sont les mots que je n'ai pas compris ?

   ....

   ....

   ....

FICHE 17 Les matériels et produits liés aux soins d'hygiène et au confort

Répondez aux questions au crayon à papier pour pouvoir effacer et recommencer au cours de votre préparation. Chaque bonne réponse donne 1 point.

S'entraîner avec des QCM

Entourez la bonne réponse.

1. Le siège de bain pour enfant permet de quitter l'enfant quelques minutes puisqu'il est confortablement assis.

A. Vrai **B.** Faux

2. Le liniment oléo-calcaire hydrate la peau.

A. Vrai **B.** Faux

3. Il est indispensable d'employer un thermomètre de bain pour déterminer sa température exacte.

A. Vrai **B.** Faux

4. La baignoire familiale peut être employée pour donner le bain à l'enfant lorsqu'il a :

A. 8 mois. **B.** 12 mois. **C.** 18 mois.

5. Combien de temps peut-on conserver ouverte une unidose de sérum physiologique ?

A. 48 heures. **B.** 24 heures. **C.** Une semaine.

S'entraîner avec des QROC

Répondez aux questions suivantes.

1. À quel endroit doit-on systématiquement poser le transat lorsque l'enfant est dedans ? Pourquoi ?

....

....

2. Quelle est la règle de sécurité indispensable à respecter lorsque l'enfant est dans sa poussette ?

....

3. Citez les trois inconvénients du lait de toilette pour changer un nourrisson.

....

....

....

S'entraîner en situation

Répondez aux questions suivantes.

Vous êtes employé à domicile. Vous utilisez de nombreux produits d'hygiène pour les soins courants des deux enfants dont vous prenez soin de 8 heures à 18 heures.

1. Citez les deux règles à respecter avant la première utilisation d'un produit.

....

....

2. Citez les trois conditions de conservation d'un produit.

....

....

....

Corrigés

S'entraîner avec des QCM

1. **B.** Le siège de bain pour enfant ne doit en aucun cas permettre à l'adulte de laisser l'enfant seul dans son bain. L'adulte doit être présent et tenir l'enfant tout au long du bain.
2. **A.**
3. **A.**
4. **C.**
5. **B.**

S'entraîner avec des QROC

1. Lorsque l'enfant est dedans, on doit systématiquement poser le transat par terre, sur un sol stable, loin du passage. Il ne faut jamais l'installer sur un meuble en hauteur car l'enfant, en bougeant, risque de le déséquilibrer et de chuter par terre avec.
2. La règle de sécurité indispensable à respecter lorsque l'enfant est dans sa poussette est de l'attacher avec les sangles prévues à cet effet.
3. Les laits de toilette sont déconseillés pour changer un nourrisson car ils sont allergisants, onéreux et deviennent vite un bouillon de culture (présence de germes).

S'entraîner en situation

1. Les deux règles à respecter avant la première utilisation d'un produit sont :
   – la vérification de la date de péremption ;
   – la vérification des conditions d'utilisation et des précautions d'emploi.
2. Les produits doivent être :
   – conservés à l'abri de la chaleur et de l'humidité ;
   – refermés soigneusement ;
   – hors de la portée des enfants.

Auto-évaluation

1. Quelles sont mes erreurs ou mes lacunes ?

   ....

   ....

   ....

2. Quelle est ma note sur 10 ? .../10
3. Quels sont les mots que je n'ai pas compris ?

   ....

   ....

   ....

FICHE 18

Les produits d'entretien

Répondez aux questions au crayon à papier pour pouvoir effacer et recommencer au cours de votre préparation. Chaque bonne réponse donne 1 point.

S'entraîner avec des QCM

Entourez la bonne réponse.

1. Dans un EAJE, les cuisines sont lavées et désinfectées une fois par semaine.
A. Vrai **B.** Faux

2. Un produit désincrustant permet de retirer le tartre des revêtements.
A. Vrai **B.** Faux

3. La désinfection doit toujours être précédée d'un nettoyage.
A. Vrai **B.** Faux

4. Le balayage humide des sols dans les locaux d'une école maternelle doit être fait :
A. deux fois par semaine. **B.** une fois par semaine. **C.** tous les jours.

5. Un détergent-désinfectant permet de :
A. nettoyer. **B.** nettoyer et désinfecter. **C.** désinfecter.

S'entraîner avec des QROC

Répondez aux questions suivantes.

1. Complétez le tableau ci-dessous en indiquant dans quelles zones se situent les salles suivantes :

Les dortoirs de l'EAJE	La salle de restauration de l'école	La salle de change de l'EAJE	La chambre chez l'assistante maternelle	La cuisine de l'EAJE
....	....	....	....	....

2. Complétez le tableau ci-dessous en nommant la caractéristique que doit avoir le désinfectant qui élimine les germes suivants :

Bactéries	Virus	Levures	Spores	Champignons
....	....	....	....	....

3. Citez les trois principaux risques que peut entraîner l'utilisation des produits d'entretien.

....

....

....

S'entraîner en situation

Répondez aux questions suivantes.

Vous travaillez ans une école maternelle. Vous utilisez de nombreux produits pour entretenir les locaux.

1. Que devez-vous lire impérativement avant la première utilisation d'un produit d'entretien ?

....

2. Citez deux produits corrosifs que vous employez couramment pour nettoyer les sanitaires.

....

....

Corrigés

S'entraîner avec des QCM

1. **B.** Dans un EAJE, les cuisines sont lavées et désinfectées une fois par jour.
2. **B.** Un produit désincrustant permet de retirer la pellicule de calcaire des revêtements.
3. **A.**
4. **C.**
5. **B.**

S'entraîner avec des QROC

1.

Les dortoirs de l'EAJE	La salle de restauration de l'école	La salle de change de l'EAJE	La chambre chez l'assistante maternelle	La cuisine de l'EAJE
Zone 1	Zone 2	Zone 3	Zone 1	Zone 3

2.

Bactéries	Virus	Levures	Spores	Champignons
Bactéricide	Virucide	Lévuricide	Sporicide	Fongicide

3. Les trois principaux risques que peut entraîner l'utilisation des produits d'entretien sont : l'eczéma ; les atteintes respiratoires ; les allergies.

S'entraîner en situation

1. Avant la première utilisation d'un produit d'entretien, je dois impérativement lire : l'étiquette ; la fiche technique ; la fiche de données de sécurité.
2. Les deux produits corrosifs que j'emploie couramment pour nettoyer les sanitaires sont le détartrant, l'eau de javel concentrée.

Auto-évaluation

1. Quelles sont mes erreurs ou mes lacunes ?

....

....

....

2. Quelle est ma note sur 10 ? .../10
3. Quels sont les mots que je n'ai pas compris ?

....

....

....

FICHE 19

L'organisation spatiale des locaux

Répondez aux questions au crayon à papier pour pouvoir effacer et recommencer au cours de votre préparation. Chaque bonne réponse donne 1 point.

S'entraîner avec des QCM

Entourez la bonne réponse.

1. La présence d'un téléphone est obligatoire dans le hall d'entrée d'une école maternelle.
A. Vrai **B.** Faux

2. Des barquettes en mousse permettent aux bébés de 3 à 6 mois de sortir seuls de leur lit lorsqu'ils sont réveillés.
A. Vrai **B.** Faux

3. L'espace dédié à la récréation dans une école maternelle doit être clôturé.
A. Vrai **B.** Faux

4. Le sol, dans les espaces de jeux extérieurs où sont installés les dispositifs à grimper, doit être :
A. amortissant. **B.** recouvert de carrelage. **C.** recouvert de pelouse.

5. Dans un multi-accueil, les biberons doivent être préparés dans :
A. la section des enfants. **B.** la biberonnerie. **C.** la cuisine.

S'entraîner avec des QROC

Répondez aux questions suivantes.

1. Dans un EAJE, quel est le mobilier adéquat pour la prise des repas des enfants dans la section des grands ou des moyens ?

....

2. Pourquoi la lumière doit-elle être tamisée dans la chambre des enfants d'un EAJE au moment du sommeil ?

....

3. Citez trois coins/jeux différents que l'on peut installer dans un espace de jeux intérieurs dans un EAJE.

....

....

....

S'entraîner en situation

Répondez aux questions suivantes.

Vous travaillez dans un multi-accueil. À 9 heures, vous accueillez Mathilde, 2 ans et demi, avec sa maman dans le sas d'accueil. Vous parlez un long moment avec elles.

1. Quel est le nom des informations que vous devez recueillir au cours de ce dialogue ?

....

2. Dans ce sas d'accueil, quel aménagement doit permettre de ranger les affaires de Mathilde ?

....

Corrigés

S'entraîner avec des QCM

1. A.

2. B. Les bébés de 3 à 6 mois doivent dormir dans des lits à barreaux.

3. A.

4. A.

5. B.

S'entraîner avec des QROC

1. Une table et des chaises à la hauteur des enfants sont le mobilier adéquat pour la prise des repas des enfants dans la section des grands ou des moyens dans un EAJE.

2. La lumière doit être tamisée dans la chambre des enfants d'un EAJE au moment du sommeil pour des raisons de sécurité. Le personnel doit pouvoir facilement surveiller les enfants (prévention de la mort subite...).

3. Au sein d'un EAJE, on peut installer, dans un espace de jeux intérieurs :
– un coin motricité ;
– un coin imitation ;
– un coin lecture.

S'entraîner en situation

1. Les informations que je dois recueillir s'appellent des transmissions.

2. Un casier à son nom doit permettre de ranger les affaires de Mathilde.

Auto-évaluation

1. Quelles sont mes erreurs ou mes lacunes ?

....

....

....

2. Quelle est ma note sur 10 ? .../10

3. Quels sont les mots que je n'ai pas compris ?

....

....

....

FICHE 20 La structure familiale et les droits de l'enfant

Répondez aux questions au crayon à papier pour pouvoir effacer et recommencer au cours de votre préparation. Chaque bonne réponse donne 1 point.

S'entraîner avec des QCM

Entourez la bonne réponse.

1. Si les parents ne sont pas mariés, la filiation maternelle est automatique.
A. Vrai **B.** Faux

2. À la majorité de l'enfant, l'autorité parentale prend fin automatiquement.
A. Vrai **B.** Faux

3. La famille homoparentale est composée de deux personnes de sexe différent avec deux enfants de même sexe.
A. Vrai **B.** Faux

4. Le PACS signifie :
A. pacte civil de subordination. **B.** pacte civil de solidarité. **C.** pacte civil social.

5. Le mariage homosexuel est autorisé depuis la loi du :
A. 18 juin 2013. **B.** 25 juin 2010. **C.** 10 août 2011.

S'entraîner avec des QROC

Répondez aux questions suivantes.

1. En cas de filiation adoptive, quel nom porte l'adoption lorsque l'enfant a un nouvel état civil et une nouvelle filiation ?

....

2. Définissez la filiation.

....

3. En quelle année et par qui a été rédigée la Convention internationale des droits de l'enfant (CIDE) ?

....

S'entraîner en situation

Répondez aux questions suivantes.

Vous travaillez dans une école maternelle. Élodie, 4 ans, est une enfant gaie et souriante. Depuis quelques semaines, elle paraît soucieuse et pleure facilement. Sa maman, veuve depuis 3 ans, vous apprend qu'elle vit avec Élodie depuis 1 mois, avec un homme divorcé et père de 3 enfants.

1. Comment appelle-t-on cette nouvelle famille ?

....

2. Comment s'appelait la famille qui était constituée d'Élodie et de sa maman ?

....

....

Corrigés

S'entraîner avec des QCM

1. **A.**
2. **A.**
3. **B.** La famille homoparentale est composée de deux personnes du même sexe qui ont un ou des enfants. Peu importe le sexe des enfants.
4. **B.**
5. **A.**

S'entraîner avec des QROC

1. En cas de filiation adoptive, lorsque l'enfant a un nouvel état civil et une nouvelle filiation, il s'agit d'une adoption plénière.
2. La filiation est un acte juridique qui unit un enfant à son père et à sa mère.
3. La Convention internationale des droits de l'enfant (CIDE) a été rédigée par l'ONU en 1989.

S'entraîner en situation

1. Cette nouvelle famille s'appelle une famille recomposée.
2. La famille qui était constituée d'Élodie et de sa maman s'appelait une famille monoparentale.

Auto-évaluation

1. Quelles sont mes erreurs ou mes lacunes ?

....

....

....

2. Quelle est ma note sur 10 ? .../10
3. Quels sont les mots que je n'ai pas compris ?

....

....

....

FICHE 21

Le principe de laïcité pour la petite enfance

Répondez aux questions au crayon à papier pour pouvoir effacer et recommencer au cours de votre préparation. Chaque bonne réponse donne 1 point.

S'entraîner avec des QCM

Entourez la bonne réponse.

1. Le principe de laïcité concerne tous les EAJE mais pas l'assistant maternel.
A. Vrai **B.** Faux

2. La Charte de la laïcité à l'école date de 2011.
A. Vrai **B.** Faux

3. Un agent public dans l'exercice de ses fonctions peut porter un signe destiné à marquer son appartenance à une religion.
A. Vrai **B.** Faux

4. La loi sur la laïcité a été votée en :
A. 2015. **B.** 2008. **C.** 2001.

5. Dans les crèches privées, le Code du travail :
A. limite l'expression religieuse.
B. ne limite pas l'expression religieuse.
C. applique totalement le principe de neutralité.

S'entraîner avec des QROC

Répondez aux questions suivantes :

1. Pour quelle raison, à l'école de la République, la laïcité est-elle un principe de fraternité ?

....

....

....

2. Qu'est-ce que le principe de laïcité ?

....

3. Est-ce que tous les EAJE appliquent le devoir de stricte neutralité ?

....

S'entraîner en situation

Répondez aux questions suivantes :
Vous travaillez dans une école maternelle publique et vous êtes de religion musulmane.

1. Avez-vous le droit de venir travailler avec un voile ?

....

....

2. Votre collègue, de religion catholique, porte une petite croix en or autour du cou qu'elle cache sous sa tenue de travail. A-t-elle le droit de porter cette croix dans la mesure où elle ne se voit pas ?

....

....

Corrigés

S'entraîner avec des QCM

1. **B.** Le principe de laïcité concerne tous les modes d'accueil de la petite enfance.
2. **B.** La Charte de la laïcité à l'école date de 2013.
3. **B.** Un agent public dans l'exercice de ses fonctions ne peut pas porter un signe destiné à marquer son appartenance à une religion.
4. **A.**
5. **A.**

S'entraîner avec des QROC

1. La laïcité est un principe de fraternité à l'école de la République car cette dernière est l'école de tous les enfants quelles que soient leurs origines, leur confession ou leur religion.
2. Le principe de laïcité permet la neutralité de l'État entre les diverses religions. L'État respecte toutes les religions mais n'en reconnaît aucune.
3. Non, certains EAJE privés à vocation confessionnelle n'appliquent pas le devoir de stricte neutralité.

S'entraîner en situation

1. Non, je n'ai pas le doit de venir travailler avec un voile car c'est un signe marquant mon appartenance à une religion.
2. Oui, elle a le droit de porter sa petite croix en or si celle-ci est cachée sous un vêtement et qu'elle ne peut pas être vue.

Auto-évaluation

1. Quelles sont mes erreurs ou mes lacunes ?

....

....

....

2. Quelle est ma note sur 10 ? .../10
3. Quels sont les mots que je n'ai pas compris ?

....

....

....

FICHE 22 Secrets professionnels et partagés, et discrétion professionnelle

Répondez aux questions au crayon à papier pour pouvoir effacer et recommencer au cours de votre préparation. Chaque bonne réponse donne 1 point.

S'entraîner avec des QCM

Entourez la bonne réponse.

1. La loi prévoit 6 mois d'emprisonnement pour un non-respect du secret professionnel.
A. Vrai **B.** Faux

2. L'indiscrétion professionnelle peut entraîner une sanction disciplinaire.
A. Vrai **B.** Faux

3. La loi récente du 26 janvier 2016 permet à des professionnels médico-sociaux de participer à un échange d'informations couvertes par le secret médical.
A. Vrai **B.** Faux

4. La dernière loi sur le secret professionnel date du :
A. 4 mars 2002. **B.** 8 janvier 2000. **C.** 15 février 1998.

5. La levée du secret professionnel est un article :
A. de santé publique. **B.** du Code pénal. **C.** de moralisation sociétale.

S'entraîner avec des QROC

Répondez aux questions suivantes :

1. Dans le cadre de ses fonctions, un assistant maternel a-t-il le droit de demander des conseils à une puéricultrice de PMI au sujet d'un enfant dont il a la garde ?

....

....

2. Que signifie la discrétion professionnelle si vous travaillez dans un EAJE ?

....

....

3. Citez les deux principales règles qu'il faut appliquer en cas de diffusion d'informations dans le cadre de l'activité professionnelle.

....

....

S'entraîner en situation

Répondez aux questions suivantes :

Vous êtes assistant maternel agréé (AMA) indépendant à domicile. Ce vendredi soir à 18 heures, en déshabillant Marion, 2 ans, vous observez qu'elle a deux brûlures sur le haut du dos qui ressemblent à des brûlures de cigarette.

1. Que devez-vous faire ?

....

....

2. Qui allez-vous immédiatement informer ?

....

Corrigés

S'entraîner avec des QCM

1. **B.** La loi prévoit 1 an d'emprisonnement et 15 000 euros d'amende pour un non-respect du secret professionnel.
2. **A.**
3. **A.** La loi a été complétée par deux décrets du 22 juillet 2016.
4. **A.**
5. **B.**

S'entraîner avec des QROC

1. Oui, l'assistant maternel a le droit de le faire car cette démarche rentre dans le cadre du secret partagé.
2. La discrétion professionnelle interdit la révélation de toute information indiscrète qui concerne l'ordre interne de l'EAJE.
3. Les deux principales règles qu'il faut appliquer en cas de diffusion d'informations dans le cadre de l'activité professionnelle sont, selon les cas, le secret professionnel ou la discrétion professionnelle.

S'entraîner en situation

1. Le secret professionnel est levé en cas de sévices ou de privations infligés à un mineur ou à une personne qui n'est pas capable de se protéger, je peux donc lever le secret professionnel.
2. Je dois informer immédiatement les autorités judiciaires.

Auto-évaluation

1. Quelles sont mes erreurs ou mes lacunes ?

   ....

   ....

   ....

2. Quelle est ma note sur 10 ? .../10
3. Quels sont les mots que je n'ai pas compris ?

   ....

   ....

   ....

FICHE 23

La responsabilité civile et pénale

Répondez aux questions au crayon à papier pour pouvoir effacer et recommencer au cours de votre préparation. Chaque bonne réponse donne 1 point.

S'entraîner avec des QCM

Entourez la bonne réponse.

1. Un assistant maternel qui garde des enfants sans agrément encourt une peine de prison et/ou une amende. **A.** Vrai **B.** Faux

2. Un contrat lie l'assistant maternel au parent qui l'emploie. **A.** Vrai **B.** Faux

3. La responsabilité pénale intervient en cas d'infraction à la loi. **A.** Vrai **B.** Faux

4. Un crime relève : **A.** du tribunal correctionnel. **B.** de la cour d'assises. **C.** du tribunal de police.

5. Pour être couvert au cours de son activité professionnelle, un assistant maternel doit prendre :
A. une assurance spécifique. **B.** une mutuelle. **C.** une garantie tous risques.

S'entraîner avec des QROC

Répondez aux questions suivantes :

1. Citez les trois risques les plus fréquents encourus par un assistant maternel dans l'exercice de ses fonctions

....

....

....

2. Complétez ce tableau en précisant les règles de droit applicables pour les professionnels énoncés ci-dessous :

Assistant maternel employé par un particulier	Assistant maternel employé par une crèche familiale gérée par la commune
....	....

3. Quels sont les trois niveaux d'infraction à la loi ?

....

....

....

S'entraîner en situation

Répondez aux questions suivantes :

Depuis plusieurs années, vous travaillez à domicile comme assistant maternel dans un village. Vous prenez en charge 4 à 6 enfants par jour. Vous n'avez jamais été agréé.

1. Quelle responsabilité directe mettez-vous en jeu par votre travail ?

....

....

2. Pourquoi ?

....

....

Corrigés

S'entraîner avec des QCM

1. **A.**
2. **A.**
3. **A.**
4. **B.**
5. **A.**

S'entraîner avec des QROC

1. Les trois risques les plus fréquents encourus par un assistant maternel dans l'exercice de ses fonctions sont :
   – le défaut de surveillance ;
   – le secret professionnel ;
   – la mise en péril de la vie d'autrui.

2.

Assistant maternel employé par un particulier	Assistant maternel employé par une crèche familiale gérée par la commune
Règles du Code civil et des juridictions de l'ordre judiciaire	Règles du droit public et des juridictions de l'ordre public

3. Les trois niveaux d'infraction à la loi sont : les crimes ; les délits ; les contraventions.

S'entraîner en situation

1. Je mets en jeu ma responsabilité pénale.
2. Je mets en jeu ma responsabilité pénale car j'enfreins la loi.

Auto-évaluation

1. Quelles sont mes erreurs ou mes lacunes ?

   ....

   ....

   ....

2. Quelle est ma note sur 10 ? .../10

3. Quels sont les mots que je n'ai pas compris ?

   ....

   ....

   ....

FICHE 24

La prévention des accidents domestiques

Répondez aux questions au crayon à papier pour pouvoir effacer et recommencer au cours de votre préparation. Chaque bonne réponse donne 1 point.

S'entraîner avec des QCM

Entourez la bonne réponse.

1. Les heures d'ensoleillement les plus intenses sont entre 10 heures et midi.
A. Vrai **B.** Faux

2. La température de l'eau du bain doit être à 38 °C.
A. Vrai **B.** Faux

3. Il faut placer les médicaments en hauteur.
A. Vrai **B.** Faux

4. Pour éviter les brûlures, le four doit être équipé :
A. d'une « porte froide ». **B.** d'une vitre teintée. **C.** d'une porte fermée à clé.

5. Le numéro du Samu est le :
A. 15. **B.** 113. **C.** 16.

S'entraîner avec des QROC

Répondez aux questions suivantes :

1. Citez les quatre mesures à prendre pour éviter l'étouffement du jeune enfant dans son lit.

....

....

2. Citez quatre consignes à respecter pour éviter un accident de la voie publique pour un enfant de 3 ans accompagné d'un adulte.

....

....

3. Pourquoi les enfants sont-ils particulièrement exposés aux accidents domestiques ?

....

....

S'entraîner en situation

Répondez aux questions suivantes :

Vous travaillez dans un EAJE dans la section des grands. Vous mettez en place un projet sur la prévention des accidents domestiques que vous écrivez en équipe sous la responsabilité de la directrice.

1. Au niveau des interdits posés aux enfants de cette section, citez les deux attitudes de l'adulte qui sont indispensables à la compréhension des enfants et à la cohérence des interdits.

....

....

2. Quelle est la règle à appliquer pour que l'adulte soit crédible aux yeux de l'enfant ?

....

Corrigés

S'entraîner avec des QCM

1. **B.** Les heures d'ensoleillement les plus intenses sont entre midi et 16 heures.
2. **B.** La température de l'eau du bain doit être à 37 °C.
3. **B.** Il faut placer les médicaments en hauteur et dans une armoire fermée à clé.
4. **A.**
5. **A.**

S'entraîner avec des QROC

1. Les quatre mesures à prendre pour éviter l'étouffement du jeune enfant dans son lit sont : couchage de l'enfant sur le dos ; sans couverture ; sans oreiller ; sans peluche.
2. Les quatre consignes à respecter pour éviter un accident de la voie publique pour un enfant de 3 ans accompagné d'un adulte sont :
   – l'enfant doit donner la main à l'adulte ;
   – l'adulte et l'enfant doivent marcher sur le trottoir ;
   – attendre que le feu pour piéton soit au vert pour traverser ;
   – regarder de chaque côté de la rue avant de traverser et le faire sur les passages pour piétons.
3. Les enfants sont particulièrement exposés aux accidents domestiques car ils n'ont pas conscience du danger.

S'entraîner en situation

1. Les deux attitudes de l'adulte qui sont indispensables pour la compréhension des enfants sont :
   – l'interdiction doit être systématiquement posée et constante ;
   – l'interdiction doit être expliquée.
2. Pour que l'adulte soit crédible aux yeux de l'enfant, il doit montrer l'exemple.

Auto-évaluation

1. Quelles sont mes erreurs ou mes lacunes ?

   ....

   ....

   ....

2. Quelle est ma note sur 10 ? .../10
3. Quels sont les mots que je n'ai pas compris ?

   ....

   ....

   ....

FICHE 25 Les maladies professionnelles et les accidents du travail

Répondez aux questions au crayon à papier pour pouvoir effacer et recommencer au cours de votre préparation. Chaque bonne réponse donne 1 point.

S'entraîner avec des QCM

Entourez la bonne réponse.

1. Il existe un tableau des maladies professionnelles établi par la CPAM. **A.** Vrai **B.** Faux

2. Une phlébite est un trouble musculo-squelettique. **A.** Vrai **B.** Faux

3. L'arthrose est un trouble musculo-squelettique. **A.** Vrai **B.** Faux

4. Dès que le médecin a établi un certificat médical précisant le lien entre le travail et la maladie, le professionnel doit déclarer la maladie à la CPAM pour qu'elle soit reconnue comme maladie professionnelle dans : **A.** le mois. **B.** dans les 3 mois. **C.** les 15 jours.

5. Si la maladie n'est pas répertoriée dans le tableau des maladies professionnelles de la CPAM, le dossier du professionnel de la petite enfance est transféré :

A. au comité régional de reconnaissance des malades professionnelles (CRRMP).

B. à la mairie de la commune.

C. à la Sécurité sociale.

S'entraîner avec des QROC

Répondez aux questions suivantes :

1. Citez les quatre types de troubles de la santé les plus courants que peuvent contracter les professionnels de la petite enfance au cours de l'exercice de leur métier.

....

....

2. Que signifie le sigle CPAM ?

....

3. Citez trois causes pouvant provoquer des troubles psychologiques chez les professionnels de la petite enfance dans un EAJE.

....

....

....

S'entraîner en situation

Répondez aux questions suivantes :

Vous travaillez à l'école maternelle. En sortant de l'école à 16 h 30, vous ratez la marche d'un escalier. Il n'y a pas de témoin. Vous consultez le médecin le soir même qui diagnostique une entorse de la cheville.

1. Combien de temps avez-vous pour prévenir votre employeur ?

....

2. N'ayant pas pu informer votre employeur sur place, comment devez-vous lui déclarer ?

....

Corrigés

S'entraîner avec des QCM

1. A.

2. B. Une phlébite est un trouble circulatoire.

3. A.

4. C.

5. A.

S'entraîner avec des QROC

1. Les quatre types de troubles de la santé les plus courants que peuvent contracter les professionnels de la petite enfance au cours de l'exercice de leur métier sont :
– les troubles musculo-squelettiques ;
– les troubles psychologiques ;
– les troubles circulatoires ;
– les contaminations biologiques.

2. Le sigle CPAM signifie : Caisse primaire d'assurance maladie.

3. Les trois causes pouvant provoquer des troubles psychologiques chez les professionnels de la petite enfance dans un EAJE sont :
– les nuisances sonores ;
– le surinvestissement professionnel ;
– les difficultés relationnelles avec ses collègues ou les parents.

S'entraîner en situation

1. Je dois prévenir mon employeur dans les 24 heures.

2. N'ayant pas pu informer mon employeur sur place, je dois lui envoyer par lettre recommandée une déclaration d'accident avec le lieu et les circonstances de l'accident.

Auto-évaluation

1. Quelles sont mes erreurs ou mes lacunes ?

....

....

....

2. Quelle est ma note sur 10 ? .../10

3. Quels sont les mots que je n'ai pas compris ?

....

....

....

FICHE 26 Les principes d'ergonomie

Répondez aux questions au crayon à papier pour pouvoir effacer et recommencer au cours de votre préparation. Chaque bonne réponse donne 1 point.

S'entraîner avec des QCM

Entourez la bonne réponse.

1. La position des pieds rapprochés assure un meilleur équilibre lorsqu'on est debout.
A. Vrai **B.** Faux

2. Il faut plier les jambes pour ramasser un objet par terre pour éviter de forcer sur la colonne vertébrale **A.** Vrai **B.** Faux

3. Lorsqu'on donne un biberon, il faut prévoir un appui au niveau du coude. **A.** Vrai **B.** Faux

4. Si l'évier est à la hauteur de l'enfant, pour l'aider à se laver les mains, il faut :
A. s'asseoir. **B.** rester debout. **C.** rester debout, jambes pliées.

5. Pour les grands enfants, il faut privilégier :
A. les lits en hauteur. **B.** les lits au sol. **C.** les lits à barreaux.

S'entraîner avec des QROC

Répondez aux questions suivantes :

1. Citez les quatre facteurs de risque pouvant provoquer des problèmes lombaires lorsque l'on travaille avec des jeunes enfants.

....

....

2. Quelles sont les deux règles d'ergonomie à respecter pour porter une charge ?

....

....

3. Citez les deux principaux buts de l'ergonomie.

....

....

S'entraîner en situation

Répondez aux questions suivantes :
Vous travaillez dans la section des moyens dans un EAJE. Depuis quelques jours, vous avez des douleurs lombaires.

1. Votre collègue vous explique les différentes postures inadaptées que vous prenez régulièrement avec des enfants de cet âge-là (de 1 à 2 ans). Citez en quatre.

....

....

....

....

2. Au moment du change, citez une action que vous devez prendre pour éviter de tendre vos bras au loin.

....

Corrigés

S'entraîner avec des QCM

1. **B.** Les pieds doivent être légèrement écartés pour assurer un meilleur équilibre lorsqu'on est debout.
2. **A.**
3. **A.**
4. **A.**
5. **B.**

S'entraîner avec des QROC

1. Les quatre facteurs de risque pouvant provoquer des problèmes lombaires lorsque l'on travaille avec des jeunes enfants sont :
   – la manutention d'objets lourds ;
   – le portage des enfants ;
   – les postures inadaptées ;
   – les efforts prolongés ou réalisés en urgence.
2. Les deux règles d'ergonomie à respecter pour porter une charge sont :
   – se rapprocher le plus possible de la charge ;
   – utiliser la force des jambes en les fléchissant.
3. Les deux principaux buts de l'ergonomie sont :
   – de prévenir les troubles musculo-squelettiques ;
   – d'assurer le confort.

S'entraîner en situation

1. Les différentes postures inadaptées sont :
   – le tronc penché en avant ;
   – la position statique ou assise prolongée ;
   – la torsion de la colonne vertébrale,
   – les bras tendus au loin.
2. Au moment du change, il faut installer le matériel dont j'ai besoin à portée de mains.

Auto-évaluation

1. Quelles sont mes erreurs ou mes lacunes ?

   ....

   ....

   ....

2. Quelle est ma note sur 10 ? …/10
3. Quels sont les mots que je n'ai pas compris ?

   ....

   ....

   ....

FICHE 27

Les contaminations

Répondez aux questions au crayon à papier pour pouvoir effacer et recommencer au cours de votre préparation. Chaque bonne réponse donne 1 point.

S'entraîner avec des QCM

Entourez la bonne réponse.

1. Toutes les bactéries ont le même pouvoir pathogène.
A. Vrai **B.** Faux

2. Le vaccin contre la coqueluche est un vaccin obligatoire.
A. Vrai **B.** Faux

3. Le virus de la grippe pénètre dans l'organisme par la voie sanguine.
A. Vrai **B.** Faux

4. Un vecteur de transmission de germes peut être :
A. l'air. **B.** les rapports sexuels. **C.** la toux.

5. Les salmonelles se transmettent par voie :
A. génitale. **B.** digestive. **C.** respiratoire.

S'entraîner avec des QROC

Répondez aux questions suivantes :

1. Citez les trois maladies qui doivent être prévenues par l'injection d'un vaccin à l'âge d'un an.

....

....

....

2. Expliquez en 2-3 lignes le terme « porteur asymptomatique ».

....

....

....

3. Que signifie le terme pathogène ?

....

....

S'entraîner en situation

Répondez aux questions suivantes :

Vous êtes assistant maternel agréé (AMA) à domicile. Vous avez la garde de Romain qui est né le 1er février 2018. Aujourd'hui, il ne vient pas car vous devez passer une visite médicale. En partant chez le médecin, vous emportez votre carnet de vaccinations. Vous êtes serein car, d'après vous, vos vaccins sont à jour.

1. Est-il obligatoire que vous soyez vacciné de l'hépatite A ?

....

2. Quel est le nombre de vaccins que devra recevoir Romain ?

....

Corrigés

S'entraîner avec des QCM

1. **B.** Il y a certaines bactéries qui ont un pouvoir pathogène plus important que d'autres.
2. **A.**
3. **B.** Le virus de la grippe pénètre dans l'organisme par la voie respiratoire.
4. **A.**
5. **B.**

S'entraîner avec des QROC

1. Les trois maladies qui doivent être prévenues par l'injection d'un vaccin à l'âge d'un an sont :
   – la rubéole ;
   – les oreillons ;
   – la rougeole.
2. « Porteur asymptomatique » se dit d'un individu qui est porteur d'un germe mais qui ne présente lui-même aucun signe de la maladie. Il peut transmettre ce germe à un autre individu qui, par contre, peut déclencher la maladie.
3. Pathogène est un terme qui désigne tout ce qui est à l'origine d'une maladie.

S'entraîner en situation

1. Non, le vaccin contre l'hépatite A n'est pas obligatoire. Par contre le vaccin contre l'hépatite B l'est.
2. Le nombre de vaccins obligatoires pour les enfants nés à partir du 1er janvier 2018 est de 11.

Auto-évaluation

1. Quelles sont mes erreurs ou mes lacunes ?

   ....

   ....

   ....

2. Quelle est ma note sur 10 ? .../10
3. Quels sont les mots que je n'ai pas compris ?

   ....

   ....

   ....

FICHE 28 Préparation des locaux et du matériel avant une activité

Répondez aux questions au crayon à papier pour pouvoir effacer et recommencer au cours de votre préparation. Chaque bonne réponse donne 1 point.

S'entraîner avec des QCM

Entourez la bonne réponse.

1. Il n'y a qu'un type de peinture autorisé dans les EAJE.
A. Vrai **B.** Faux

2. Le pochoir permet de reproduire facilement une forme.
A. Vrai **B.** Faux

3. Il existe des perles à repasser.
A. Vrai **B.** Faux

4. Lorsque l'on utilise des feutres, mieux vaut choisir des modèles :
A. à encre de Chine.
B. à encre lavable.
C. à encre noire.

5. Les tampons pour la peinture peuvent être :
A. en mousse.
B. en tissu.
C. en carton.

S'entraîner avec des QROC

Répondez aux questions suivantes :

1. Citez les trois types de matériel pour faire des traits qu'un assistant maternel peut donner à un enfant à son domicile.

....

2. Quelles sont les différentes façons d'utiliser la pâte à modeler ?

....

....

3. Quelles sont les trois règles d'ordre général à respecter pour faire une activité avec des enfants ?

....

....

S'entraîner en situation

Répondez aux questions suivantes :
Vous travaillez dans un EAJE. Ce matin, vous décidez de proposer une activité lecture aux enfants de 2 à 3 ans.

1. Que devez-vous faire vis-à-vis de vos collègues ?

....

....

2. Que devez-vous prévoir au niveau des locaux et du matériel utile à cette activité ?

....

....

Corrigés

S'entraîner avec des QCM

1. **B.** Différents types de peinture sont autorisés : la peinture acrylique, la gouache ou la peinture gonflante.
2. **A.**
3. **A.**
4. **B.**
5. **A.**

S'entraîner avec des QROC

1. Les trois types de matériel pour faire des traits qu'un assistant maternel peut donner à un enfant à son domicile sont : les feutres ; les craies ; les crayons de couleur.
2. La pâte à modeler peut être utilisée avec des emporte-pièces, des moules, des outils de modelage ou encore tout simplement seule (plaisir du pétrissage).
3. Les trois règles d'ordre général à respecter pour faire une activité avec des enfants sont : la sécurité ; l'hygiène ; le confort.

S'entraîner en situation

1. Vis-à-vis de mes collègues, je dois :
   – proposer de faire une activité lecture ;
   – fixer l'heure de l'activité ;
   – m'assurer de la disponibilité d'un coin lecture.

Après l'activité, je dois faire des transmissions écrites et orales.

2. Je dois prévoir :
   – un coin calme dans une salle à part ou dans la grande salle d'activité ;
   – des coussins pour l'installation des enfants qui seront par terre sur un tapis en mousse ;
   – une chaise pour m'asseoir à la hauteur des enfants et des livres.

Auto-évaluation

1. Quelles sont mes erreurs ou mes lacunes ?

   ....

   ....

   ....

2. Quelle est ma note sur 10 ? .../10

3. Quels sont les mots que je n'ai pas compris ?

   ....

   ....

   ....

FICHE 29 Mise en œuvre de conditions favorables au jeu libre

Répondez aux questions au crayon à papier pour pouvoir effacer et recommencer au cours de votre préparation. Chaque bonne réponse donne 1 point.

S'entraîner avec des QCM

Entourez la bonne réponse.

1. Dans le jeu libre, l'enfant est maître de son jeu.
A. Vrai **B.** Faux

2. Le jeu libre ne stimule pas suffisamment l'enfant.
A. Vrai **B.** Faux

3. Le jeu libre apprend à l'enfant à se connaître.
A. Vrai **B.** Faux

4. Le jeu libre permet à l'enfant d'utiliser un objet :
A. toujours de la même façon. **B.** de multiples façons. **C.** toujours dans le même but.

5. Dans le jeu libre, l'adulte choisit des jouets pour l'enfant :
A. en fonction du temps. **B.** en fonction du jour. **C.** en fonction de son âge.

S'entraîner avec des QROC

Répondez aux questions suivantes :

1. Citez quatre attitudes que doit avoir l'adulte au cours d'un jeu libre avec l'enfant.

....

....

2. Citez deux raisons pour lesquelles le jeu libre donne confiance en soi à l'enfant.

....

....

3. Quelles sont les deux attitudes que l'adulte doit éviter dans le jeu libre ?

....

....

S'entraîner en situation

Répondez aux questions suivantes :
Vous travaillez dans un EAJE. Ce matin, vous décidez de proposer un jeu libre aux enfants de 1 à 2 ans.

1. Que devez-vous faire avant le jeu libre concernant l'espace ?

....

....

2. Comment allez-vous installer les jouets ? Justifiez votre réponse.

....

....

....

Corrigés

S'entraîner avec des QCM

1. A.

2. B. Le jeu libre stimule son autonomie et sa créativité.

3. A.

4. B.

5. C.

S'entraîner avec des QROC

1. Les quatre attitudes que doit avoir l'adulte au cours d'un jeu libre avec l'enfant sont :
– observer ;
– être disponible ;
– encourager l'enfant à découvrir seul ;
– laisser l'enfant faire seul.

2. Le jeu libre donne confiance en soi à l'enfant car :
– il fait des essais (il tâtonne) ;
– il contrôle son jeu, son environnement, lui-même.

3. Les deux attitudes que l'adulte doit éviter dans le jeu libre sont :
– montrer à l'enfant comment utiliser le jeu ;
– ne pas juger tout haut ce que fait l'enfant.

S'entraîner en situation

1. Je dois, concernant l'espace et avant le jeu libre, aménager le coin jeu libre de façon sécurisante et accueillante.

2. Je dois installer les jouets à la portée des enfants pour favoriser leur autonomie.

Auto-évaluation

1. Quelles sont mes erreurs ou mes lacunes ?

....

....

....

2. Quelle est ma note sur 10 ? .../10

3. Quels sont les mots que je n'ai pas compris ?

....

....

....

FICHE 30

L'expression corporelle

Répondez aux questions au crayon à papier pour pouvoir effacer et recommencer au cours de votre préparation. Chaque bonne réponse donne 1 point.

S'entraîner avec des QCM

Entourez la bonne réponse.

1. L'adulte doit toujours rester en retrait au cours d'une activité d'expression corporelle.
A. Vrai **B.** Faux

2. Un adulte doit toujours respecter le refus de l'enfant de participer à une activité corporelle.
A. Vrai **B.** Faux

3. L'expression corporelle ne permet pas à l'enfant de s'exprimer.
A. Vrai **B.** Faux

4. Lors d'une activité de danse, il est préférable que l'enfant soit :
A. en chaussettes. **B.** avec ses chaussures. **C.** pieds nus.

5. Lors du jeu de la statue, lorsque la musique s'arrête, l'enfant doit :
A. continuer à bouger. **B.** s'arrêter de bouger. **C.** continuer à danser.

S'entraîner avec des QROC

Répondez aux questions suivantes :

1. Citez les deux principaux objectifs de l'expression corporelle, pour l'enfant, au niveau du mouvement.

....

2. Pourquoi la ronde est-elle une activité corporelle sécurisante pour l'enfant ?

....

....

3. Quelle activité corporelle un enfant peut-il faire devant un miroir ?

....

S'entraîner en situation

Répondez aux questions suivantes :

Vous travaillez comme assistant maternel agréé (AMA) à domicile. Ce matin, vous décidez de proposer à Gustave, 2 ans et demi, l'activité de mimes.

1. Citez trois genres de situation à imiter.

....

....

....

2. Puis, après cette activité, vous proposez à Gustave une séance de relaxation avant le déjeuner. Quels sont les deux objectifs de cette séance ?

....

....

Corrigés

S'entraîner avec des QCM

1. **B.** L'adulte peut rester en retrait (jeu libre) mais peut aussi donner des consignes précises.
2. **A.**
3. **B.** L'expression corporelle permet à l'enfant de s'exprimer autrement que par des mots.
4. **C.**
5. **B.**

S'entraîner avec des QROC

1. Les deux principaux objectifs de l'expression corporelle, pour l'enfant, au niveau du mouvement sont :
   – se déplacer dans l'espace ;
   – maîtriser les différents mouvements possibles de son corps.
2. La ronde est une activité corporelle sécurisante pour les enfants car tous font la même chose en même temps.
3. Un enfant devant un miroir peut reproduire des gestes précis.

S'entraîner en situation

1. Les trois genres de situation à imiter peuvent être un animal, un métier, un mot.
2. Les deux objectifs de cette séance de relaxation sont :
   – retrouver son calme ;
   – se détendre avant le repas.

Auto-évaluation

1. Quelles sont mes erreurs ou mes lacunes ?

   ....

   ....

   ....

2. Quelle est ma note sur 10 ? …/10
3. Quels sont les mots que je n'ai pas compris ?

   ....

   ....

   ....

FICHE 31 Les instruments de musique et le chant

Répondez aux questions au crayon à papier pour pouvoir effacer et recommencer au cours de votre préparation. Chaque bonne réponse donne 1 point.

S'entraîner avec des QCM

Entourez la bonne réponse.

1. Il est possible de fabriquer des instruments de musique avec les enfants dans un EAJE.
A. Vrai **B.** Faux

2. Un enfant qui fabrique un instrument de musique développe sa motricité globale.
A. Vrai **B.** Faux

3. L'enfant peut s'exprimer en jouant d'un instrument de musique.
A. Vrai **B.** Faux

4. Comment s'appelle l'œuvre musicale que l'on peut faire écouter à des enfants pour la découverte des différents instruments :
A. *Pierre et le loup.* **B.** le *Boléro.* **C.** *Le Sacre du printemps.*

5. L'adulte qui chante une comptine doit toujours :
A. garder la même intonation. **B.** garder le même rythme.
C. jouer sur l'intonation et le rythme.

S'entraîner avec des QROC

Répondez aux questions suivantes :

1. Citez les deux découvertes essentielles que fait l'enfant en écoutant de la musique.

....

2. Citez trois instruments de musique que l'on peut trouver fréquemment dans un EAJE.

....

....

....

3. Quelles sont les deux activités musicales qui développent à la fois l'ouïe et le langage ?

....

....

S'entraîner en situation

Répondez aux questions suivantes :
Vous travaillez dans un EAJE. Ce matin, vous décidez de proposer aux enfants de la section des grands l'activité des comptines.

1. Quels sont les deux intérêts de cette activité pour les enfants ?

....

....

2. Quels sont les trois qualificatifs illustrant la spécificité de la comptine ?

....

....

....

Corrigés

S'entraîner avec des QCM

1. A.

2. B. Un enfant qui fabrique un instrument de musique développe sa motricité fine.

3. A.

4. A.

5. C.

S'entraîner avec des QROC

1. Les deux découvertes essentielles que fait l'enfant en écoutant de la musique sont :
– les rythmes différents (lents, rapides…) ;
– les sons variés (aigus, graves…).

2. Les trois instruments de musique que l'on peut trouver fréquemment dans un EAJE sont par exemple les tambourins, les xylophones ou les maracas.

3. Les deux activités musicales qui développent à la fois l'ouïe et le langage sont les chants et les comptines.

S'entraîner en situation

1. Les deux intérêts de cette activité pour les enfants sont :
– la découverte de leur schéma corporel ;
– l'apprentissage de certaines gestuelles.

2. Les trois qualificatifs illustrant la spécificité de la comptine sont :
– rythmée ;
– courte ;
– gaie.

Auto-évaluation

1. Quelles sont mes erreurs ou mes lacunes ?

....

....

....

2. Quelle est ma note sur 10 ? …/10

3. Quels sont les mots que je n'ai pas compris ?

....

....

....

FICHE 32

La peinture

Répondez aux questions au crayon à papier pour pouvoir effacer et recommencer au cours de votre préparation. Chaque bonne réponse donne 1 point.

S'entraîner avec des QCM

Entourez la bonne réponse.

1. L'enfant peut peindre avec ses pieds.
A. Vrai **B.** Faux

2. Un enfant de 2 ans peut peindre sur une feuille installée en position verticale.
A. Vrai **B.** Faux

3. L'adulte doit donner sa propre interprétation du dessin que l'enfant vient d'exécuter.
A. Vrai **B.** Faux

4. On ne peut pas laisser un enfant de 2 ans peindre :
A. avec un tampon. **B.** avec un couteau. **C.** avec une éponge.

5. À 18 mois, la peinture est de l'ordre :
A. de l'apprentissage. **B.** de la découverte. **C.** de l'exécution de consignes.

S'entraîner avec des QROC

Répondez aux questions suivantes :

1. Entre 3 et 6 ans, un enfant peut participer à deux types d'activité peinture. Complétez le tableau ci-dessous pour préciser le rôle de l'enfant en fonction de ces deux types d'activité :

Atelier découverte	Atelier plus dirigé
....	....
....	....

2. Citez quels sont les quatre principaux objectifs de la peinture dans un EAJE pour des enfants de 2 à 3 ans.

....

....

3. Quelles sont les quatre principales textures sur lesquelles l'enfant peut peindre ?

....

....

S'entraîner en situation

Répondez aux questions suivantes :

Vous travaillez dans un EAJE. Ce matin, vous décidez de proposer à certains enfants de la section des moyens (18 mois à 2 ans) l'activité peinture.

1. Quelle est la dimension du support que vous pouvez employer ?

....

2. Justifiez votre réponse.

....

....

Corrigés

S'entraîner avec des QCM

1. **A.** Sauf s'il le refuse.
2. **A.**
3. **B.** L'adulte doit laisser parler l'enfant de son dessin et ne pas donner sa propre interprétation.
4. **B.**
5. **B.**

S'entraîner avec des QROC

1.

Atelier découverte	Atelier plus dirigé
L'enfant laisse libre cours à son imagination et à sa créativité.	L'enfant reproduit des formes, travaille avec certains outils et avec des couleurs précises.

2. Les quatre principaux objectifs de la peinture dans un EAJE pour des enfants de 2 à 3 ans sont :
   – développer sa motricité fine ;
   – découvrir des matériaux différents ;
   – développer sa créativité ;
   – s'exprimer par l'art.
3. Les quatre principales textures sur lesquelles l'enfant peut peindre sont : le papier ; le carton ; le tissu ; le bois.

S'entraîner en situation

1. La dimension du support que je peux employer est un grand format : soit du papier A4, soit un poster ou une affiche.
2. Avant 2 ans, l'enfant utilise tout son bras pour peindre et non pas le poignet. Ces grands formats permettent justement à l'enfant des mouvements très larges.

Auto-évaluation

1. Quelles sont mes erreurs ou mes lacunes ?

   ....

   ....

   ....

2. Quelle est ma note sur 10 ? .../10
3. Quels sont les mots que je n'ai pas compris ?

   ....

   ....

   ....

FICHE 33

Les livres

Répondez aux questions au crayon à papier pour pouvoir effacer et recommencer au cours de votre préparation. Chaque bonne réponse donne 1 point.

S'entraîner avec des QCM

Entourez la bonne réponse.

1. Lorsque l'enfant lit un livre, il développe sa motricité fine. **A.** Vrai **B.** Faux

2. On peut lire des contes à des enfants à partir de 10 mois. **A.** Vrai **B.** Faux

3. L'adulte doit donner l'explication du conte à l'enfant pour qu'il comprenne mieux.
A. Vrai **B.** Faux

4. Lorsque l'adulte lit un livre, il doit être :
A. à la hauteur des enfants. **B.** assis à une hauteur inférieure par rapport à celle des enfants.
C. assis sur une table.

5. Lors de la lecture d'un livre, les passages tristes doivent :
A. être répétés. **B.** être évités. **C.** être lus comme les autres passages.

S'entraîner avec des QROC

Répondez aux questions suivantes :

1. Citez deux raisons pour lesquelles l'enfant aime que l'adulte lui raconte plusieurs fois la même histoire.

....

....

2. Quelles sont, pour les enfants à partir de 4 ans, les trois grandes questions qui peuvent être abordées à l'aide des livres ?

....

....

....

3. Quels sont les deux types de personnage qui illustrent les livres d'images pour les enfants de 2 à 3 ans ?

....

....

S'entraîner en situation

Répondez aux questions suivantes :

Vous travaillez dans un EAJE. Un coin lecture est aménagé pour les enfants de 2 à 3 ans avec une petite bibliothèque à leur hauteur.

1. Quels sont les trois types d'animation que vous pouvez faire avec ces enfants autour du livre ?

....

....

....

2. Que devez-vous apprendre à ces enfants tout en laissant les livres à leur disposition ?

....

....

Corrigés

S'entraîner avec des QCM

1. **A.** En tournant les pages.
2. **B.** On peut lire des contes à des enfants à partir de 2-3 ans.
3. **B.** L'adulte doit laisser l'enfant faire ses propres interprétations.
4. **A.**
5. **C.**

S'entraîner avec des QROC

1. L'enfant aime que l'adulte lui raconte plusieurs fois la même histoire car la répétition le rassure. En effet, il peut se représenter la suite du livre et anticiper les actions.
2. Les trois grandes questions qui peuvent être abordées à l'aide des livres pour les enfants à partir de 4 ans sont : la naissance ; la sexualité ; la vie en général.
3. Les deux types de personnage qui illustrent les livres d'images pour les enfants de 2 à 3 ans sont les humains et les animaux humanisés.

S'entraîner en situation

1. Les trois types d'animation que je peux faire avec ces enfants autour du livre sont :
   – des temps pendant lesquels je lis une histoire à un petit groupe d'enfants ;
   – des temps libres pendant lesquels les enfants choisissent et feuillettent des livres eux-mêmes ;
   – des temps pendant lesquels ils suivent, sur le livre, l'histoire qui est lue sur un CD.
2. Je dois apprendre à ces enfants à respecter les livres (les ranger, ne pas les déchirer, ne pas les salir…).

Auto-évaluation

1. Quelles sont mes erreurs ou mes lacunes ?

   ....

   ....

   ....

2. Quelle est ma note sur 10 ? …/10
3. Quels sont les mots que je n'ai pas compris ?

   ....

   ....

   ....

FICHE 34

Les marionnettes

Répondez aux questions au crayon à papier pour pouvoir effacer et recommencer au cours de votre préparation. Chaque bonne réponse donne 1 point.

S'entraîner avec des QCM

Entourez la bonne réponse.

1. L'enfant ne doit pas projeter ses émotions sur la marionnette.
A. Vrai **B.** Faux

2. Le petit théâtre de marionnettes permet à l'enfant de s'exprimer.
A. Vrai **B.** Faux

3. Un spectacle de marionnettes ne peut pas être animé par des enfants dans un EAJE.
A. Vrai **B.** Faux

4. Lorsque l'échange s'établit entre l'adulte et l'enfant et porte sur ce que fait la marionnette, il s'agit alors d'une relation :
A. directe. **B.** indirecte. **C.** triangulaire.

5. Les professionnels peuvent représenter le corps d'une marionnette avec :
A. une cuillère en bois. **B.** une paire de ciseaux. **C.** une fourchette.

S'entraîner avec des QROC

Répondez aux questions suivantes :

1. Quels sont les deux principaux objectifs du petit théâtre de marionnettes pour les enfants à partir de 2 ans ?

....

....

2. Citez les six principaux matériaux que l'on peut utiliser pour fabriquer une marionnette.

....

....

....

3. Quels sont les deux principaux buts du spectacle de marionnettes au niveau du développement du langage des enfants ?

....

S'entraîner en situation

Répondez aux questions suivantes :
Vous travaillez dans un EAJE dans la section des grands. Vous décidez, en accord avec l'équipe, de faire un spectacle de marionnettes.

1. Quelles sont les trois attitudes professionnelles différentes que vous pouvez adopter au cours d'un spectacle de marionnettes avec un petit groupe d'enfants ?

....

....

....

2. Citez deux sortes de marionnette que vous pouvez utiliser.

....

Corrigés

S'entraîner avec des QCM

1. **B.** L'enfant peut au contraire libérer ses émotions en utilisant la marionnette comme intermédiaire.
2. **A.**
3. **B.** Dès l'âge de 2 ans et parfois même avant, les enfants peuvent animer un spectacle de marionnettes.
4. **B.**
5. **A.**

S'entraîner avec des QROC

1. Les deux principaux objectifs du petit théâtre de marionnettes pour les enfants à partir de 2 ans sont : le développement du langage ; le développement de l'imaginaire.
2. Les six principaux matériaux que l'on peut utiliser pour fabriquer une marionnette sont du papier, du tissu, de la colle, de la peinture, du bois, de la laine.
3. Les deux principaux objectifs du spectacle de marionnettes au niveau du développement du langage des enfants sont : l'expression orale ; l'enrichissement du vocabulaire.

S'entraîner en situation

1. Les trois attitudes professionnelles différentes que je peux adopter au cours d'un spectacle de marionnettes sont :
   – laisser l'interaction se créer entre les enfants et les marionnettes et rester donc en retrait ;
   – dialoguer avec les enfants sur ce que font les marionnettes ;
   – créer une relation triangulaire, c'est-à-dire entre les marionnettes, les enfants et moi.
2. Je peux utiliser des marionnettes à doigts ou des marionnettes à fils.

Auto-évaluation

1. Quelles sont mes erreurs ou mes lacunes ?
   ....
   ....
   ....
2. Quelle est ma note sur 10 ? .../10
3. Quels sont les mots que je n'ai pas compris ?
   ....
   ....
   ....

FICHE 35

Les manipulations

Répondez aux questions au crayon à papier pour pouvoir effacer et recommencer au cours de votre préparation. Chaque bonne réponse donne 1 point.

S'entraîner avec des QCM

Entourez la bonne réponse.

1. Les manipulations de graines se font toujours au sol. **A.** Vrai **B.** Faux

2. Les manipulations développent aussi le langage des enfants. **A.** Vrai **B.** Faux

3. La pâte à sel peut remplacer la pâte à modeler pour une activité de manipulation.
A. Vrai **B.** Faux

4. Les jeux d'eau autour d'un bac développent chez l'enfant :
A. les relations de cause à effet. **B.** la motricité globale. **C.** le goût artistique.

5. Au cours d'une activité manipulation avec des enfants de 15 à 18 mois, les professionnels doivent :
A. proposer une activité dirigée. **B.** donner des règles strictes de manipulation.
C. laisser les enfants faire leurs expériences.

S'entraîner avec des QROC

Répondez aux questions suivantes :

1. Sur quel mobilier un professionnel peut-il installer les enfants lorsqu'ils font de la pâte à modeler ?

....

....

2. Citez les quatre graines ou matériaux qu'un professionnel peut employer pour une activité manipulation dans un EAJE.

....

....

....

....

3. Combien d'enfants environ par groupe un professionnel peut-il prendre pour faire une activité de manipulation ?

....

S'entraîner en situation

Répondez aux questions suivantes :

Vous êtes employée à domicile. Vous décidez aujourd'hui de faire une activité pâtisserie avec Hugo, 2 ans et demi.

1. Quels sont les deux types de gâteau que vous pouvez facilement réaliser avec Hugo ?

....

....

2. Quels sont les deux principaux objectifs de cette activité pour Hugo ?

....

....

Corrigés

S'entraîner avec des QCM

1. **B.** Les manipulations de graines peuvent se faire au sol, autour ou dans des bacs.
2. **A.**
3. **A.**
4. **A.**
5. **C.**

S'entraîner avec des QROC

1. Un professionnel peut installer les enfants, lorsqu'ils font de la pâte à modeler, sur des petites chaises autour d'une petite table.
2. Les quatre graines ou matériaux qu'un professionnel peut employer pour une activité manipulation dans un EAJE sont les lentilles, le riz, le sable et la farine.
3. Un professionnel peut faire une activité de manipulation avec un groupe de 3 à 5 enfants environ.

S'entraîner en situation

1. Les deux types de gâteau que je peux facilement réaliser avec Hugo sont :
   – le gâteau au yaourt ;
   – des sablés de différentes formes.
2. Les deux principaux objectifs de cette activité pour Hugo sont :
   – découvrir les ingrédients utiles pour confectionner le gâteau (farine, sucre…) ;
   – développer sa motricité fine (remplir les plats, les moules, les vider…).

Auto-évaluation

1. Quelles sont mes erreurs ou mes lacunes ?

   ....

   ....

   ....

2. Quelle est ma note sur 10 ? .../10
3. Quels sont les mots que je n'ai pas compris ?

   ....

   ....

   ....

FICHE 36

Les jeux symboliques

Répondez aux questions au crayon à papier pour pouvoir effacer et recommencer au cours de votre préparation. Chaque bonne réponse donne 1 point.

S'entraîner avec des QCM

Entourez la bonne réponse.

1. Le jeu symbolique permet à l'enfant de s'exprimer. **A.** Vrai **B.** Faux

2. L'enfant joue toujours seul dans le coin cuisine. **A.** Vrai **B.** Faux

3. Il faut toujours conserver le coin jeu prêt à être utilisé par l'enfant. **A.** Vrai **B.** Faux

4. Chez l'enfant, le coin déguisement stimule particulièrement :
A. sa musculation. **B.** son imagination. **C.** sa pince fine.

5. Idéalement, les coins jeux peuvent être séparés par :
A. des meubles. **B.** des doubles rideaux. **C.** des voilages.

S'entraîner avec des QROC

Répondez aux questions suivantes :

1. Que peut imiter un enfant lorsqu'il fait un jeu symbolique ?

……………………………………………………………………………………………

……………………………………………………………………………………………

2. Citez quatre coins de jeu symbolique qui peuvent être installés pour des grands enfants dans un EAJE.

……………………………………………………………………………………………

……………………………………………………………………………………………

……………………………………………………………………………………………

……………………………………………………………………………………………

3. Quelle attitude doit avoir le professionnel lorsque l'enfant fait un jeu symbolique ?

……………………………………………………………………………………………

……………………………………………………………………………………………

S'entraîner en situation

Répondez aux questions suivantes :

Vous travaillez dans un ALAE (accueil de loisirs associé à l'école). Ce matin, Caroline 3 ans, Mathilde 3 ans et demi, et Victor 4 ans jouent dans le coin de la marchande.

1. Quels sont les quatre principaux accessoires de jeu qui doivent être à la disponibilité de ces trois enfants ?

……………………………………………………………………………………………

……………………………………………………………………………………………

……………………………………………………………………………………………

……………………………………………………………………………………………

2. Que font ces enfants lorsqu'ils jouent à la marchande ?

……………………………………………………………………………………………

……………………………………………………………………………………………

Corrigés

S'entraîner avec des QCM

1. **A.**
2. **B.** L'enfant peut jouer seul ou en tout petit groupe dans le coin cuisine.
3. **A.**
4. **B.**
5. **A.**

S'entraîner avec des QROC

1. Lorsqu'il fait un jeu symbolique, un enfant peut imiter une situation particulière, un événement, une personne ou un animal.
2. Les quatre coins de jeu symbolique qui peuvent être installés pour des grands enfants dans un EAJE, sont : le coin cuisine ; le coin bricolage ; le coin coiffure ; le coin de la marchande.
3. Le professionnel doit respecter l'intimité de l'enfant qui fait un jeu symbolique et rester en léger retrait tout en l'observant attentivement.

S'entraîner en situation

1. Les quatre principaux accessoires de jeu qui doivent être à la disponibilité de ces trois enfants sont : des fruits ; des légumes ; une balance ; une caisse.
2. Lorsqu'ils jouent à la marchande, ces trois enfants mettent en scène des moments observés lorsqu'ils font des courses avec leurs parents ou d'autres adultes.

Auto-évaluation

1. Quelles sont mes erreurs ou mes lacunes ?

....

....

....

2. Quelle est ma note sur 10 ? .../10

3. Quels sont les mots que je n'ai pas compris ?

....

....

....

FICHE 37

Les jeux de société

Répondez aux questions au crayon à papier pour pouvoir effacer et recommencer au cours de votre préparation. Chaque bonne réponse donne 1 point.

S'entraîner avec des QCM

Entourez la bonne réponse.

1. Le Mikado est un jeu de hasard. **A.** Vrai **B.** Faux

2. Un jeu de société peut permettre à l'enfant d'apprendre à compter. **A.** Vrai **B.** Faux

3. Dans un EAJE, le professionnel doit installer le jeu de société avant que les jeunes joueurs arrivent. **A.** Vrai **B.** Faux

4. Les Petits chevaux est un jeu :
A. de plateau. **B.** d'adresse. **C.** d'observation.

5. Un jeu d'adresse nécessite en priorité de la part des enfants :
A. de l'habileté. **B.** de la mémoire. **C.** une partie de hasard.

S'entraîner avec des QROC

Répondez aux questions suivantes :

1. Citez trois gestes que l'enfant peut apprendre à coordonner lorsqu'il fait des jeux de société.

....

....

....

....

2. Quels sont les deux supports sur lesquels le professionnel peut installer un jeu de société pour que les enfants jouent confortablement dans une grande section à l'école maternelle ?

....

....

....

3. Quelle attitude doit avoir le professionnel avant que les enfants ne commencent un jeu de société ?

....

....

S'entraîner en situation

Répondez aux questions suivantes :

Vous travaillez dans un ALSH (accueil de loisirs sans hébergement). Cet après-midi, vous décidez en équipe de jouer au jeu des sept familles avec quatre enfants de 5 ans et demi à 6 ans.

1. Quelles sont les deux règles de la vie sociale que ces quatre enfants apprendront à maîtriser au cours de ce jeu de cartes ?

....

....

....

2. Que doivent accepter de suivre ces quatre enfants dès le début du jeu ?

....

Corrigés

S'entraîner avec des QCM

1. **B.** Le Mikado est un jeu d'adresse.
2. **A.**
3. **A.**
4. **A.**
5. **A.**

S'entraîner avec des QROC

1. Les trois gestes que l'enfant peut apprendre à coordonner lorsqu'il fait des jeux de société sont :
   – avancer un pion ;
   – jeter des dés ;
   – tenir des cartes.
2. Les deux supports sur lesquels le professionnel peut installer un jeu de société pour que les enfants jouent confortablement dans une grande section à l'école maternelle sont :
   – une table adaptée à l'âge des enfants ;
   – un tapis sur le sol.
3. Avant que les enfants ne commencent un jeu de société, le professionnel doit vérifier qu'ils ont tous bien compris les règles du jeu.

S'entraîner en situation

1. Les deux règles de la vie sociale que ces quatre enfants apprendront à maîtriser au cours de ce jeu de cartes sont :
   – attendre son tour ;
   – accepter de perdre.
2. Dès le début du jeu, ces quatre enfants doivent accepter de suivre les règles du jeu et les consignes.

Auto-évaluation

1. Quelles sont mes erreurs ou mes lacunes ?
   ....
   ....
   ....
2. Quelle est ma note sur 10 ? .../10
3. Quels sont les mots que je n'ai pas compris ?
   ....
   ....
   ....

FICHE 38

La découverte des cinq sens

Répondez aux questions au crayon à papier pour pouvoir effacer et recommencer au cours de votre préparation. Chaque bonne réponse donne 1 point.

S'entraîner avec des QCM

Entourez la bonne réponse.

1. Les devinettes gustatives développent le langage d'un enfant de 2 ans. **A.** Vrai **B.** Faux

2. Un professionnel peut, grâce à une cuisine relevée par des épices, développer l'odorat et le goût de l'enfant. **A.** Vrai **B.** Faux

3. Le kaléidoscope développe le goût de l'enfant. **A.** Vrai **B.** Faux

4. Le loto des odeurs développe principalement chez l'enfant :
A. l'ouïe. **B.** le toucher. **C.** l'odorat.

5. Grâce à certaines activités, l'enfant découvre :
A. ses 5 sens. **B.** ses 7 sens. **C.** ses 3 sens.

S'entraîner avec des QROC

Répondez aux questions suivantes :

1. Quelle activité une professionnelle peut-elle proposer à un enfant de 2 ans pour développer son ouïe ?

....

2. Associer chaque activité à un sens :

A. Parcours des sensations •	• **a.** Vue
B. Cultiver des plantes aromatiques •	• **b.** Ouïe
C. Reconnaître les bruits d'animaux •	• **c.** Toucher
D. Promenade •	• **d.** Goût
E. Devinettes gustatives •	• **e.** Odorat

3. Quelle attitude doit avoir le professionnel pour qu'un enfant de 4 à 5 ans enrichisse son vocabulaire pendant des activités sensorielles ?

....

....

S'entraîner en situation

Répondez aux questions suivantes :

Vous travaillez dans la section des grands dans un EAJE. Cet après-midi, vous décidez de faire un jeu de saveurs avec un groupe d'enfants.

1. Nommez les quatre saveurs que devront reconnaître les enfants.

....

....

....

2. Combien d'enfants doivent idéalement constituer ce petit groupe ?

....

Corrigés

S'entraîner avec des QCM

1. **A.**
2. **A.**
3. **B.** Le kaléidoscope développe la vue de l'enfant.
4. **C.**
5. **A.**

S'entraîner avec des QROC

1. Un professionnel peut proposer à un enfant de 2 ans, pour développer son ouïe, l'activité du loto auditif : l'enfant doit alors trouver l'image qui correspond au bruit qu'il entend.
2. **A.** Parcours des sensations → **c.** Toucher
   B. Cultiver des plantes aromatiques → **e.** Odorat
   C. Reconnaître les bruits d'animaux → **b.** Ouïe
   D. Promenade → **e.** Vue
   E. Devinettes gustatives → **d.** Goût
3. Pour qu'un enfant de 4 à 5 ans enrichisse son vocabulaire pendant des activités sensorielles, le professionnel doit l'inviter à préciser ses propos lorsqu'il verbalise ce qu'il ressent.

S'entraîner en situation

1. Les quatre saveurs que devront reconnaître les enfants sont : l'amer ; le sucré ; le salé ; l'acide.
2. Idéalement, ce petit groupe doit être constitué de 3 à 5 enfants.

Auto-évaluation

1. Quelles sont mes erreurs ou mes lacunes ?
   ....
   ....
   ....
2. Quelle est ma note sur 10 ? .../10
3. Quels sont les mots que je n'ai pas compris ?
   ....
   ....
   ....

FICHE 39

Les jeux moteurs

Répondez aux questions au crayon à papier pour pouvoir effacer et recommencer au cours de votre préparation. Chaque bonne réponse donne 1 point.

S'entraîner avec des QCM

Entourez la bonne réponse.

1. Les jeux moteurs permettent aux nourrissons de prendre conscience de leur schéma corporel.
   A. Vrai **B.** Faux
2. La piscine à balles permet à un enfant de courir. **A.** Vrai **B.** Faux
3. Par les jeux moteurs, l'enfant découvre l'espace qui l'entoure. **A.** Vrai **B.** Faux
4. Le tricycle permet à l'enfant de : **A.** se muscler. **B.** sauter. **C.** ramper.
5. Le mur d'escalade permet à l'enfant de : **A.** courir. **B.** grimper. **C.** marcher.

S'entraîner avec des QROC

Répondez aux questions suivantes :

1. Citez cinq compétences motrices que peut développer un enfant de 2 ans lors d'un parcours psychomoteur.

   ....

   ....

   ....

   ....

   ....

2. Quels sont les deux types de sécurité garantis par la présence constante de l'adulte, dont l'enfant a besoin lors de jeux moteurs ?

   ....

   ....

3. Citez les deux principales acquisitions que développe l'enfant à partir de 3-4 ans lorsqu'il joue aux quilles.

   ....

   ....

S'entraîner en situation

Répondez aux questions suivantes :

Vous travaillez dans un ALAE (accueil de loisir associé à l'école). Cet après-midi, vous décidez d'organiser une activité de trampoline avec des enfants de 5ans.

1. Que devez-vous faire avant l'arrivée des enfants ?

   ....

   ....

   ....

2. Citez quatre règles que vous devez respecter pendant cette activité.

   ....

   ....

   ....

Corrigés

S'entraîner avec des QCM

1. **A.**
2. **B.** La piscine à balles permet à un enfant de se rouler dedans.
3. **A.**
4. **A.**
5. **B.**

S'entraîner avec des QROC

1. Les cinq compétences motrices que peut développer un enfant de 2 ans lors d'un parcours psychomoteur sont : sauter ; ramper ; marcher à quatre pattes ; escalader ; s'accroupir.
2. Les deux types de sécurité garantis par la présence constante de l'adulte, dont l'enfant a besoin lors de jeux moteurs, sont : la sécurité physique ; la sécurité affective.
3. Les deux principales acquisitions que développe l'enfant à partir de 3-4 ans lorsqu'il joue aux quilles sont : l'adresse ; la précision des gestes.

S'entraîner en situation

1. Avant l'arrivée des enfants, je dois aménager l'espace pour qu'ils soient en sécurité.
2. Les quatre règles que je dois respecter pendant cette activité sont :
   – ne pas forcer les enfants ;
   – respecter le rythme de chacun ;
   – les encourager ;
   – les observer.

Auto-évaluation

1. Quelles sont mes erreurs ou mes lacunes ?

   ....

   ....

   ....

2. Quelle est ma note sur 10 ? .../10
3. Quels sont les mots que je n'ai pas compris ?

   ....

   ....

   ....

FICHE 40

Le portage d'un enfant

Répondez aux questions au crayon à papier pour pouvoir effacer et recommencer au cours de votre préparation. Chaque bonne réponse donne 1 point.

S'entraîner avec des QCM

Entourez la bonne réponse.

1. Lors du portage d'un enfant, l'adulte doit soutenir sa tête jusqu'à l'âge de 2 mois.
A. Vrai **B.** Faux

2. Dès la naissance, un bébé a besoin d'être porté dans les bras de l'adulte.
A. Vrai **B.** Faux

3. L'adulte doit aussi prendre en compte ses envies personnelles pour le portage d'un enfant.
A. Vrai **B.** Faux

4. Lorsqu'un adulte porte un enfant, il doit toujours utiliser :
A. les deux mains. **B.** une main. **C.** la main droite s'il est droitier.

5. La position « en contre soi ventrale » est utilisée plutôt pour un enfant qui a :
A. des coliques. **B.** des régurgitations. **C.** de la fièvre.

S'entraîner avec des QROC

Répondez aux questions suivantes :

1. Citez les trois principaux critères à respecter par l'adulte lors du portage d'un enfant.

....

....

....

2. Décrivez en quelques lignes le portage en berceau.

....

....

....

3. Citez deux positions possibles pour porter un enfant dans les bras, à partir de l'âge de 9-10 mois.

....

....

S'entraîner en situation

Répondez aux questions suivantes :

Vous êtes assistant maternel agréé (AMA) à domicile. Vous prenez dans vos bras Camille, 11 mois, en portage sur la hanche car elle pleure depuis que sa maman est partie.

1. Quel est l'inconvénient de cette technique de portage ?

....

....

2. Que devez-vous faire pour remédier à cet inconvénient ?

....

....

Corrigés

S'entraîner avec des QCM

1. **B.** L'adulte doit soutenir sa tête jusqu'à l'âge de 3 mois environ, lorsque l'enfant est capable de tenir sa tête seul.
2. **A.**
3. **A.**
4. **A.**
5. **B.**

S'entraîner avec des QROC

1. Les trois principaux critères à respecter par l'adulte lors du portage d'un enfant sont :
   – la sécurité ;
   – l'ergonomie ;
   – le confort.
2. Description de la position en berceau :
   – le dos de l'enfant repose sur l'avant-bras de l'adulte, sa tête étant soutenue par le creux de son coude ; la main de l'adulte est glissée jusqu'aux fesses de l'enfant ;
   – l'autre main entoure l'enfant.
3. Les deux positions possibles pour porter un enfant dans les bras, à partir de l'âge de 9-10 mois sont :
   – la position dos à soi ;
   – la position à cheval face à soi.

S'entraîner en situation

1. Cette technique de portage n'est pas ergonomique.
2. Pour remédier à cet inconvénient, je dois régulièrement changer Camille de côté.

Auto-évaluation

1. Quelles sont mes erreurs ou mes lacunes ?
   ....
   ....
   ....
2. Quelle est ma note sur 10 ? …/10
3. Quels sont les mots que je n'ai pas compris ?
   ....
   ....
   ....

FICHE 41

L'habillage et le déshabillage

Répondez aux questions au crayon à papier pour pouvoir effacer et recommencer au cours de votre préparation. Chaque bonne réponse donne 1 point.

S'entraîner avec des QCM

Entourez la bonne réponse.

1. Dès la naissance, il faut verbaliser ses gestes lors de l'habillage et le déshabillage d'un enfant.
A. Vrai **B.** Faux

2. Avant d'habiller un enfant, il faut regrouper ses vêtements. **A.** Vrai **B.** Faux

3. Lorsqu'un jeune bébé est tout nu sur le matelas de change, il faut mettre, en priorité, sa couche.
A. Vrai **B.** Faux

4. Lors du déshabillage d'un enfant de 5 mois, il faut :
A. le mettre debout. **B.** le mettre assis. **C.** le maintenir allongé.

5. Lors de l'habillage d'un enfant de 3 mois, il faut :
A. utiliser la technique des trois doigts. **B.** lui demander de tendre le bras.
C. lui demander de fermer le poing.

S'entraîner avec des QROC

Répondez aux questions suivantes :

1. Expliquez les trois actions que doit accomplir un professionnel pour permettre à l'enfant de devenir autonome pour son habillage et son déshabillage.

....

....

....

2. Décrivez en quelques lignes la technique pour mettre un body à un enfant de 6 mois.

....

....

....

3. Citez trois vêtements indispensables pour habiller un enfant pour le sommeil de la nuit ou de la sieste, de la naissance à 6 mois, dans une chambre à 19 °C.

....

....

....

S'entraîner en situation

Répondez aux questions suivantes :

Vous êtes assistant maternel agréé (AMA) à domicile. Vous allez changer le pyjama sale de Coline, 10 mois, qui vient d'arriver chez vous.

1. Que devez-vous faire, en priorité, sur le plan de l'hygiène, avant de changer ce pyjama sale ?

....

....

2. Pouvez-vous la mettre assise sur le matelas de change lors de ce soin ?

....

Corrigés

S'entraîner avec des QCM

1. A.

2. A.

3. B. Il faut en priorité mettre son body pour lui permettre d'être contenu et éviter une baisse de sa température corporelle.

4. C.

5. A.

S'entraîner avec des QROC

1. Les trois actions que doit accomplir un professionnel pour permettre à l'enfant de devenir autonome pour son habillage et son déshabillage sont : expliquer à l'enfant ses gestes ; nommer les vêtements et les parties de son corps ; le solliciter petit à petit à faire certains gestes seul.

2. Description de la technique :
- rouler le body jusqu'à l'encolure avec vos deux mains ;
- écarter l'encolure au maximum ;
- passer la tête de l'enfant devant puis derrière en soulevant la tête légèrement ;
- enfiler les manches avec la technique des 3 doigts ;
- faire glisser le body sur le thorax puis l'abdomen et le dos ;
- mettre et fermer la couche ;
- glisser le body au-dessus ;
- fermer le body avec les pressions.

3. Les trois vêtements indispensables pour habiller un enfant pour le sommeil de la nuit ou de la sieste, de la naissance à 6 mois, sont : un body ; un pyjama ; une turbulette (ou une gigoteuse).

S'entraîner en situation

1. Avant de changer ce pyjama sale, je dois, en priorité, me laver les mains.

2. Oui, si Coline a acquis la position assise.

Auto-évaluation

1. Quelles sont mes erreurs ou mes lacunes ?

....

....

....

2. Quelle est ma note sur 10 ? .../10

3. Quels sont les mots que je n'ai pas compris ?

....

....

....

FICHE 42 Préparation et entretien de l'espace de soins de l'enfant

Répondez aux questions au crayon à papier pour pouvoir effacer et recommencer au cours de votre préparation. Chaque bonne réponse donne 1 point.

S'entraîner avec des QCM

Entourez la bonne réponse.

1. Le plan de travail où sont changés les enfants doit être éloigné du lavabo.
A. Vrai **B.** Faux

2. Avant de changer un enfant, il faut s'assurer que le plan de change a été nettoyé et désinfecté.
A. Vrai **B.** Faux

3. Une poubelle doit pouvoir s'ouvrir sans la toucher avec les mains.
A. Vrai **B.** Faux

4. La température de l'espace de soins doit être comprise entre :
A. 20 et 22 °C. **B.** 24 et 25 °C. **C.** 18 et 19 °C.

5. Après avoir changé un enfant, le matelas et le plan de change doivent être :
A. nettoyés. **B.** nettoyés et désinfectés. **C.** désinfectés.

S'entraîner avec des QROC

Répondez aux questions suivantes :

1. Pour quelle raison l'hygiène des espaces de soins est-elle très importante dans tous les modes d'accueil des enfants ?

....

....

2. Après chaque utilisation du pot ou du réducteur de toilette, que doit faire le professionnel pour en assurer l'entretien ?

....

....

3. Pour quelle raison les germes pénètrent-ils si facilement la barrière cutanée du jeune enfant ?

....

....

S'entraîner en situation

Répondez aux questions suivantes :

Vous êtes assistant maternel agréé (AMA) à domicile. Vous devez ranger les produits d'entretien que vous venez d'acheter.

1. Citez deux règles à appliquer pour stocker ces produits tout en assurant la sécurité des enfants.

....

....

2. Que devez-vous mettre avant d'utiliser un produit d'entretien et pourquoi ?

....

....

Corrigés

S'entraîner avec des QCM

1. **B.** Le plan de travail où sont changés les enfants doit être proche du lavabo.
2. **A.**
3. **A.**
4. **A.**
5. **B.**

S'entraîner avec des QROC

1. L'hygiène des espaces de soins est très importante dans tous les modes d'accueil pour préserver la bonne santé des enfants. L'hygiène est la première mesure de prévention des infections.
2. Après chaque utilisation du pot ou du réducteur de toilette, le professionnel, pour en assurer l'entretien, doit le laver et le désinfecter avec un détergent-désinfectant.
3. Les germes pénètrent facilement la barrière cutanée du jeune enfant car la peau de ce dernier est très fine.

S'entraîner en situation

1. Pour stocker ces produits tout en assurant la sécurité des enfants, je dois
   – les ranger en hauteur dans un placard fermé à clé ;
   – ne pas transvaser un produit d'entretien dans un autre récipient (bouteille d'eau…).
2. Avant d'utiliser un produit d'entretien, je dois mettre des gants pour éviter un risque de brûlures ou d'allergies.

Auto-évaluation

1. Quelles sont mes erreurs ou mes lacunes ?

   ....

   ....

   ....

2. Quelle est ma note sur 10 ? …/10

3. Quels sont les mots que je n'ai pas compris ?

   ....

   ....

   ....

FICHE 43

Installation du jeune enfant sur le matelas de change

Répondez aux questions au crayon à papier pour pouvoir effacer et recommencer au cours de votre préparation. Chaque bonne réponse donne 1 point.

S'entraîner avec des QCM

Entourez la bonne réponse.

1. Lorsque l'on pose un enfant sur le matelas de change, on dépose en premier sa tête puis ses fesses.
A. Vrai **B.** Faux

2. Dès la naissance, on peut installer un enfant sur un matelas de change.
A. Vrai **B.** Faux

3. L'adulte qui installe un enfant sur un matelas de change doit le dire à l'enfant.
A. Vrai **B.** Faux

4. L'enfant peut être installé en position assise sur le matelas de change :
A. à 8 mois. **B.** à 7 mois. **C.** lorsqu'il est capable de se mettre assis seul.

5. Pour monter sur le matelas de change, un module d'escalier coulissant peut être utilisé par l'enfant :
A. seul. **B.** accompagné par l'adulte. **C.** vers 15 mois.

S'entraîner avec des QROC

Répondez aux questions suivantes :

1. Citez quatre règles à respecter lorsque l'on installe un enfant sur la table de change.

....

....

....

....

2. Que faut-il mettre impérativement entre le matelas de change et l'enfant avant de déposer celui-ci dessus ?

....

3. Que doit faire impérativement un professionnel, sur le plan de l'hygiène du matelas de change, après avoir changé un enfant dessus ?

....

S'entraîner en situation

Répondez aux questions suivantes :
Vous travaillez dans un EAJE. Vous devez changer Martin, 18 mois.

1. Lorsque vous avez mis Martin debout devant vous sur le matelas de change et que vous le maintenez sous les aisselles, citez les deux actions qu'il peut faire seul mais que vous devez accompagner pour changer sa couche.

....

....

2. Comment devez-vous l'accompagner ? Citez les deux principales actions d'accompagnement.

....

....

Corrigés

S'entraîner avec des QCM

1. B. On doit déposer en premier ses fesses puis sa tête.

2. A.

3. A.

4. C.

5. B.

S'entraîner avec des QROC

1. Les quatre règles à respecter lorsque l'on installe un enfant sur la table de change sont :
– l'hygiène ;
– le confort ;
– la sécurité ;
– la communication.

2. Il faut impérativement mettre, entre le matelas de change et l'enfant et avant de déposer celui-ci dessus, une serviette en tissu-éponge individuelle ou un papier jetable.

3. Après avoir changé un enfant dessus, le professionnel doit impérativement nettoyer et désinfecter le matelas de change avec un détergent-désinfectant.

S'entraîner en situation

1. Lorsque j'ai mis Martin debout devant moi sur le matelas de change et que je le maintiens sous les aisselles, les deux actions qu'il peut faire seul mais que je dois accompagner pour changer sa couche, sont : s'asseoir ; s'allonger.

2. Je dois l'accompagner par des gestes et par la parole.

Auto-évaluation

1. Quelles sont mes erreurs ou mes lacunes ?

....

....

....

2. Quelle est ma note sur 10 ? .../10

3. Quels sont les mots que je n'ai pas compris ?

....

....

....

FICHE 44

La toilette du visage et des mains

Répondez aux questions au crayon à papier pour pouvoir effacer et recommencer au cours de votre préparation. Chaque bonne réponse donne 1 point.

S'entraîner avec des QCM

Entourez la bonne réponse.

1. Lorsque l'enfant se lave les mains seul, il faut lui apprendre à mettre une dose de savon sur ses mains, puis les mouiller avec un peu d'eau avant de les frotter.

A. Vrai **B.** Faux

2. Lorsque l'enfant se lave le visage, il doit commencer par le front.

A. Vrai **B.** Faux

3. Il faut essuyer le visage d'un enfant en le tamponnant.

A. Vrai **B.** Faux

4. Lorsque l'enfant se lave les mains, la température de l'eau doit être :

A. à 38 °C. **B.** à 37 °C maximum. **C.** à partir de 37 °C.

5. Le lavage des mains répond au besoin :

A. de boire et manger. **B.** d'être propre, soigné et de protéger ses téguments.

C. de se mouvoir et maintenir une bonne posture.

S'entraîner avec des QROC

Répondez aux questions suivantes :

1. Citez quatre situations pour lesquelles l'enfant doit se laver les mains.

....

....

....

....

2. Quelles sont les différentes parties que l'enfant doit frotter lorsqu'il se lave les mains ?

....

....

3. Citez le matériel dont un enfant a besoin pour se laver le visage.

....

....

S'entraîner en situation

Répondez aux questions suivantes :

Vous travaillez dans un EAJE. Vous devez accompagner Jules, 2 ans, pour le lavage de ses mains.

1. Le lavabo étant trop haut, que pouvez-vous faire ?

....

....

2. Comment pouvez-vous veiller à la sécurité de Jules au cours du lavage des mains ?

....

....

Corrigés

S'entraîner avec des QCM

1. **B.** Il faut lui apprendre à mouiller ses mains puis à déposer une dose de savon avant de les frotter.
2. **B.** Lorsque l'enfant se lave le visage, il doit commencer par les yeux.
3. **A.**
4. **B.**
5. **B.**

S'entraîner avec des QROC

1. Les quatre situations pour lesquelles l'enfant doit se laver les mains sont :
   – avant le repas ;
   – après une activité salissante ;
   – après une sortie ;
   – après être allé aux toilettes.
2. Les différentes parties que l'enfant doit frotter lorsqu'il se lave les mains sont les dos, les paumes, les espaces interdigitaux, les pulpes des doigts, les ongles et les poignets.
3. Pour se laver le visage, l'enfant a besoin d'eau tiède, d'un gant de toilette et de papier à usage unique.

S'entraîner en situation

1. Le lavabo étant trop haut, je peux installer Jules sur un marchepied pour qu'il soit à la bonne hauteur.
2. Je dois rester debout derrière lui pour le rassurer et éviter les chutes.

Auto-évaluation

1. Quelles sont mes erreurs ou mes lacunes ?

   ....

   ....

   ....

2. Quelle est ma note sur 10 ? …/10
3. Quels sont les mots que je n'ai pas compris ?

   ....

   ....

   ....

FICHE 45

Le change du nourrisson

Répondez aux questions au crayon à papier pour pouvoir effacer et recommencer au cours de votre préparation. Chaque bonne réponse donne 1 point.

S'entraîner avec des QCM

Entourez la bonne réponse.

1. L'adulte doit commencer à laver le siège de l'enfant par les organes génitaux.
A. Vrai **B.** Faux

2. Il faut sécher le siège d'un enfant en frottant avec une serviette.
A. Vrai **B.** Faux

3. Avant de jeter la couche à la poubelle, il faut vérifier son contenu.
A. Vrai **B.** Faux

4. Il faut insister, lorsque l'on sèche un enfant après avoir rincé son siège, au niveau :
A. du pubis. **B.** du dos. **C.** des plis.

5. Lors du change d'un enfant, il faut se laver les mains :
A. avant et après. **B.** avant. **C.** après.

S'entraîner avec des QROC

Répondez aux questions suivantes :

1. Quels sont les trois principaux buts du change d'un nourrisson ?

....

....

....

2. Citez les différents vêtements à enlever lorsque l'on change la couche d'un enfant de 18 mois.

....

....

3. Quelles sont les quatre principales causes de l'érythème fessier ?

....

....

....

....

S'entraîner en situation

Répondez aux questions suivantes :
Vous travaillez dans la section des bébés dans un EAJE. Vous devez changer Camille, 6 mois.

1. De quel matériel avez-vous besoin pour jeter la couche et le gant de toilette sales ?

....

....

2. Camille avait des urines. Combien de gant(s) de toilette avez-vous utilisé ?

....

....

Corrigés

S'entraîner avec des QCM

1. **B.** L'adulte doit commencer à laver le siège de l'enfant par le bas de l'abdomen.
2. **B.** Il faut sécher le siège d'un enfant en le tamponnant avec une serviette individuelle ou du papier jetable.
3. **A.**
4. **C.**
5. **A.**

S'entraîner avec des QROC

1. Les trois principaux buts du change d'un nourrisson sont :
   – d'assurer son hygiène et son confort ;
   – de prévenir les érythèmes fessiers ;
   – de permettre une relation privilégiée verbale et non verbale entre le nourrisson et l'adulte.
2. Les différents vêtements à enlever lorsque l'on change la couche d'un enfant de 18 mois sont les chaussures, les chaussettes, le pantalon (ou le collant) et le bas du body.
3. Les quatre principales causes de l'érythème fessier sont :
   – le manque d'hygiène (changes mal faits et/ou insuffisants) ;
   – les irritations favorisées par des lessives, des adoucissants et/ou des crèmes inappropriées ;
   – les poussées dentaires ;
   – les allergies.

S'entraîner en situation

1. J'ai besoin d'une poubelle pour jeter la couche sale et d'un sac à linge sale pour le gant de toilette sale.
2. J'ai utilisé un seul gant de toilette pour laver et rincer le siège de Camille.

Auto-évaluation

1. Quelles sont mes erreurs ou mes lacunes ?

   ....

   ....

   ....
2. Quelle est ma note sur 10 ? .../10
3. Quels sont les mots que je n'ai pas compris ?

   ....

   ....

   ....

FICHE 46

L'apprentissage de la propreté

Répondez aux questions au crayon à papier pour pouvoir effacer et recommencer au cours de votre préparation. Chaque bonne réponse donne 1 point.

S'entraîner avec des QCM

Entourez la bonne réponse.

1. Un enfant est propre à 2 ans pendant la journée. **A.** Vrai **B.** Faux

2. Un enfant contrôle le sphincter anal avant le sphincter vésical. **A.** Vrai **B.** Faux

3. Il faut imposer le pot à l'enfant dès qu'il a acquis la maturation neuromusculaire suffisante pour devenir propre. **A.** Vrai **B.** Faux

4. L'adulte propose le pot à l'enfant lorsque celui-ci :
A. a compris le lien entre le pot et son besoin. **B.** a 15 mois. **C.** a 24 mois.

5. L'enfant est propre :
A. d'abord la nuit. **B.** d'abord le jour. **C.** au même âge le jour et la nuit.

S'entraîner avec des QROC

Répondez aux questions suivantes :

1. Citez les trois conditions nécessaires pour l'acquisition de la propreté.

....

....

....

2. Quel repère a l'adulte pour savoir si l'enfant a acquis le contrôle de ses sphincters ?

....

....

3. Lorsque l'enfant a acquis les trois conditions nécessaires à l'acquisition de la propreté, à quel moment l'adulte peut-il commencer à proposer le pot ?

....

S'entraîner en situation

Répondez aux questions suivantes :

Vous êtes assistant maternel agréé (AMA) à domicile. Vous gardez Clémence, 26 mois. Ce matin, sa maman vous indique qu'elle a commencé à lui proposer le pot ce week-end et qu'elle a déjà fait une selle dedans. Aujourd'hui, Clémence est habillée d'un pantalon fermé avec un bouton et une fermeture Éclair.

1. Que pouvez-vous expliquer ce soir à la maman de Clémence à propos de l'habillage de sa fille ?

....

....

2. Dans la matinée, Clémence est allée chercher son pot, s'est assise dessus seule, mais n'a rien fait dedans. Quelle sera votre attitude ?

....

....

Corrigés

S'entraîner avec des QCM

1. **B.** Un enfant est propre pendant la journée entre 2 et 3 ans et demi. L'âge de cette acquisition est variable d'un enfant à l'autre.
2. **A.**
3. **B.** Il faut proposer et non imposer le pot à l'enfant dès qu'il a acquis la maturation neuromusculaire suffisante pour devenir propre.
4. **A.**
5. **B.**

S'entraîner avec des QROC

1. Les trois conditions nécessaires pour l'acquisition de la propreté sont : la maturation neuromusculaire ; la maturité intellectuelle ; la maturité relationnelle et affective.
2. En principe, l'enfant a acquis le contrôle de ses sphincters lorsqu'il peut monter et descendre seul un escalier.
3. L'adulte peut commencer à proposer le pot : lorsque la couche de l'enfant reste sèche entre deux changes ; lorsque l'enfant s'intéresse au pot et au WC ; lorsque l'enfant est gêné par sa couche sale.

S'entraîner en situation

1. J'explique à la maman de Clémence qu'il vaudrait mieux mettre à sa fille un pantalon qu'elle est capable de mettre et de retirer seule (par exemple avec un élastique) pour qu'elle puisse aller sur le pot lorsqu'elle en a envie. Clémence n'est pas encore capable d'ouvrir et de fermer un bouton et une fermeture éclair.
2. Je félicite sans exagération Clémence d'être allée chercher son pot et de s'être assise seule dessus, bien qu'elle n'ait rien fait dedans.

Auto-évaluation

1. Quelles sont mes erreurs ou mes lacunes ?

   ....

   ....

   ....

2. Quelle est ma note sur 10 ? .../10
3. Quels sont les mots que je n'ai pas compris ?

   ....

   ....

   ....

FICHE 47 L'installation de l'enfant au quotidien

Répondez aux questions au crayon à papier pour pouvoir effacer et recommencer au cours de votre préparation. Chaque bonne réponse donne 1 point.

S'entraîner avec des QCM

Entourez la bonne réponse.

1. À l'heure du repas, la chaise haute permet à l'enfant d'être installé autour de la table à la même hauteur que les autres membres de la famille. **A.** Vrai **B.** Faux

2. Les poussettes ne peuvent être utilisées qu'à partir du moment où l'enfant est capable de se mettre assis seul. **A.** Vrai **B.** Faux

3. Dans une poussette, l'enfant doit être installé face à l'adulte. **A.** Vrai **B.** Faux

4. Le pic de fréquence de la mort inattendue du nourrisson est :
A. 8 mois. **B.** 4 mois. **C.** 15 mois.

5. Par mesure de prévention de la mort inattendue du nourrisson, l'enfant doit être installé :
A. sur le dos. **B.** sur le côté. **C.** sur le ventre.

S'entraîner avec des QROC

Répondez aux questions suivantes :

1. Citez deux éléments possibles sur une poussette pour assurer le confort de l'enfant en cas de pluie ou de soleil.

...

...

2. Citez deux positions possibles d'installation pour un nourrisson de 4 mois dans un transat.

...

...

3. Comment doit-on couvrir l'enfant dans son lit dès la naissance ?

...

S'entraîner en situation

Répondez aux questions suivantes :

Vous êtes assistant maternel agréé (AMA) à domicile. Vous installez Pauline, 5 mois, dans son transat après son biberon, puis vous la couchez dans son lit. Après la sieste, vous la sortirez en promenade pendant 30 minutes dans sa poussette.

1. Citez les quatre principes que vous devez respecter lors de l'installation de Pauline dans son transat, dans son lit et dans sa poussette.

...

...

...

...

2. Pouvez-vous installer Pauline en position assise dans sa poussette ?

...

...

Corrigés

S'entraîner avec des QCM

1. **A.**
2. **B.** Il existe des poussettes modulables dans lesquelles l'enfant peut être installé dès la naissance.
3. **B.** Selon les poussettes, l'enfant peut être installé face à l'adulte ou face à la route. Il existe des poussettes qui permettent les deux positions.
4. **B.**
5. **A.**

S'entraîner avec des QROC

1. Les deux éléments possibles sur une poussette pour assurer le confort de l'enfant en cas de pluie ou de soleil sont : une capote ou un habillage contre la pluie ; une ombrelle contre le soleil.
2. Les deux positions possibles d'installation pour un nourrisson de 4 mois dans un transat sont : la position allongée ; la position semi-assise.
3. Dès la naissance, l'enfant doit être couvert dans son lit grâce à une turbulette.

S'entraîner en situation

1. Les quatre principes que je dois respecter lors de l'installation de Pauline dans son transat, dans son lit et dans sa poussette sont : l'hygiène ; la sécurité ; le confort ; l'ergonomie.
2. Non, je ne peux pas installer Pauline en position assise dans sa poussette, car Pauline n'a pas encore acquis cette position. Je devrais donc l'installer en position allongée ou semi-assise, avec le dos bien calé et le harnais attaché.

Auto-évaluation

1. Quelles sont mes erreurs ou mes lacunes ?

....

....

....

2. Quelle est ma note sur 10 ? .../10
3. Quels sont les mots que je n'ai pas compris ?

....

....

....

FICHE 48 Les facteurs de développement et les rythmes de l'enfant

Répondez aux questions au crayon à papier pour pouvoir effacer et recommencer au cours de votre préparation. Chaque bonne réponse donne 1 point.

S'entraîner avec des QCM

Entourez la bonne réponse.

1. C'est pendant la phase de sommeil paradoxal que l'hormone somatotrope est sécrétée en grande quantité.

A. Vrai **B.** Faux

2. C'est au cours du sommeil paradoxal que l'enfant rêve.

A. Vrai **B.** Faux

3. Les facteurs hormonaux ont un impact sur le développement de l'enfant.

A. Vrai **B.** Faux

4. La récupération de la fatigue physique se déroule pendant la phase :

A. de sommeil lent. **B.** de sommeil paradoxal. **C.** d'endormissement.

5. L'enfant est capable de se souvenir :

A. d'une terreur nocturne. **B.** d'un cauchemar. **C.** d'un épisode de somnambulisme.

S'entraîner avec des QROC

Répondez aux questions suivantes :

1. Citez trois signes que peut faire Romain, 1 an, lorsqu'il a besoin de dormir.

....

....

....

2. Comment peut-on préparer le moment de la sieste dans une section de grands enfants dans un EAJE (illustrez de deux exemples) ?

....

....

3. Quelles sont les deux phases de sommeil d'un nouveau-né ?

....

....

S'entraîner en situation

Répondez aux questions suivantes :

Vous êtes employé à domicile. Mathilde, 6 mois, a un sommeil de très bonne qualité.

1. Quel est son temps moyen de sommeil par 24 heures ?

....

2. Combien de siestes fait-elle dans la journée ?

....

....

Corrigés

S'entraîner avec des QCM

1. **B.** C'est pendant la phase de sommeil lent très profond que l'hormone somatotrope est sécrétée en grande quantité.
2. **A.**
3. **A.**
4. **A.**
5. **B.**

S'entraîner avec des QROC

1. Lorsqu'il a besoin de dormir, Romain, 1 an, baille, se frotte les yeux ou cherche une position pour s'endormir.
2. On peut préparer le moment de la sieste dans une section de grands enfants dans un EAJE par la création d'un climat calme et sécurisant (lecture d'une histoire, écoute d'une musique douce).
3. Les deux phases de sommeil d'un nouveau-né sont :
   – le sommeil rapide ou agité ;
   – le sommeil lent ou calme.

S'entraîner en situation

1. Son temps moyen de sommeil par 24 heures est de 14 à 16 heures.
2. Mathilde fait trois siestes de 1 h 30 à 2 heures (1 sieste le matin, 1 sieste en début d'après-midi et 1 sieste en fin d'après-midi).

Auto-évaluation

1. Quelles sont mes erreurs ou mes lacunes ?

   ....

   ....

   ....

2. Quelle est ma note sur 10 ? .../10
3. Quels sont les mots que je n'ai pas compris ?

   ....

   ....

   ....

FICHE 49

La préparation des biberons

Répondez aux questions au crayon à papier pour pouvoir effacer et recommencer au cours de votre préparation. Chaque bonne réponse donne 1 point.

S'entraîner avec des QCM

Entourez la bonne réponse.

1. Après avoir lavé un biberon, on doit l'essuyer avec un torchon.
A. Vrai **B.** Faux

2. On doit laisser la tétine sur la bague pour les nettoyer ensemble.
A. Vrai **B.** Faux

3. On peut chauffer le biberon reconstitué dans un chauffe-biberon.
A. Vrai **B.** Faux

4. Après ouverture de la boîte, le lait en poudre se conserve :
A. 48 heures. **B.** 1 semaine. **C.** 3 semaines.

5. On doit tester la température du lait du biberon en faisant tomber une goutte de lait :
A. sur le dos de la main. **B.** à l'intérieur du poignet. **C.** au niveau du coude.

S'entraîner avec des QROC

Répondez aux questions suivantes :

1. Complétez le tableau ci-dessous pour la reconstitution d'un biberon, en inscrivant le nombre de mesurettes de lait en poudre pour la quantité d'eau indiquée :

120 ml	30 ml	150 ml	60 ml
....	....	....	....

2. Combien de temps et où doit-on conserver une bouteille d'eau qui a été ouverte pour la reconstitution d'un biberon de lait en poudre ?

....

3. Peut-on laver des biberons au lave-vaisselle ?

....

S'entraîner en situation

Répondez aux questions suivantes :

Vous êtes assistant maternel agréé (AMA) à domicile. Vous partez en promenade avec Sixtine, 11 mois, qui devrait boire son biberon dans environ 2 heures.

1. Comment allez-vous procéder pour la préparation de son biberon de 210 ml ?

....

....

2. Citez deux sortes d'eau minérale que vous pouvez employer pour la réalisation de ce biberon.

....

....

Corrigés

S'entraîner avec des QCM

1. B. On doit laisser le biberon sécher à l'air libre, après l'avoir rincé soigneusement.

2. B. Il faut séparer la tétine de la bague pour les nettoyer minutieusement.

3. A.

4. C.

5. B.

S'entraîner avec des QROC

1.

120 ml	30 ml	150 ml	60 ml
4 mesurettes	1 mesurette	5 mesurettes	2 mesurettes

2. On doit conserver une bouteille d'eau qui a été ouverte pour la reconstitution d'un biberon de lait en poudre pendant 24 heures maximum au frigidaire.

3. Oui, on peut laver des biberons (sauf les tétines) au lave-vaisselle avec un cycle complet à 65 °C.

S'entraîner en situation

1. Je dois remplir son biberon avec 210 ml d'eau et mettre 7 mesurettes de lait en poudre dans un autre récipient. Je mélangerai la poudre de lait au biberon d'eau, juste avant de donner le biberon à Sixtine.

2. Les deux sortes d'eau minérale que je peux employer pour la réalisation de ce biberon sont Volvic et Évian.

Auto-évaluation

1. Quelles sont mes erreurs ou mes lacunes ?

....

....

....

2. Quelle est ma note sur 10 ? .../10

3. Quels sont les mots que je n'ai pas compris ?

....

....

....

FICHE 50

Donner un biberon

Répondez aux questions au crayon à papier pour pouvoir effacer et recommencer au cours de votre préparation. Chaque bonne réponse donne 1 point.

S'entraîner avec des QCM

Entourez la bonne réponse.

1. Un biberon doit toujours être donné à température ambiante. **A.** Vrai **B.** Faux

2. Il faut toujours changer un enfant avant de lui donner un biberon. **A.** Vrai **B.** Faux

3. Il faut bien secouer le biberon avant de le donner à l'enfant. **A.** Vrai **B.** Faux

4. Le débit de la tétine doit être adapté :
A. à l'âge de l'enfant. **B.** à l'âge de l'enfant et à la consistance de la préparation.
C. à la consistance de la préparation.

5. Lorsque l'on donne un biberon à un enfant, on doit lui permettre de faire un rôt :
A. à la fin du biberon. **B.** au milieu du biberon.
C. régulièrement au cours du biberon et à la fin du biberon.

S'entraîner avec des QROC

Répondez aux questions suivantes :

1. Citez le matériel nécessaire pour donner un biberon.

....

....

2. Citez quatre règles d'hygiène à respecter avant de donner un biberon.

....

....

....

....

3. Quels sont les quatre critères à respecter lorsque l'on donne un biberon à un enfant ?

....

....

....

....

S'entraîner en situation

Répondez aux questions suivantes :

Vous travaillez dans la section des bébés dans un EAJE. Vous allez donner un biberon à Candice, 5 mois.

1. Citez les trois vérifications indispensables au niveau du biberon (et de la tétine) que vous devez accomplir avant de le donner à Candice.

....

....

2. Lorsque vous donnez un biberon à Candice, vous répondez à son besoin de boire et manger. À quel autre besoin répondez-vous ?

....

Corrigés

S'entraîner avec des QCM

1. **B.** Un biberon peut être donné à température ambiante, mais aussi tiède, plus chaud ou encore froid. L'adulte doit s'adapter aux habitudes de l'enfant et à ses goûts.
2. **A.**
3. **B.** Pour bien mélanger le lait, il faut rouler le biberon entre ses mains, avant de le donner à l'enfant.
4. **B.**
5. **C.**

S'entraîner avec des QROC

1. Le matériel nécessaire pour donner un biberon est le biberon, un bavoir, un fauteuil avec un accoudoir (si possible un fauteuil d'allaitement).
2. Les cinq règles d'hygiène à respecter avant de donner un biberon sont : être habillé avec sa tenue de travail ; être coiffé avec les cheveux attachés si nécessaire ; ne pas porter de bijoux ni de montre ; se laver les mains ; porter un masque en période pandémique.
3. Les quatre critères à respecter lorsque l'on donne un biberon à un enfant sont : l'hygiène ; le confort ; la sécurité ; la communication.

S'entraîner en situation

1. Avant de donner le biberon à Candice, je dois vérifier la quantité, la température du lait et le perçage de la tétine avec les possibilités de débit.
2. Je réponds au besoin de communiquer et au besoin de succion de Candice.

Auto-évaluation

1. Quelles sont mes erreurs ou mes lacunes ?

   ....

   ....

   ....

2. Quelle est ma note sur 10 ? .../10
3. Quels sont les mots que je n'ai pas compris ?

   ....

   ....

   ....

FICHE 51

La distribution et le service des repas

Répondez aux questions au crayon à papier pour pouvoir effacer et recommencer au cours de votre préparation. Chaque bonne réponse donne 1 point.

S'entraîner avec des QCM

Entourez la bonne réponse.

1. Pour la distribution des repas en liaison chaude, les récipients doivent être préchauffés à 37 °C.
A. Vrai **B.** Faux

2. Le personnel qui distribue les repas aux enfants doit porter une charlotte.
A. Vrai **B.** Faux

3. Dans la section des grands d'un EAJE, le service des repas peut être réalisé en libre-service.
A. Vrai **B.** Faux

4. Pour la préparation des repas en liaison froide, les aliments cuisinés doivent être conservés à une température de :
A. 37 à 38 °C. **B.** 4 à 10 °C. **C.** 0 à 2 °C.

5. En cas de distribution différée :
A. les repas sont préparés à l'avance.
B. les repas sont préparés le jour même de la consommation.
C. les repas doivent être consommés le lendemain de la préparation.

S'entraîner avec des QROC

Répondez aux questions suivantes :

1. Quel est l'intérêt du libre-service pour des grands enfants dans un EAJE ?

....

....

2. Que doit faire un enfant de 6 ans avant de se mettre à table ?

....

3. Donnez la définition de la distribution directe.

....

....

S'entraîner en situation

Répondez aux questions suivantes :

Vous travaillez dans la section des grands dans un EAJE. Aujourd'hui, le service des repas est en libre-service.

1. Expliquez en quelques lignes ce que font les enfant, par petits groupes, accompagnés d'un professionnel, pour se servir ?

....

....

2. Quel est alors le rôle du professionnel qui accompagne les enfants ?

....

....

Corrigés

S'entraîner avec des QCM

1. **B.** Pour la distribution des repas en liaison chaude, les récipients doivent être préchauffés à 63 °C.
2. **A.** et un masque en période pandémique.
3. **A.**
4. **C.**
5. **A.**

S'entraîner avec des QROC

1. L'intérêt du libre-service pour des grands enfants dans un EAJE est le développement de leur autonomie (dosage des quantités d'aliments, préhension…).
2. Un enfant de 6 ans, avant de se mettre à table, doit passer aux toilettes, se laver les mains et mettre sa serviette de table.
3. La distribution directe est un mode de distribution des aliments qui doivent être cuisinés à l'endroit où ils sont consommés, qui doivent être servis dans la journée et maintenus à une température de 63 °C jusqu'à leur consommation.

S'entraîner en situation

1. Les enfants, les uns après les autres, prennent une assiette, passent devant chaque plat, se servent de nourriture et prennent leurs couverts.
2. Le professionnel guide et aide les enfants en cas de besoin. Il nomme les aliments et les plats préparés.

Auto-évaluation

1. Quelles sont mes erreurs ou mes lacunes ?

   ....

   ....

   ....

2. Quelle est ma note sur 10 ? …/10
3. Quels sont les mots que je n'ai pas compris ?

   ....

   ....

   ....

FICHE 52

Le temps du repas

Répondez aux questions au crayon à papier pour pouvoir effacer et recommencer au cours de votre préparation. Chaque bonne réponse donne 1 point.

S'entraîner avec des QCM

Entourez la bonne réponse.

1. Le temps du repas permet aussi le développement du langage de l'enfant. **A.** Vrai **B.** Faux

2. Un enfant de 3 ans est capable de débarrasser son assiette et ses couverts. **A.** Vrai **B.** Faux

3. La chaise haute où est assis l'enfant n'est pas ergonomique pour l'adulte. **A.** Vrai **B.** Faux

4. Il faut placer le bavoir d'un enfant de 15 mois :
A. sous son assiette. **B.** autour de l'assiette. **C.** autour de son cou.

5. Pendant le repas, un enfant de 18 mois :
A. peut exprimer ses goûts et ses préférences.
B. doit être sage et obéissant.
C. doit finir son assiette.

S'entraîner avec des QROC

Répondez aux questions suivantes :

1. Citez trois raisons pour lesquelles le repas est un moment important dans la vie de l'enfant.

....

....

....

2. Quel est le principal avantage des petites tables et des petites chaises pour la prise des repas des grands enfants ?

....

3. Quelle attitude générale doit avoir le professionnel lorsqu'il accompagne une table de grands enfants qui déjeunent ensemble ?

....

....

S'entraîner en situation

Répondez aux questions suivantes :

Vous êtes assistant maternel agréé (AMA) à domicile. Marie, 2 ans, déjeune et goûte tous les jours chez vous. Vous préparez vous-même les repas.

1. Que devez-vous transmettre à sa maman le soir, à propos des repas de Marie, quand elle vient la chercher ?

....

....

2. Citez deux rituels différents que vous pouvez instaurer avant le déjeuner de Marie.

....

....

Corrigés

S'entraîner avec des QCM

1. A.

2. A.

3. B. Au contraire, la chaise haute est ergonomique pour l'adulte car elle est à sa hauteur.

4. C.

5. A.

S'entraîner avec des QROC

1. Le repas est un moment important dans la vie de l'enfant car c'est un moment de plaisir partagé et de relation entre lui, l'adulte et les autres enfants. C'est aussi un moment de découverte de nouveaux goûts et de nouvelles textures et, enfin, c'est l'occasion de faire de nouveaux apprentissages.

2. Le principal avantage des petites tables et des petites chaises pour la prise des repas des grands enfants est l'autonomie de l'enfant, qui peut s'asseoir et se lever seul.

3. Le professionnel doit laisser manger chaque enfant à son propre rythme et respecter son appétit et ses goûts.

S'entraîner en situation

1. Je dois transmettre à sa maman, le soir : le menu, les horaires des repas, les quantités d'aliments que Marie a mangées, son appétit et ses goûts.

2. Les deux rituels différents que je peux instaurer avant le déjeuner de Marie sont :
– une chanson ;
– une lecture de livres.

Auto-évaluation

1. Quelles sont mes erreurs ou mes lacunes ?

....

....

....

2. Quelle est ma note sur 10 ? .../10

3. Quels sont les mots que je n'ai pas compris ?

....

....

....

FICHE 53

La protection de l'enfant en danger

Répondez aux questions au crayon à papier pour pouvoir effacer et recommencer au cours de votre préparation. Chaque bonne réponse donne 1 point.

S'entraîner avec des QCM

Entourez la bonne réponse.

1. En France, cinq enfants décèdent par jour des suites de mauvais traitements. **A.** Vrai **B.** Faux

2. Même en cas de maltraitance, le secret médical n'est pas levé. **A.** Vrai **B.** Faux

3. En France, il existe une protection administrative et judiciaire. **A.** Vrai **B.** Faux

4. Le numéro de « Allô enfance en danger » est le : **A.** 119. **B.** 112. **C.** 115.

5. L'ASE est placée sous la responsabilité :
A. du président du conseil départemental.
B. du président du conseil général.
C. du conseil général.

S'entraîner avec des QROC

Répondez aux questions suivantes :

1. Que signifie le sigle AEMO ?

....

2. Citez trois types de maltraitance dont peut être victime un enfant.

....

....

....

3. Quelles sont les différentes voies pour faire un signalement de maltraitance ?

....

....

S'entraîner en situation

Répondez aux questions suivantes :

Vous êtes assistant maternel agréé (AMA) à domicile. Émilie, 6 mois, née à Varsovie et de nationalité polonaise, arrive ce matin avec des cheveux arrachés et des griffures sur les bras. Ce n'est pas la première fois qu'Émilie arrive chez vous avec des signes qui vous font suspecter une maltraitance.

1. Que risquez-vous si vous ne signalez pas ces mauvais traitements ?

....

....

2. Émilie étant de nationalité polonaise, relève-t-elle du dispositif français de protection de l'enfance ?

....

....

Corrigés

S'entraîner avec des QCM

1. **B.** En France, un à deux enfants décèdent par jour des suites de mauvais traitements.
2. **B.** En cas de maltraitance, le secret médical est levé.
3. **A.**
4. **A.**
5. **A.**

S'entraîner avec des QROC

1. Le sigle AEMO signifie Aide éducative en milieu ouvert.
2. Les trois types de maltraitance dont peut être victime un enfant sont :
   – des violences physiques ;
   – des abus sexuels ;
   – des actes de cruauté mentale.
3. Les différentes voies pour faire un signalement de maltraitance sont :
   – la voie administrative ;
   – la voie judiciaire.

S'entraîner en situation

1. La non-dénonciation de mauvais traitements est un délit puni par la loi de 3 ans de prison et 45 000 euros d'amende.
2. Oui, tout enfant résidant sur le territoire français, même s'il n'est pas de nationalité française, relève du dispositif français de protection de l'enfance.

Auto-évaluation

1. Quelles sont mes erreurs ou mes lacunes ?

   ....

   ....

   ....

2. Quelle est ma note sur 10 ? …/10
3. Quels sont les mots que je n'ai pas compris ?

   ....

   ....

   ....

FICHE 54 Prise de température et hyperthermie

Répondez aux questions au crayon à papier pour pouvoir effacer et recommencer au cours de votre préparation. Chaque bonne réponse donne 1 point.

S'entraîner avec des QCM

Entourez la bonne réponse.

1. La prise de la température rectale ne respecte pas la pudeur de l'enfant.
A. Vrai **B.** Faux

2. Un médicament antipyrétique peut être administré dès qu'un enfant a une hyperthermie.
A. Vrai **B.** Faux

3. Un thermomètre doit être nettoyé et désinfecté avant d'être utilisé.
A. Vrai **B.** Faux

4. La température corporelle normale d'un enfant est entre :
A. 37 et 38 °C. **B.** 36,5 et 37,5 °C. **C.** 36 et 37 °C.

5. On parle d'hyperthermie lorsque la température corporelle de l'enfant est au-dessus de :
A. 38 °C. **B.** 37 °C. **C.** 38,5 °C.

S'entraîner avec des QROC

Répondez aux questions suivantes :

1. Citez les deux méthodes les plus utilisées de prise de température pour un jeune enfant.

....

....

2. Quelle méthode de prise de température implique que l'on rajoute 0,5 °C à l'affichage de la température du thermomètre ?

....

3. Complétez le tableau ci-dessous en indiquant la température corporelle de l'enfant par rapport à l'affichage de la température sur le thermomètre :
– T° = température rectale
– T°ax = température axillaire

T°ax = 37,4 °C	T° = 36,5 °C	T°= 38,5 °C	T°ax = 36,8 °C	T°ax° = 38,6 °C
....	....	....	....	....

S'entraîner en situation

Répondez aux questions suivantes :

Vous travaillez dans la section des grands dans un EAJE. Vous prenez la température axillaire de Romain, 2 ans. Le thermomètre affiche 38 °C.

1. Citez cinq signes qui ont pu vous faire penser que Romain a une hyperthermie.

....

....

....

2. Que devez-vous faire en priorité ?

....

Corrigés

S'entraîner avec des QCM

1. **A.**
2. **B.** Un médicament antipyrétique ne peut être administré que sur prescription médicale.
3. **B.** Un thermomètre doit être nettoyé et désinfecté après l'avoir utilisé et avant de le mettre dans son étui.
4. **B.**
5. **A.**

S'entraîner avec des QROC

1. Les deux méthodes les plus utilisées de prise de température pour un jeune enfant sont : la température axillaire ; la température tympanique.
2. La méthode de prise de température qui implique que l'on rajoute 0,5 °C à l'affichage de la température du thermomètre est la température axillaire.
3.

T°ax = 37,4 °C	T° = 36,5 °C	T°= 38,5 °C	T°ax = 36,8 °C	T°ax° = 38,6 °C
37,9 °C	36,5 °C	38,5 °C	37,3 °C	39,1 °C

S'entraîner en situation

1. Les cinq signes qui ont pu me faire penser que Romain a une hyperthermie sont : Romain est chaud (peau chaude et rouge) ; frissons ; transpiration ; yeux brillants ; changement de comportement.
   Ces signes peuvent être associés ou non.
2. En priorité, je dois prévenir la directrice de l'EAJE.

Auto-évaluation

1. Quelles sont mes erreurs ou mes lacunes ?
   ....
   ....
   ....
2. Quelle est ma note sur 10 ? .../10
3. Quels sont les mots que je n'ai pas compris ?
   ....
   ....
   ....

FICHE 55 Les maladies et affections de l'enfant

Répondez aux questions au crayon à papier pour pouvoir effacer et recommencer au cours de votre préparation. Chaque bonne réponse donne 1 point.

S'entraîner avec des QCM

Entourez la bonne réponse.

1. Le syndrome d'alcoolisation fœtale peut entraîner des malformations. **A.** Vrai **B.** Faux

2. L'orchite est une complication de la rubéole. **A.** Vrai **B.** Faux

3. La scarlatine doit être traitée par des antibiotiques. **A.** Vrai **B.** Faux

4. La coqueluche peut se compliquer :
A. d'une détresse respiratoire. **B.** d'un prurit. **C.** d'un diabète.

5. La varicelle peut se compliquer :
A. d'une malformation. **B.** d'une surinfection par grattage.
C. d'un gonflement au niveau de l'oreille.

S'entraîner avec des QROC

Répondez aux questions suivantes :

1. Citez quatre manifestations possibles de l'allergie.

....

....

....

2. Quelle est la complication gravissime de la rougeole ? Comment cette maladie peut-elle être prévenue ?

....

....

3. Complétez le tableau ci-dessous en mettant une croix pour chaque maladie qui peut être prévenue par une vaccination :

Scarlatine	Coqueluche	Oreillons	Rubéole	Mucoviscidose

S'entraîner en situation

Répondez aux questions suivantes :

Vous êtes assistant maternel agréé (AMA) à domicile. Isabelle, 3 ans, arrive ce matin fatiguée, et sa maman vous prévient qu'elle a mal dormi cette nuit. Vous la couchez en attendant le repas de 11 heures. Tout d'un coup, 30 minutes après s'être endormie, Isabelle se réveille, agitée. Vous la trouvez assise dans son lit, angoissée, avec une respiration sifflante et rapide, et une toux sèche. Elle a de plus en plus de mal à respirer.

1. Qui devez-vous appeler en priorité ?

....

2. Une crise d'asthme est diagnostiquée. Citez deux complications majeures.

....

....

Corrigés

S'entraîner avec des QCM

1. **A.**
2. **B.** L'orchite est une complication des oreillons.
3. **A.**
4. **A.**
5. **B.**

S'entraîner avec des QROC

1. Les quatre manifestations possibles de l'allergie sont :
   – une conjonctivite ;
   – des démangeaisons ;
   – une rhinite ;
   – une diarrhée.
2. La complication gravissime de la rougeole est l'encéphalite. Cette maladie peut être prévenue par la vaccination.
3.

Scarlatine	Coqueluche	Oreillons	Rubéole	Mucoviscidose
	X	X	X	

S'entraîner en situation

1. Je dois appeler le Samu, c'est-à-dire le 15.
2. Les deux complications majeures d'une crise d'asthme sont :
   – des pauses respiratoires ou apnée (pause respiratoire > à 20 secondes) ;
   – la mort.

Auto-évaluation

1. Quelles sont mes erreurs ou mes lacunes ?

   ....

   ....

   ....

2. Quelle est ma note sur 10 ? …/10
3. Quels sont les mots que je n'ai pas compris ?

   ....

   ....

   ....

FICHE 56

Les parasitoses

Répondez aux questions au crayon à papier pour pouvoir effacer et recommencer au cours de votre préparation. Chaque bonne réponse donne 1 point.

S'entraîner avec des QCM

Entourez la bonne réponse.

1. Les poux peuvent se transmettre par contact indirect. **A.** Vrai **B.** Faux
2. La pédiculose n'entraîne pas de prurit. **A.** Vrai **B.** Faux
3. La gale peut se transmettre par une literie contaminée. **A.** Vrai **B.** Faux
4. La gale est une maladie : **A.** contagieuse. **B.** non contagieuse. **C.** héréditaire.
5. L'oxyure est : **A.** un champignon. **B.** un virus. **C.** un parasite.

S'entraîner avec des QROC

Répondez aux questions suivantes :

1. Citez les trois principaux signes de la gale.

....

....

....

2. Dans une section de grands enfants dans un EAJE, quels sont les quatre principaux conseils à donner aux parents pour éviter la pédiculose ?

....

....

....

....

3. Citez trois mesures préventives de l'oxyurose.

....

....

....

S'entraîner en situation

Répondez aux questions suivantes :

Vous êtes assistant maternel agréé (AMA) à domicile. Marion, 2 ans et demi, a été traitée hier par sa maman pour une oxyurose diagnostiquée par le médecin.

1. Décrivez cinq signes de l'oxyurose que vous aviez observés la veille et transmis à la maman.

....

....

....

....

....

2. Citez deux complications possibles de l'oxyurose.

....

....

Corrigés

S'entraîner avec des QCM

1. A.

2. B. La pédiculose entraîne un prurit du cuir chevelu (surtout à la lisière des cheveux et derrière les oreilles) et du cou.

3. A.

4. A.

5. C.

S'entraîner avec des QROC

1. Les trois principaux signes de la gale sont : des sillons rouges sous la peau (coude, poignets, doigts…) ; un prurit ; des lésions de grattage.

2. Les quatre principaux conseils à donner aux parents pour éviter la pédiculose dans un EAJE sont :
- de maintenir une hygiène régulière du corps (bain ou douche quotidien) ;
- de maintenir une hygiène régulière des cheveux (lavage des cheveux quotidien avec brossage matin et soir et observation du cuir chevelu) ;
- d'éviter les échanges de vêtements avec d'autres enfants (bonnets…) ;
- de laver les vêtements régulièrement.

3. Les trois mesures préventives de l'oxyurose sont : le lavage des mains avant les repas, le lavage des mains après le passage aux WC ; le coupage régulier des ongles.

S'entraîner en situation

1. Les cinq signes de l'oxyurose que j'avais observés la veille et transmis à la maman étaient : une perte d'appétit ; des douleurs abdominales ; des selles molles ; un prurit anal et vulvaire surtout vers 18 heures ; des troubles du sommeil.

2. Les deux complications possibles de l'oxyurose sont : des lésions de grattage avec surinfection possible ; des irritations vulvaires.

Auto-évaluation

1. Quelles sont mes erreurs ou mes lacunes ?

....

....

....

2. Quelle est ma note sur 10 ? …/10

3. Quels sont les mots que je n'ai pas compris ?

....

....

....

FICHE 57 Les situations d'urgence et les premiers secours

Répondez aux questions au crayon à papier pour pouvoir effacer et recommencer au cours de votre préparation. Chaque bonne réponse donne 1 point.

S'entraîner avec des QCM

Entourez la bonne réponse.

1. Il n'est pas utile d'écrire sur le cahier de transmissions tous les gestes d'urgence que vous avez effectués avant l'arrivée des secours. **A.** Vrai **B.** Faux

2. Dans tous les types d'accueil, les parents doivent donner le numéro de téléphone du médecin traitant de leur enfant. **A.** Vrai **B.** Faux

3. En cas d'urgence, il faut regarder l'heure exacte et la noter. **A.** Vrai **B.** Faux

4. Si vous travaillez à domicile, en cas d'urgence vitale, qui devez-vous appeler en priorité ?
A. Les parents. **B.** Le Samu. **C.** La police.

5. Le numéro de service d'urgence pour toute l'Europe est le : **A.** 118. **B.** 112. **C.** 120.

S'entraîner avec des QROC

Répondez aux questions suivantes :

1. En ce qui concerne les situations d'urgences et les premiers secours, que doivent signer les parents lorsque leur enfant est admis dans un EAJE ?

....

2. Citez trois informations que vous pouvez recueillir par la simple observation d'une victime en situation d'urgence.

....

....

3. Citez quatre attitudes à éviter pour un assistant maternel à domicile en cas d'urgence vitale pour un enfant.

....

....

....

S'entraîner en situation

Répondez aux questions suivantes :

Vous êtes assistant maternel agréé (AMA) à domicile. Vous partez en promenade après la sieste de Victor, 2 ans. Dans le square où vous êtes assise en train de surveiller Victor, un enfant de 4 ans tombe du toboggan. Sa maman présente est paniquée et rapidement paralysée par la peur. L'enfant ne bouge plus et ne répond plus.

1. Vous téléphonez au Samu. Citez quatre renseignements à leur indiquer.

....

....

....

2. Devez-vous rester en contact téléphonique avec le Samu ?

....

Corrigés

S'entraîner avec des QCM

1. B. Tous les gestes d'urgence doivent être inscrits en détail avec les horaires exacts.

2. A.

3. A.

4. B.

5. B.

S'entraîner avec des QROC

1. Lorsque leur enfant est admis dans un EAJE, les parents doivent signer une autorisation de faire tous les gestes de secours en cas de problème et de faire appel à une équipe médicale en urgence, si besoin (hospitalisation, opération chirurgicale…).

2. Les trois informations que je peux recueillir par la simple observation d'une victime en situation d'urgence sont : respire-t-elle ? saigne-t-elle ? quelle est la coloration de sa peau ?

3. Les quatre attitudes à éviter pour un assistant maternel à domicile en cas d'urgence vitale sont :
– donner à boire ;
– donner des médicaments sans avis médical ;
– paniquer ;
– appeler les parents avant le Samu ou les pompiers.

S'entraîner en situation

1. Les quatre renseignements à indiquer au Samu sont :
– mon numéro de téléphone et mon nom ;
– l'accident de l'enfant tombé du toboggan ;
– la localisation précise de l'accident (adresse, numéro de la rue…) ;
– la description de l'état de l'enfant.

2. Oui, je dois rester en contact téléphonique avec le Samu jusqu'à leur arrivée sur les lieux.

Auto-évaluation

1. Quelles sont mes erreurs ou mes lacunes ?

……………………………………………………………………………………

……………………………………………………………………………………

……………………………………………………………………………………

2. Quelle est ma note sur 10 ? …/10

3. Quels sont les mots que je n'ai pas compris ?

……………………………………………………………………………………

……………………………………………………………………………………

……………………………………………………………………………………

FICHE 58

Le soin d'une plaie

Répondez aux questions au crayon à papier pour pouvoir effacer et recommencer au cours de votre préparation. Chaque bonne réponse donne 1 point.

S'entraîner avec des QCM

Entourez la bonne réponse.

1. Une plaie est toujours une porte d'entrée infectieuse. **A.** Vrai **B.** Faux

2. Tous les antiseptiques peuvent être appliqués sur la peau d'un jeune enfant.
A. Vrai **B.** Faux

3. On doit nettoyer une plaie à l'eau et au savon avant d'appliquer un antiseptique dessus.
A. Vrai **B.** Faux

4. Lorsqu'on nettoie une plaie superficielle : **A.** il faut enfiler des gants jetables.
B. il faut enfiler des gants stériles. **C.** il faut rester mains nues.

5. Le nettoyage d'une plaie simple doit être effectué : **A.** avec des compresses non stériles.
B. avec des compresses stériles. **C.** avec du coton.

S'entraîner avec des QROC

Répondez aux questions suivantes :

1. Citez les quatre étapes à respecter lorsqu'un enfant est victime d'une plaie superficielle.

....

....

....

....

2. Citez les quatre principales règles d'hygiène à respecter pour effectuer le soin d'une plaie simple.

....

....

....

....

3. Décrivez la technique pour utiliser une compresse stérile.

....

....

S'entraîner en situation

Répondez aux questions suivantes :

Vous êtes employé à domicile. Anne, 20 mois, se blesse superficiellement en tombant sur son genou. Il s'agit d'une « égratignure ».

1. Citez les deux produits dont vous avez besoin pour faire le soin de cette plaie simple.

....

....

2. Le lendemain, citez quatre signes d'infection possible de la plaie que vous devez surveiller.

....

....

Corrigés

S'entraîner avec des QCM

1. **A.**
2. **B.** Certains antiseptiques ne peuvent pas être appliqués sur la peau d'un jeune enfant. Il faut toujours une prescription médicale.
3. **A.**
4. **A.**
5. **B.**

S'entraîner avec des QROC

1. Les quatre étapes à respecter lorsqu'un enfant est victime d'une plaie superficielle sont : rassurer l'enfant ; examiner la plaie ; comprimer la plaie en cas de saignement ; faire le soin de la plaie.
2. Les quatre principales règles d'hygiène à respecter pour effectuer le soin d'une plaie simple sont : se laver les mains avant et après le soin (ou employer un SHA) ; enfiler des gants jetables ; nettoyer la plaie de l'intérieur vers l'extérieur ; changer de compresses stériles à chaque geste.
3. Pour utiliser une compresse stérile, il faut la prendre par un coin puis la plier avec les 3 autres coins (technique du « parachute »), sans toucher son centre qui doit rester stérile.

Auto-évaluation

1. Les deux produits dont j'ai besoin pour faire le soin de cette plaie simple sont : du savon de Marseille liquide ; un antiseptique prescrit par le médecin.
2. Les quatre signes d'infection possible de la plaie que je dois surveiller sont : rougeur ; douleur ; gonflement ; écoulement de pus.

Auto-évaluation

1. Quelles sont mes erreurs ou mes lacunes ?

....

....

....

2. Quelle est ma note sur 10 ? .../10
3. Quels sont les mots que je n'ai pas compris ?

....

....

....

FICHE 59

La détresse respiratoire

Répondez aux questions au crayon à papier pour pouvoir effacer et recommencer au cours de votre préparation. Chaque bonne réponse donne 1 point.

S'entraîner avec des QCM

Entourez la bonne réponse.

1. Dès qu'un nourrisson de moins d'un an inhale un corps étranger, il faut pratiquer la manœuvre de Mofenson. **A.** Vrai **B.** Faux

2. La manœuvre de Heimlich est pratiquée chez les enfants de plus de 2 ans. **A.** Vrai **B.** Faux

3. On doit se placer derrière l'enfant en cas de manœuvre de Heimlich. **A.** Vrai **B.** Faux

4. En cas de manœuvre de Heimlich, on doit placer son poing fermé, juste :
A. en dessous du nombril. **B.** au-dessus du sternum.
C. au-dessus du nombril et en dessous du sternum.

5. En cas de manœuvre de Mofenson, le nourrisson est installé pour que :
A. sa tête soit plus basse que votre tronc. **B.** sa tête soit plus haute que son tronc.
C. sa tête soit à la même hauteur que votre tronc.

S'entraîner avec des QROC

Répondez aux questions suivantes :

1. Citez les trois types de corps étranger qu'un jeune enfant peut inhaler.

....

....

....

2. Expliquez le principe des manœuvres de Mofensen ou de Heimlich.

....

....

3. Citez quatre mesures pour éviter l'inhalation de nourriture pendant le repas d'un enfant de 1 à 2 ans.

....

....

....

S'entraîner en situation

Répondez aux questions suivantes :

Vous êtes assistant maternel agréé (AMA) à domicile. Olivier, 15 mois, inhale un petit morceau de gâteau en mangeant son goûter, assis sur une petite chaise. Il tousse, se met à pleurer puis se calme. Il arrête tout de suite de manger, inquiet. Vous observez Olivier qui respire correctement.

1. Que devez-vous faire ?

....

....

2. Que ne devez-vous pas faire ?

....

....

Corrigés

S'entraîner avec des QCM

1. **B.** Il faut pratiquer la manœuvre de Mofenson si le nourrisson de moins d'un an ne peut ni respirer, ni parler, ni émettre un son, ni tousser.
2. **B.** La manœuvre de Heimlich est pratiquée chez les enfants de plus d'un an.
3. **A.**
4. **C.**
5. **A.**

S'entraîner avec des QROC

1. Les trois types de corps étranger qu'un jeune enfant peut inhaler sont :
   – de la nourriture (cacahuètes, grains de raisin, bonbons…) ;
   – de petits jouets (perles, Legos, petites roues de voiture…) ;
   – de petits objets (pièces de monnaie, capuchons de stylos, boutons…).
2. Les manœuvres de Mofensen ou de Heimlich servent à chasser violemment l'air des poumons qui envahit la trachée et qui expulse ainsi le corps étranger.
3. Les quatre mesures pour éviter l'inhalation de nourriture pendant le repas d'un enfant de 1 à 2 ans sont :
   – éviter de donner des petits morceaux de nourriture à un enfant avant 18 mois ;
   – expliquer à l'enfant qu'il doit bien mâcher ses aliments avant de les avaler ;
   – l'enfant doit être assis lorsqu'il mange ;
   – l'enfant ne doit pas manger couché, ni en train de jouer ou de courir.

S'entraîner en situation

1. Je dois appeler le Samu (15) et surveiller Olivier (respiration, coloration de sa peau). Je dois le laisser dans la même position, c'est-à-dire assis. Je dois aussi le rassurer et le réconforter.
2. Je ne dois pas regarder sa gorge ni essayer d'extraire le bout de gâteau.

Auto-évaluation

1. Quelles sont mes erreurs ou mes lacunes ?

   ……………………………………………………………………………………

   ……………………………………………………………………………………

   ……………………………………………………………………………………

2. Quelle est ma note sur 10 ? …/10

3. Quels sont les mots que je n'ai pas compris ?

   ……………………………………………………………………………………

   ……………………………………………………………………………………

   ……………………………………………………………………………………

FICHE 60

La brûlure

Répondez aux questions au crayon à papier pour pouvoir effacer et recommencer au cours de votre préparation. Chaque bonne réponse donne 1 point.

S'entraîner avec des QCM

Entourez la bonne réponse.

1. Il faut percer la cloque en cas de brûlure sur la peau.
A. Vrai **B.** Faux

2. Refroidir immédiatement une brûlure, qui vient de se produire, avec de l'eau évite la douleur.
A. Vrai **B.** Faux

3. En cas de brûlure, il faut l'arroser avec de l'eau à faible pression.
A. Vrai **B.** Faux

4. En cas de brûlure, il faut la refroidir en l'arrosant avec de l'eau du robinet à température modérée entre :
A. 15 à 25 °C. **B.** 32 à 37 °C. **C.** 37 à 40 °C.

5. En cas de brûlure thermique, il faut l'arroser avec de l'eau pendant :
A. 15 minutes. **B.** 5 minutes. **C.** 20 minutes.

S'entraîner avec des QROC

Répondez aux questions suivantes :

1. Complétez le tableau ci-dessous en précisant trois différents cas de brûlures possibles pour un enfant avec 2 exemples pour chacun des cas :

Brûlures	....	....	....
Exemples	....	....	....

2. En cas d'ingestion de produits chimiques, citez deux règles à appliquer en attendant le Samu.

....

....

3. Citez deux mesures pour éviter les brûlures par la nourriture ou les boissons.

....

....

S'entraîner en situation

Répondez aux questions suivantes :

Vous êtes assistant maternel agréé (AMA) à domicile. Alix, 18 mois, joue dans le jardin de votre maison vers 16 heures, le 19 juin. Le jardin est encore très ensoleillé.

1. Citez deux mesures que vous devez prendre pour éviter qu'Alix ne prenne un coup de soleil.

....

....

2. Pendant quelle tranche horaire ne faut-il pas sortir Alix ?

....

Corrigés

S'entraîner avec des QCM

1. **B.** Il ne faut jamais percer la cloque en cas de brûlure sur la peau, car celle-ci constitue un pansement stérile sur une peau lésée et prévient donc l'infection.
2. **A.**
3. **A.**
4. **A.**
5. **B.**

S'entraîner avec des QROC

1.

Brûlures	Par des liquides chauds	Par le courant électrique	Avec des flammes
Exemples	Nourriture Eau du bain	Prises de courant Rallonges électriques	Allumettes Bougies

2. En cas d'ingestion de produits chimiques, les deux règles à appliquer en attendant le Samu sont :
   – surveiller la victime et suivre les conseils donnés par le Samu ;
   – garder l'emballage du produit chimique et évaluer la quantité absorbée par l'enfant.
3. Les deux mesures pour éviter les brûlures par la nourriture ou les boissons sont :
   – vérifier la température sur la face interne du poignet juste avant de donner à manger à l'enfant ;
   – mélanger la nourriture ou la boisson dans l'assiette ou le biberon avant de tester la température.

S'entraîner en situation

1. Les deux mesures que je dois prendre pour éviter qu'Alix ne prenne un coup de soleil sont :
   – lui faire porter un tee-shirt en coton de couleur claire et, si possible, un chapeau et des lunettes de soleil ;
   – lui appliquer de la crème solaire écran total contre les rayons UVA et UVB.
2. Il ne faut pas sortir Alix entre 12 heures et 16 heures.

Auto-évaluation

1. Quelles sont mes erreurs ou mes lacunes ?
   ....
   ....
   ....
2. Quelle est ma note sur 10 ? .../10
3. Quels sont les mots que je n'ai pas compris ?
   ....
   ....
   ....

FICHE 61

L'épistaxis

Répondez aux questions au crayon à papier pour pouvoir effacer et recommencer au cours de votre préparation. Chaque bonne réponse donne 1 point.

S'entraîner avec des QCM

Entourez la bonne réponse.

1. Il faut porter des gants jetables pour apporter des soins à un enfant qui saigne du nez.
A. Vrai **B.** Faux

2. Pour arrêter un saignement de nez, il faut comprimer la narine qui saigne pendant 2 minutes.
A. Vrai **B.** Faux

3. Il faut faire moucher un enfant pour faire sortir les caillots avant de comprimer la narine qui saigne.
A. Vrai **B.** Faux

4. Pour comprimer la narine d'un enfant qui saigne du nez, il faut :
A. lui faire pencher la tête en avant. **B.** lui faire pencher la tête en arrière.
C. lui laisser la tête droite.

5. Quand un enfant saigne du nez, il faut : **A.** mettre une mèche de coton.
B. mettre une mèche de compresse. **C.** ne rien mettre dans la narine.

S'entraîner avec des QROC

Répondez aux questions suivantes :

1. Citez deux cas pour lesquels un saignement de nez impose d'appeler le Samu.

....

....

2. Citez deux virus qui pourraient se transmettre par le sang lors de soins effectués sans la protection de gants jetables.

....

....

3. Quelles sont les deux constatations à noter dès que le saignement de nez d'un enfant se produit ?

....

....

S'entraîner en situation

Répondez aux questions suivantes :

Vous travaillez dans un EAJE. Coline, 2 ans et demi, se met à saigner du nez alors qu'elle jouait tranquillement à la poupée. Après lui avoir apporté les soins nécessaires, elle se remet à jouer comme si rien ne s'était passé.

1. Citez trois informations que vous devez transmettre par écrit dans le cahier de transmission.

....

....

....

2. Qui doit être prévenu au moment du saignement de nez ?

....

Corrigés

S'entraîner avec des QCM

1. A.

2. B. Il faut comprimer la narine qui saigne jusqu'à l'arrêt du saignement (5 à 10 minutes en général).

3. A.

4. A.

5. C.

S'entraîner avec des QROC

1. Les deux cas pour lesquels un saignement de nez impose d'appeler le Samu sont :
– l'association du saignement de nez avec d'autres symptômes graves (pouls rapides, pâleur, sueurs...) ;
– lorsque le saignement de nez est consécutif à un traumatisme grave (chute, coup sur la tête...).

2. Les deux virus qui pourraient se transmettre par le sang lors de soins effectués sans la protection de gants jetables sont : le virus de l'hépatite B ; le virus du sida.

3. Les deux constatations à noter dès que le saignement de nez d'un enfant se produit sont :
– l'origine du saignement (coup, blessure, chute...) ;
– son abondance.

S'entraîner en situation

1. Dans le cahier de transmission, je dois transmettre :
– l'heure du saignement de nez ;
– l'abondance et le temps du saignement ;
– les soins apportés.

2. La directrice (ou directeur) de l'EAJE doit être prévenue.

Auto-évaluation

1. Quelles sont mes erreurs ou mes lacunes ?

....

....

....

2. Quelle est ma note sur 10 ? .../10

3. Quels sont les mots que je n'ai pas compris ?

....

....

....

FICHE 62 Le projet d'accueil individualisé (PAI)

Répondez aux questions au crayon à papier pour pouvoir effacer et recommencer au cours de votre préparation. Chaque bonne réponse donne 1 point.

S'entraîner avec des QCM

Entourez la bonne réponse.

1. Un PAI est établi pour toute la scolarité de l'enfant. **A.** Vrai **B.** Faux
2. Dans un EAJE, certains enfants ont un PAI. **A.** Vrai **B.** Faux
3. Un PAI peut être signé pour Caroline, qui est gardée par un assistant maternel à domicile.
A. Vrai **B.** Faux
4. Un PAI est :
A. un accord oral entre un médecin et le directeur de l'école.
B. un document écrit qui précise les modalités de prise en charge d'un enfant.
C. un protocole de soins.
5. Le PAI signifie :
A. Projet d'accueil individualisé.
B. Projet d'accueil interne.
C. Possibilité d'accueil individuel.

S'entraîner avec des QROC

Répondez aux questions suivantes :

1. Citez deux types d'affection alimentaire pour lesquels les enfants peuvent avoir un PAI.

....

....

2. Complétez le tableau ci-dessous en donnant deux exemples pour chacun de ces deux troubles de la santé :

Maladies chroniques	Allergies
....	....
....	....

3. Citez deux précisions thérapeutiques qui doivent être écrites sur le document du PAI.

....

....

S'entraîner en situation

Répondez aux questions suivantes :

Vous travaillez dans une école maternelle. Marin, 3 ans et demi, a de nombreuses allergies alimentaires (au lait de vache, à l'huile d'arachide, à l'œuf). Marin a un PAI.

1. Marin peut-il bénéficier d'un panier-repas préparé par sa famille ?

....

2. Citez une précision pour éviter les erreurs au moment du repas de Marin.

....

....

Corrigés

S'entraîner avec des QCM

1. **B.** Un PAI peut être établi pour quelques jours ou pour une année scolaire, mais il peut être reconduit ou réactualisé.
2. **A.**
3. **A.**
4. **B.**
5. **A.**

S'entraîner avec des QROC

1. Les deux types d'affection alimentaire pour lesquels les enfants peuvent avoir un PAI sont : des intolérances ; des allergies.
2.

Maladies chroniques	Allergies
Asthme Épilepsie	Allergie alimentaire Piqûres d'insectes

3. Les deux précisions thérapeutiques qui doivent être écrites sur le document du PAI sont : le protocole de soins ; le protocole d'urgence.

S'entraîner en situation

1. Pour Marin, qui souffre de nombreuses allergies alimentaires, et dans le cadre d'un PAI, un panier-repas peut être préparé par sa famille. Cet aménagement lui permet d'éviter de manger le repas préparé par la collectivité, qui pourrait comporter des risques.
2. Tous les éléments du repas doivent être identifiés par une étiquette indiquant le nom, le prénom de l'enfant et la date.

Auto-évaluation

1. Quelles sont mes erreurs ou mes lacunes ?

....

....

....

2. Quelle est ma note sur 10 ? .../10
3. Quels sont les mots que je n'ai pas compris ?

....

....

....

Exemple d'épreuve d'examen

Dans le cadre d'un contrôle en cours de formation.
Le candidat présente **une fiche** relative à l'accompagnement de l'enfant dans ses découvertes et ses apprentissages.
Contenu de la fiche :
- présentation du contexte d'intervention
- description de l'activité menée

L'exposé du candidat et l'entretien durent **25 minutes** devant un jury composé de 2 membres :
- soit un professeur de la spécialité et un professionnel
- soit 2 professeurs de la spécialité.

Le candidat va se présenter puis exposer oralement le contenu de sa fiche.
Après l'exposé oral du candidat, le jury qui souhaite approfondir certains éléments ou vérifier la maîtrise des compétences du candidat va lui poser des questions.

Présentation d'une fiche

Présentation-type du contexte d'intervention en EAJE

1. Votre présentation personnelle
- l'identité
- le mode de vie
- le lieu d'habitation
- la scolarité
- le projet professionnel

2. La présentation du mode d'accueil
- le type de structure et le statut de la structure
- la date d'ouverture de la structure
- le nombre d'enfants accueillis et indiqués dans l'agrément
- les horaires d'ouverture

3. Le projet éducatif
Les grandes orientations du projet éducatif de la structure en lien avec l'épreuve c'est-à-dire : l'accompagnement de l'enfant dans ses découvertes et ses apprentissages.

4. Les enfants
- le nombre de sections dans la structure
- le nombre d'enfants par section

5. Les conditions d'admission de l'enfant dans la structure
- l'inscription
- les principaux documents à fournir
- la période d'adaptation

6. L'équipe professionnelle
- leur nombre
- leur qualification
- leur rôle
- leurs horaires de travail

7. La situation géographique et les locaux
- l'implantation
- le mode d'accès
- la description des principaux locaux qui accueillent les enfants et leurs parents

8. Le déroulement type d'une journée dans la section
- l'accueil et le moment de la séparation
- la matinée
- le repas
- la sieste
- le goûter
- les retrouvailles

9. La présentation de l'enfant
- son identité
- sa famille
- sa date d'entrée dans l'EAJE et son adaptation
- son développement psychomoteur et ses capacités intellectuelles
- ses activités et ses jeux

Exemple de présentation du contexte d'intervention en EAJE

1. Votre présentation personnelle

Je m'appelle Sophie B. J'ai 18 ans car je suis née le 12 mai 2003. J'habite à V. dans un appartement avec mes parents. J'ai 2 sœurs plus âgées qui travaillent et qui vivent chez elles. Je suis élève en 2e année de CAP AEPE au lycée C. P. à P. dans lequel j'ai effectué toute ma scolarité.

En première année, j'ai effectué un stage de 4 semaines dans une pouponnière à caractère sociale et un autre stage de 4 semaines dans une MAM. En deuxième année, j'ai effectué un stage de 4 semaines dans une école maternelle et un autre stage de 4 semaines dans la crèche collective « Les Petits Matelots ». Je suis restée pendant tout mon stage dans la section des grands.

Dès que j'aurais obtenu le CAP AEPE, je souhaite travailler dans un multi-accueil qui se situe à 10 minutes de chez moi, à pieds.

2. La présentation du mode d'accueil

La crèche collective « Les Petits Matelots » est un mode d'accueil collectif. C'est une structure publique municipale gérée par la commune. Elle est ouverte depuis 2008. Elle accueille des enfants âgés de 2 mois et demi à 3 ans. Elle a un agrément pour 60 enfants. Le nombre d'enfants accueillis par jour est de 60. Elle est ouverte du lundi au vendredi de 7 heures à 19 h 30.

3. Le projet éducatif

Les principales orientations du projet éducatif de la crèche en lien avec l'épreuve EP1 sont :
- favoriser l'épanouissement de l'enfant en permettant de nombreux échanges individuels entre l'enfant et l'adulte au moment des activités et des jeux ;
- respecter le rythme de chaque enfant ;
- favoriser l'accès à l'autonomie de l'enfant.

4. Les enfants

La crèche collective « Les Petits Matelots » comporte 6 sections :
- deux sections de bébés de 2 mois et demi à 1 an (19 bébés) ;
- deux sections de moyens de 1 an à 2 ans (20 moyens) ;
- deux sections de grands de 2 ans à 3 ans (21 grands).

5. Les conditions d'admission de l'enfant dans la structure

Pour inscrire leur enfant, les parents doivent prendre contact avec le service Petite enfance de la mairie dès le premier trimestre de grossesse. La municipalité propose un service d'inscription en ligne. Celle-ci se déroule en plusieurs étapes.

Au moment de la préinscription de leur enfant, les parents doivent d'abord fournir les documents suivants : identité des parents, composition de la famille, domiciliation, quotient familial de la CAF. Les parents doivent aussi préciser : le type d'accueil, la durée hebdomadaire et les horaires d'accueil.

La période d'adaptation est de 2 semaines, au minimum, pour tous les enfants qui rentrent à la crèche.

6. L'équipe professionnelle

L'équipe professionnelle est composée :
- de huit auxiliaires de puériculture qui accompagnent l'enfant dans les activités d'éveil et de la vie quotidienne, et les parents dans leur rôle éducatif ;
- de deux éducatrices de jeunes enfants qui favorisent le développement harmonieux de l'enfant en stimulant ses potentialités intellectuelles, affectives et artistiques par la création d'un environnement riche et stimulant ;
- d'une psychomotricienne qui favorise l'expression corporelle, les jeux, la relaxation et les exercices d'orientation. Elle forme aussi le personnel de la crèche au portage de l'enfant et à l'aménagement de l'espace ;

– de quatre CAP petite enfance qui réalisent les soins du quotidien de l'enfant et l'accompagnent dans ses apprentissages et les activités de la vie quotidienne ;
– d'une pédiatre qui surveille la santé des enfants ;
– d'une cuisinière qui gère les stocks de nourriture, de conserves et de produits frais en fonction des menus en collaboration avec la directrice de crèche. Elle réalise les repas et l'entretien de la cuisine et des appareils électroménagers ;
– d'une lingère qui entretient le linge, fait le repassage et range le linge dans les sections ;
– d'un agent d'entretien qui entretient les sols et les sanitaires au cours de la journée.

La crèche collective « Les Petits Matelots » est dirigée par une infirmière puéricultrice depuis 10 ans. Une directrice adjointe est infirmière et travaille dans cette structure depuis 6 ans.

L'équipe de direction élabore et met en œuvre le projet d'établissement, assure la sécurité (alimentation, locaux...), la gestion des commandes et des stocks, le recrutement du personnel et la gestion de l'équipe professionnelle, du budget et de la comptabilité.

Les horaires de travail du personnel sont variables suivant les semaines. Il faut toujours qu'il y ait deux auxiliaires de puériculture présentes le matin à partir de 6 h 45 pour l'ouverture de la crèche, et le soir jusqu'à 19 h 45 pour la fermeture.

7. La situation géographique et les locaux

La crèche collective « Les Petits Matelots » se situe dans la ville de C., dans un quartier calme du centre-ville à côté de l'école maternelle. Les modes d'accès à la crèche sont nombreux : bus, tramway et métro. Un grand parking permet aux parents de garer leur voiture.

Elle est construite de plain-pied et possède deux jardins dans lesquels les enfants peuvent jouer. L'un des jardins est réservé à la section des moyens et l'autre à la section des grands. La section des bébés s'ouvre sur une grande terrasse.

La crèche dispose de vastes locaux avec de grandes baies vitrées. Les murs de chaque section sont de couleurs différentes gaies et douces. Un grand hall décoré de posters représentants de jeunes enfants de la naissance à 3 ans, permet d'accueillir agréablement les parents qui peuvent attendre ou se détendre dans des fauteuils confortables.

Chaque section comporte un espace d'accueil disposant de casiers et de deux grands plans de travail recouverts de tapis de change. Un local à poussettes permet aux parents de les laisser sur place pour les récupérer lorsqu'ils reviennent chercher leurs enfants.

La section des grands est composée d'une grande salle de jeux, d'un dortoir et de trois petites pièces pour permettre des activités en petits groupes.

8. Le déroulement type d'une journée dans la section des grands

De nombreux enfants arrivent le matin entre 7 h 30 et 9 heures. Le moment de la séparation se déroule très bien car les transmissions entre les parents et les professionnels sont complètes et détaillées. Les parents repartent rassurés.

En début de matinée, avant 9 heures, les enfants font des jeux libres. Puis, à partir de 9 heures, les auxiliaires de puériculture et l'éducatrice de jeunes enfants proposent des activités en petits groupes jusqu'à l'heure du déjeuner. Le repas se déroule entre 11 heures et 12 heures. Les enfants déjeunent autour de petites tables.

À 12 h 30, les enfants se déshabillent, accompagnés par le personnel, avant de rejoindre leur lit pour la sieste. Après la sieste, les enfants sont changés ou vont aux WC. Puis, le personnel procède à une petite toilette du visage et accompagne les enfants pour le rhabillage. Ensuite, des activités calmes sont organisées avant le goûter.

Après le lavage des mains des enfants, le goûter se déroule à 16 heures autour des petites tables. Puis, des activités libres sont proposées en attendant l'arrivée des parents. Les enfants partent de façon échelonnée entre 18 heures et 19 heures.

9. La présentation de l'enfant

Emmanuel est né le 4 juin 2018. Il aura 3 ans, le mois prochain. Il est né à la maternité de l'hôpital J.-B. à B. Il est de nationalité française. Il n'a présenté aucun problème de santé à sa naissance.
Il a une petite sœur de 20 mois qui est aussi accueillie à la crèche. Ses parents (Valérie E., 28 ans, et Denis E., 34 ans) sont mariés et travaillent tous les deux. Toute la famille vit dans un appartement de 4 pièces à 15 minutes à pieds de la crèche.
Emmanuel est entré à la crèche « Les Petits Matelots » à 6 mois. L'adaptation s'est très bien déroulée sur 2 semaines.
Tous les jours, Emmanuel arrive à la crèche à 8 heures et repart à 17 h 30. Emmanuel est un garçon aux yeux bleus et aux cheveux bruns. Sa peau est mate. Emmanuel est un enfant charmant, rieur. Il aime jouer avec ses camarades et leur prête volontiers ses jouets. Emmanuel a une intelligence symbolique, c'est-à-dire une intelligence qui s'appuie sur la pensée. Son développement psychomoteur est normal :

- au niveau de sa motricité globale, Emmanuel court, conduit un tricycle, monte et descend l'escalier comme un adulte en alternant les bras et les jambes, et peut sauter la dernière marche d'un escalier ;
- au niveau de sa motricité fine, Emmanuel manipule les objets avec une grande précision, s'habille seul, sait utiliser boutons et fermetures Éclair, met ses chaussures sans les inverser, sait réaliser tous les jeux d'encastrement et mange seul proprement ;
- au niveau du langage, ses phrases sont grammaticalement correctes. Son vocabulaire est assez riche. Il pose beaucoup de questions. C'est un enfant très curieux et il est intéressé par toutes les activités qui permettent d'enrichir son vocabulaire (lecture, comptines, chansons, etc.). Il emploie le « moi et le je » ;
- au niveau des activités et des jeux, Emmanuel apprécie particulièrement les activités motrices et réclame tous les matins des activités manuelles.

Au niveau des activités manuelles, Emmanuel réclame souvent les activités de manipulation (pâte à modeler, pâte à sel, jeux d'eaux, etc.). Lorsqu'une activité « pâte à sel » est réalisée pour les enfants qui le souhaitent, Emmanuel se précipite pour y participer.
Emmanuel connaît bien cette activité « pâte à sel » que ses parents lui font faire pendant les vacances. Il réalise des petits objets qu'il expose ensuite dans sa chambre. Il prend beaucoup de plaisir à malaxer, pétrir et tourner la pâte. Mais cette activité lui permet aussi de s'exprimer verbalement car Emmanuel aime parler au cours de toutes les activités auxquelles il participe.

Description-type de l'activité menée

Titre de l'activité : ....
Type d'activité : ....
Date et heure de l'activité : ....
Durée approximative de l'activité : ....
Nombre d'enfants : ....
Prénom et âge des enfants : ....
....

Objectifs de l'activité : ....
Lieu : ....
Matériel : ....
Préparation :
– du lieu : ....
– du matériel : ....
– des enfants : ....

Déroulement de l'activité :

Apprentissage et découverte de l'enfant	Rôle et observations de l'adulte
....	....
....	....

Transmissions :

Transmissions écrites	**Transmissions orales :**
....	**– à l'équipe :** ....
....	....
....	**– aux parents :** ....
....	....

Évaluations et réajustements :

Évaluations	**Réajustements**
....	....
....	....

Exemple de description de l'activité menée

Titre de l'activité : un cœur en pâte à sel
Type d'activité : activité manuelle
Date et heure de l'activité : 16 mai 2021 de 9 h 30 à 10 heures
Durée approximative de l'activité : 15 à 20 minutes maximum
Nombre d'enfants : 4
Prénom et âge des enfants :
– Emmanuel a 35 mois – Juliette a 34 mois – Marin a 35 mois – Joséphine a 34 mois

Objectifs de l'activité :

• apprentissage et perfectionnement :
– de la coordination des gestes (manipulation du matériel et des produits) ;
– du toucher (texture douce ou molle puis dure) ;
– de la motricité fine (préhension globale et fine) ;
– de la socialisation (activité avec d'autres camarades en groupe) ;
– de l'autonomie (moyens d'expression et de communication non verbale).

• découverte :
– de nouvelles matières (sel, farine…) ;
– de nouveaux matériaux (emporte-pièces, spatule en bois…) ;
– de nouvelles sensations (modelage, malaxage, pétrissage…) ;
– des rapports de cause à effet (transvasement, transformation de la farine…) ;
– de la notion de poids et de volume (dosage, contenance d'un verre, d'un saladier, les mesures…).

• stimulation :
– de la créativité (cœurs petits, moyens ou grands, de formes différentes…) ;
– du goût (salé) ; – de l'odorat (odeur de la farine) ; – du langage (couleur, sensation, texture…).

Lieu : petite salle d'activité

Matériel :
– de la farine, du sel fin et de l'eau ; – une nappe en plastique ; – 4 tabliers pour les enfants ;
– un saladier ; – 3 gobelets ; – une spatule en bois ;
– des torchons ; – une cuillère à soupe ; – un point d'eau ;
– des emporte-pièces en forme de cœur, de tailles, de couleurs et de différentes formes.

Préparation

- **du lieu :** installer 4 chaises autour d'une petite table
- **du matériel :**

– recouvrir la table de la nappe en plastique ;
– installer le matériel au milieu de la table (saladier, gobelets, spatule en bois, cuillère à soupe, emporte-pièces))
– disposer les ingrédients (sel, farine, eau)

- **des enfants :**

– proposer d'aller aux WC et les accompagner
– aider les enfants à mettre le tablier
– les aider à se laver les mains
– les inviter à s'asseoir autour de la table

Déroulement de l'activité :

Apprentissage et découverte d'Emmanuel et de ses camarades	Mon rôle et mes observations
Les enfants sont autour de la table. Ils découvrent et observent le matériel et les ingrédients. Ils m'écoutent, attentifs et joyeux. Ils admirent le modèle de cœur en pâte à sel et posent des questions sur les différentes formes des cœurs. Ils touchent le matériel et les ingrédients. Ils goûtent les ingrédients (sel et farine). Juliette trouve que le sel est salé ! Marin, prudent, ne souhaite pas goûter la farine…	Expliquer l'activité aux enfants, assise autour de la table. Remplir les gobelets : farine, sel fin et eau au fur et à mesure. Présenter un modèle de cœur en pâte à sel, les différents emporte-pièces, le matériel et les ingrédients. Répondre aux différentes questions.
Emmanuel a écouté très sérieusement mes explications et verse un gobelet de farine dans le saladier. Puis, c'est au tour de Juliette, rieuse et coquine, de verser un second gobelet de farine dans ce même saladier. Marin, très observateur et ayant déjà fait l'activité « pâte à sel », verse le gobelet de sel. Enfin, Joséphine, pleine d'enthousiasme, verse le gobelet rempli d'eau. Ensuite les enfants, chacun leur tour avec la spatule en bois, mélangent les ingrédients. Puis, une fois que la farine, le sel et l'eau sont mélangés, ils malaxent la pâte avec leurs mains.	Énoncer les précautions : – ne pas jeter la farine par terre, – ne pas renverser les gobelets… Rappeler les différentes consignes : – mettre les ingrédients dans le saladier chacun son tour, – mélanger les ingrédients dans le saladier chacun son tour avec la spatule puis avec les mains.
Juliette hésite à malaxer la pâte avec ses mains ; mais dès qu'elle a vu ses camarades le faire, elle a pris des morceaux de pâte dans ses mains pour les mélanger.	Accompagner les enfants par des explications tout au long de l'activité lorsque c'est nécessaire. Laisser les enfants manipuler et faire leurs expériences chacun à leur rythme.
Emmanuel, Juliette, Marin et Joséphine aplatissent sur la nappe la pâte avec leurs mains. Les enfants n'ont pas besoin d'être stimulés. Ils sont enthousiastes et aplatissent avec beaucoup d'application la pâte à sel. Les enfants sont attentifs et intéressés car c'est la première fois qu'ils vont utiliser ces emporte-pièces en forme de cœur.	Vérifier que la pâte est bien lisse, puis la partager en quatre morceaux et en donner un à chaque enfant. Expliquer aux enfants qu'ils doivent bien aplatir la pâte avec leurs mains sur la nappe avant de mettre l'emporte-pièce. Les féliciter et les valoriser.

Ils posent des questions sur les couleurs et les formes. Emmanuel et Marin disent immédiatement qu'ils vont donner ce cœur à leur maman ce soir. Juliette et Joséphine préfèrent l'offrir à leur papa.	Répondre à leurs questions (forme, couleur).
Puis, ils déposent l'emporte-pièce de leur choix sur la pâte et retirent les débords. Juliette et Joséphine ont choisi un cœur de petite taille. Emmanuel et Marin ont préféré un gros cœur pour leur maman.	Prévenir les enfants que l'activité est bientôt terminée et qu'ils pourront, après avoir rangé le matériel, partir jouer dans le jardin avec le reste du groupe des grands.
Les enfants installent leur cœur sur une feuille individuelle de couleur rose sur le meuble bas dans le coin de la petite salle d'activité. Ils admirent tous leur cœur avec satisfaction.	Puis, j'explique aux enfants qu'ils vont déposer leur cœur sur une feuille de papier pour qu'il sèche et qu'ils pourront l'offrir à leurs parents, ce soir.
Les enfants sont très contents de l'activité. Emmanuel aurait aimé faire un autre cœur plus petit et il a un peu pleuré au moment du rangement du matériel. Ils sont tous fiers d'avoir confectionné un cœur qu'ils vont offrir à leurs parents	Je demande aux enfants ce qu'ils ont pensé de cette activité. Je range le matériel avec les enfants. Je les aide à retirer leur tablier.
Les enfants participent au rangement du matériel, enlèvent leur tablier, se lavent les mains et repartent dans la salle d'activité.	Je les accompagne et les aide pour le lavage des mains. Puis, les enfants rejoignent le groupe dans la grande salle d'activité avec moi.

Transmissions : le 16 mai 2021

Transmissions écrites	**Transmissions orales :**
À 9 h 30-10 heures : Confection de cœurs de différentes formes et de différentes tailles avec de la pâte à sel.	– à l'équipe à 10 heures : L'activité « pâte à sel » a plu aux enfants. Ils ont tous participé avec enthousiasme. Emmanuel, Marin et Joséphine ont manipulé particulièrement facilement tout le matériel. Juliette a hésité avant de malaxer la pâte à sel avec ses mains. **– aux parents d'Emmanuel à 17 h30 :** Ce matin, Emmanuel a fait une activité « pâte à sel ». Il est très adroit et a participé à l'activité avec enthousiasme et sérieux. Il aurait même souhaité faire un autre petit cœur.

Évaluations :	**Réajustements :**
Les règles de sécurité et d'hygiène ont été appliquées et les objectifs ont été atteints. Les enfants ont respecté les consignes et les précautions. Juliette, en regardant ses camarades, a surmonté sa peur de mettre les mains dans la pâte à sel. Les enfants ont été intéressés jusqu'à la fin par l'activité. Emmanuel aurait souhaité faire un autre petit cœur.	Ces enfants, qui ont presque tous 3 ans, auraient peut-être pu jouer plus longtemps : 25 à 30 minutes. Ils auraient ainsi pu faire un autre cœur. J'aurai pu aussi demander aux enfants de se servir de la cuillère à soupe pour verser la farine et le sel dans les gobelets. Leur dextérité manuelle leur permette de faire ce geste car ils se servent tous à table eux-mêmes. En effet, ils savent depuis 4-5 semaines prendre la nourriture du plat pour la mettre dans leur assiette.

Questions possibles le jour J

Question 1
Quelles sont les différentes étapes pour inscrire un enfant dans cette structure ?

Question 2
Quelles sont les activités proposées aux enfants à partir de 9 heures ?

Question 3
Comment le personnel prépare t-il les enfants au repas de 11 heures ?

Question 4
Comment se déroule le moment de la sieste ?

Question 5
Que pouvez-vous préciser à propos des retrouvailles entre les parents et les enfants, le soir ?

Question 6
Comment sont planifiées les activités à la crèche ?

Question 7
Quel est l'état de santé d'Emmanuel ?

Question 8
Vous avez dit qu'Emmanuel est un enfant charmant, rieur. Il aime jouer avec ses camarades et leur prête volontiers ses jouets. Pourriez-vous donner d'autres précisions à propos de son développement affectif, relationnel et social ?

Question 9
Qui confectionne et prévoit les menus des enfants ?

Propositions de réponses

Question 1
L'inscription se déroule en plusieurs étapes :
- à partir du troisième mois de grossesse, les parents doivent remplir un dossier de préinscription qu'ils peuvent retirer à la mairie ou télécharger ;
- puis, la mairie envoie une demande de confirmation que les parents doivent renvoyer le plus vite possible ;
- tous les deux à trois mois, les parents doivent confirmer cette préinscription ;
- puis, chaque dossier est analysé au cours d'une commission d'admission qui se réunit plusieurs fois par an ;
- ensuite, les parents reçoivent la décision de la commission par courrier ;
- les parents doivent répondre dans la semaine pour confirmer qu'ils prennent bien la place.

Question 2
De nombreuses activités, adaptées aux enfants et aux différents moments de la matinée, peuvent être proposées : gommettes, parcours de motricité, dessin, peinture, jeux d'eau, etc.

Question 3
En fin de matinée, avant le repas, le personnel prépare les enfants au repas avec les changes, les installations aux WC et le lavage des mains. Puis, une activité calme permet aux enfants de se relaxer avant le repas : lecture, musique douce ou séance de relaxation.

Question 4

L'heure du couchage est toujours le même. À 13 heures, les enfants sont tous couchés. Par contre, le réveil est échelonné en fonction des besoins de sommeil de chaque enfant. Chaque enfant doit se réveiller naturellement. La sieste est toujours surveillée.

Question 5

Les retrouvailles en fin de journée sont aussi importantes que l'accueil. En effet, le personnel fait des transmissions très détaillées aux parents avec les activités, le temps de sommeil, les temps du déjeuner et du goûter, les progrès de l'enfant, les changes (urines, selles) et d'éventuels petits soucis (pleurs, fatigue, fièvre, etc.).

Question 6

À la crèche, un planning des activités est affiché à l'entrée. Il est élaboré par l'éducatrice de jeunes enfants en accord avec les auxiliaires de puériculture. Chaque jour, les enfants font une activité motrice, une activité manuelle et un jeu éducatif. La lecture de livres, les comptines ou les chansons sont proposées systématiquement aux enfants avant les repas et la sieste. Les jeux symboliques sont toujours possibles pour les enfants, le matin lorsqu'ils arrivent, après le goûter et à leurs demandes.

Question 7

Ses courbes staturo-pondérales sont régulièrement ascendantes, sans cassures. Il pèse 13,5 kg et mesure 93 cm. Son poids et sa taille se situent dans la moyenne. Emmanuel a 20 dents (8 incisives, 4 premières molaires, 4 canines et 4 deuxièmes molaires). À 8 mois, Emmanuel a eu une bronchiolite qui n'a pas nécessité d'hospitalisation. L'année dernière, il a eu la varicelle. Aujourd'hui, Emmanuel est un enfant en bonne santé. Ses vaccins sont à jour.

Question 8

Au niveau du développement affectif, relationnel et social, il s'intéresse à tous les adultes de son entourage à la crèche (le pédiatre, la cuisinière…). Emmanuel a acquis la propreté diurne et pendant la sieste. Par contre, la propreté nocturne n'est pas complètement acquise. À la maison, le soir avant de se coucher, sa maman lui met des couches car Emmanuel les réclame. Son objet transitionnel est un petit lapin blanc en peluche prénommé « tatou » dont il a encore besoin régulièrement en fin de journée.

Question 9

Les repas sont confectionnés sur place par une cuisinière. La directrice prévoit les menus pour la semaine. Ces menus sont affichés pour que les parents en prennent connaissance.

Exemple d'épreuve d'examen

Dans le cadre d'une épreuve ponctuelle.
Le candidat présente **deux fiches** :
- l'une, relative à la réalisation d'un soin du quotidien ;
- l'autre, relative à l'accompagnement de l'enfant dans ses découvertes et ses apprentissages.

Contenu des deux fiches :
- présentation du contexte d'intervention (il peut être le même pour les deux fiches) ;
- description de la réalisation d'un soin du quotidien ;
- description d'une activité menée.

L'exposé du candidat puis l'entretien durent **25 minutes**, devant un jury composé de deux membres :
- soit un professeur de la spécialité et un professionnel ;
- soit deux professeurs de la spécialité.

Le candidat va se présenter puis exposer oralement le contenu des deux fiches.
Après l'exposé oral du candidat, le jury qui souhaite approfondir certains éléments ou vérifier la maîtrise des compétences du candidat va lui poser des questions.

Présentation de deux fiches

Présentation-type du contexte d'intervention professionnel du domicile

1. Votre présentation personnelle
- l'identité
- le mode de vie
- le lieu d'habitation
- la scolarité
- le projet professionnel

2. La présentation du mode d'accueil
- le type d'accueil
- le rôle et le statut (convention collective) de l'employé(e) à domicile
- le nombre d'enfants pris en charge
- la date de début du contrat de travail
- les horaires et les journées de travail dans la semaine

3. Le projet éducatif
Les grandes orientations de mon projet éducatif en lien avec l'épreuve EP1, c'est-à-dire l'accompagnement de l'enfant dans ses découvertes et ses apprentissages et la réalisation d'un soin du quotidien.

4. La famille et les enfants
- le type de famille
- le nombre d'enfants dans la famille

5. Le recrutement de l'employé(e) à domicile (ou auxiliaire parentale)
- les étapes du recrutement
- les démarches administratives en fonction du mode de recrutement

6. L'équipe professionnelle interlocutrice de l'employé(e) à domicile
- leur nom
- leur qualification
- leur rôle

7. La situation géographique et les locaux du domicile
- l'implantation
- la description des principales pièces du domicile et plus particulièrement celles qui accueillent les enfants.

8. Le déroulement type d'une journée à domicile
- l'accueil et le moment de la séparation
- la matinée
- le repas
- la sieste
- le goûter
- les retrouvailles

9. La présentation de l'enfant
- son identité
- sa famille
- son adaptation
- son développement psychomoteur et ses capacités intellectuelles
- ses activités et ses jeux

Exemple de présentation du contexte d'intervention professionnel du domicile

1. Votre présentation personnelle

Je m'appelle Coralie C. J'ai 23 ans car je suis née le 12 février 1998. J'habite seule à B. dans un appartement de deux pièces. J'ai une sœur plus âgée que moi, qui a 25 ans et qui travaille. Elle vit encore chez nos parents. J'ai effectué toute ma scolarité dans un collège puis dans un lycée polyvalent. J'ai obtenu mon BAC ASSP en 2016 mais j'ai échoué deux fois, en 2016 et en 2017, à l'entretien pour rentrer dans une classe d'auxiliaire de puériculture préparant au DEAP.

Pendant mes études en Seconde, en Première et en Terminale ASSP, j'ai effectué des stages dans le milieu de la petite enfance, en crèche collective et en école maternelle. À partir de septembre 2017, j'ai travaillé comme employée à domicile dans deux familles différentes.

Dans la première famille, de septembre 2017 à avril 2019, c'est-à-dire pendant 20 mois, je prenais soin d'un petit garçon qui est allé ensuite dans une crèche collective. Depuis mai 2019, je travaille dans une nouvelle famille où je compte rester jusqu'à la date à laquelle Alice, la petite fille dont je m'occupe, rentrera à l'école maternelle.

Je me présente au CAP AEPE en candidat libre. Lorsque j'aurai obtenu le CAP AEPE, je souhaiterais travailler dans une école maternelle en tant qu'ATSEM.

2. La présentation du mode d'accueil

L'employé à domicile est un mode d'accueil familial. Il vient prendre soin d'un ou de plusieurs enfants au domicile des parents lorsque ces derniers travaillent. L'employé à domicile, appelé parfois auxiliaire parental, peut exercer son métier sans diplôme, sans l'agrément ni le contrôle de la PMI.

La Convention collective nationale des salariés du particulier employeur est le seul cadre réglementaire de cette profession. Elle définit un certain nombre d'éléments (droits et obligations, contrat et temps de travail, rémunérations, congés annuels...).

J'ai commencé à travailler dans la famille d'Alice le 2 mai 2019. Je travaille de 9 heures à 18 heures du lundi au vendredi.

3. Le projet éducatif

Les principales orientations de mon projet éducatif en lien avec l'épreuve EP1 sont :
- favoriser l'éveil de l'enfant en lui proposant des activités et des jeux variés dans le respect de son rythme et de son âge ;
- assurer les soins d'hygiène (change, soins du visage...) tout en favorisant l'autonomie de l'enfant ;
- préparer et donner des repas adaptés en fonction des besoins de l'enfant ;
- assurer l'hygiène des espaces de vie (ménage, vaisselle...) autour de l'enfant.

4. La famille et les enfants

La famille est composée de deux parents mariés, Isabelle K., 36 ans, et Bruno K., 40 ans, et de deux enfants : Alice, 2 ans, et Gabriel, 4 ans. C'est une famille traditionnelle (ou nucléaire). Je prends soin uniquement d'Alice car quand Gabriel rentre de l'école, vers 18 heures, sa maman est là pour l'accueillir et s'occuper de lui.

5. Le recrutement de l'employé à domicile (ou auxiliaire parental)

Pour les parents, il existe trois solutions possibles pour recruter un employé à domicile (ou auxiliaire parental) :

– confier cette tâche à une agence spécialisée ;
– passer ou répondre à une petite annonce ;
– consulter la liste des employés à domicile dans un RAM (relais assistante maternelle) ou RAP (relais auxiliaire parental).

Tout d'abord, les parents doivent réaliser une première sélection et des entretiens avec les candidats retenus. Ensuite, les parents doivent faire un choix, prendre une décision et rédiger une lettre d'engagement à l'employé à domicile. Enfin, un contrat de travail doit être conclu.

6. L'équipe professionnelle interlocutrice de l'employé à domicile

Le Relais Petite Enfance peut recevoir l'employé à domicile (et/ou leurs parents) dans leurs locaux :
– l'employé à domicile peut se déplacer avec l'enfant pour participer aux activités proposées ;
– l'employé à domicile peut bénéficier de formation (CPF). L'employé à domicile, en travaillant à temps plein, peut en effet bénéficier et cumuler des heures de formation auxquelles il a droit.

L'agence prestataire ou mandataire si l'employé à domicile a été recruté ainsi.

7. La situation géographique et les locaux du domicile

Toute la famille vit dans une maison de six pièces entourée d'un jardin. La maison se situe dans la ville de D., dans un quartier calme du centre-ville à 15 minutes à pieds de l'école maternelle.

Au rez-de-chaussée, il y trois pièces, la salle à manger, le salon, la petite salle de jeux pour les enfants ainsi qu'une grande cuisine. Au premier étage, il y a trois chambres avec deux salles de bains (une pour les enfants et une pour les parents). Dans la salle de bain des enfants, il y a un WC, un pot, une baignoire, deux lavabos et une grande table à langer. Chaque enfant a sa chambre. Les murs de chaque pièce sont de couleurs douces (beige, jaune pâle, blanc cassé). La chambre d'Alice est jaune pâle. Le mobilier de sa chambre est composé d'un lit à barreaux, d'une commode, d'une armoire, de deux fauteuils et d'une petite table avec deux petites chaises.

Un petit parking derrière la maison permet aux parents de garer leurs voitures. La maison possède un grand jardin avec toutes sortes d'arbres, des sapins, des châtaigniers et des peupliers. Même en plein été, il y a donc de l'ombre dans ce jardin qui est également fleuri. Au rez-de-chaussée, la cuisine s'ouvre sur une grande terrasse qui permet de déjeuner ou dîner dehors.

8. Le déroulement type d'une journée

Le matin, j'arrive à 9 heures. La maman d'Alice me fait les transmissions des évènements de la veille au soir, de la nuit et du matin. Gabriel est déjà parti lorsque j'arrive car son papa le conduit à l'école maternelle à 8 heures en partant à son travail.

Le moment de la séparation se déroule toujours très bien car la maman d'Alice prend toujours beaucoup de temps pour parler avec moi puisqu'elle part travailler à 9 h30. À partir de 9 heures, Alice fait des jeux libres et des activités manuelles, des jeux d'encastrement ou des jeux de construction. Vers 10 heures, je lui donne 60 ml de jus de fruits. Puis, je propose à Alice des activités motrices dans le jardin ou à l'intérieur suivant le temps.

Le repas se déroule entre 11 h 30 et 12 h 30. Alice déjeune autour d'une petite table, assise sur une petite chaise. Vers 13 h, je couche Alice pour la sieste. Je surveille la sieste et j'attends qu'Alice se réveille spontanément. En général, elle se réveille vers 15 heures. Après la sieste, je lui lis des livres avant le goûter. Après le lavage des mains, le goûter se déroule à 16 heures autour de la petite table. Puis, je propose des activités libres dans le jardin ou à l'intérieur de la maison suivant le temps. Les retrouvailles avec sa maman se déroulent à 18 heures en fin de journée.

9. La présentation de l'enfant

Alice est né le 3 février 2019. Elle a donc 2 ans et 3 mois. Elle est née à la maternité de l'hôpital G. P. à P. Elle est de nationalité française. Elle n'a présenté aucun problème de santé à sa naissance. Elle a un grand frère de 4 ans, Gabriel, qui est en moyenne section à l'école maternelle. Ses parents travaillent tous les deux.

L'adaptation à domicile s'est très bien déroulée sur 2 semaines, après le congé de maternité de sa maman. Les deux parents d'Alice étaient présents. Alice est une petite fille aux yeux bleus et aux cheveux blonds ondulés. Sa peau est claire.

Son développement psychomoteur est normal :

– au niveau de sa motricité globale, Alice sait sauter sur ses deux pieds, courir, sautiller, taper dans un ballon, tourner sur elle-même et est capable de descendre très doucement l'escalier en se tenant à la rampe ;
– au niveau de sa motricité fine, Alice a une grande souplesse du poignet et a acquis la rotation de l'avant-bras qui lui permet de faire des gribouillis, d'imiter des traits faits par l'adulte et d'ouvrir les portes. Elle prend et lâche les objets avec précision. Alice est capable de se laver et de s'essuyer le visage seule, elle mange seule correctement mais pas toujours très proprement. Elle tourne une à une les pages d'un livre d'images.
– au niveau du langage, ses phrases sont grammaticalement incorrectes, ce qui est normal pour son âge. Alice communique beaucoup avec des sourires et des mimiques. Elle pleure rarement. Son vocabulaire est déjà très riche. Elle connaît beaucoup de mots. Elle se nomme par son prénom. Elle parle souvent de son frère Gabriel. Alice emploie le « non » assez facilement. Elle a un caractère bien affirmé et dit, quand elle ne veut pas faire quelque chose : « pas Alice, non pas Alice ».
– au niveau du développement affectif, relationnel et social, Alice est une enfant très gaie et qui aime faire des farces. Alice est sensible et timide avec les gens qu'elle ne connaît pas. Elle a comme objet transitionnel un petit chien en peluche noir prénommé « Oscar ».
– au niveau des activités et des jeux, j'essaie de varier les activités en les alternant chaque jour. Alice apprécie particulièrement les jeux de construction, les jeux d'encastrement, les jouets gigognes et les activités manuelles (peinture, dessin, pâte à modeler, jeux d'eau dans le bac à eau…). Je propose aussi à Alice la lecture de livres, des comptines, des chansons ou l'écoute d'un disque systématiquement avant le déjeuner. Sa maman a acheté récemment d'autres livres de comptines et de chansons. Alice réclame systématiquement une comptine ou une berceuse avant la sieste. Cette activité permet à Alice de s'exprimer verbalement et d'apprendre de nouveaux mots.

Fiche n° 1 : Description-type de la réalisation d'un soin du quotidien

Titre du soin : ....
Type de soin : ....
Date et heure du soin : ....
Durée approximative du soin : ....
Nombre d'enfants : ....
Prénom et âge des enfants : ....
....

Objectifs du soin : ....
Lieu : ....
Matériel : ....
Préparation :
– du lieu : ....
– du matériel : ....
– des enfants : ....

Déroulement du soin :

Description d'un soin du quotidien	Rôle et observations de l'adulte
....	....
....	....
....	....
....	....
....	....

Transmissions :

Transmissions écrites	**Transmissions orales :**
....	**– à l'équipe :**
....	....
....	....
....	**– aux parents :**
....	....
....	....

Évaluations et réajustements :

Évaluations	**Réajustements**
....	....
....	....

Exemple de description de la réalisation d'un soin du quotidien

Titre du soin : lavage des mains d'Alice
Type de soin : soin d'hygiène du quotidien
Date et heure du soin : le 10 mai 2021 vers 15h45, avant le goûter
Durée approximative du soin : 10/15 minutes
Nombre d'enfants : 1
Prénom et âge des enfants : Alice, 2 ans et 3 mois

Objectifs du soin :
- apprentissage : de l'hygiène des mains ; du confort de la propreté ressentie.
- maîtrise du plaisir : de l'eau sur les mains ; du savon qui mousse.
- stimulation de l'autonomie d'Alice au niveau :

– de la coordination des gestes (presser sur le distributeur de savon liquide, frotter ses mains, ses poignets…) ;
– de la motricité globale (monter sur le tabouret, descendre du tabouret, se positionner face au lavabo, relever ses manches…).

- perfectionnement :

– du toucher (sensation de l'eau qui coule) ;
– de la préhension fine (mettre et défaire un bouton) ;
– du schéma corporel (connaissance des différentes parties de son corps : coudes, mains, doigts…).

Lieu : la salle de bains des enfants

Matériel :
– un flacon de savon liquide avec distributeur ;
– le lavabo ;
– le petit tabouret de la salle de bain (tabouret de 20 cm de hauteur) ;
– la serviette de toilette (essuie-main) d'Alice ;
– de l'eau tiède.

Préparation :
– du lieu : installer le petit tabouret face au lavabo et à bonne distance ;
– du matériel : faire couler de l'eau tiède, vérifier la température de l'eau avec le coude (37 °C). Puis, fermer le robinet ;

– **des enfants :** accompagner Alice face au petit tabouret devant le lavabo.

Déroulement du soin :

Description d'un soin du quotidien d'Alice	Mon rôle et mes observations
Alice attend que je lui montre comment enlever les boutons des manches de son chemisier. Elle ne sait pas encore enlever les boutons, seule. Puis, elle relève ses manches mais pas encore jusqu'aux coudes. Puis Alice monte sur le petit tabouret, seule.	J'aide Alice : – à enlever les boutons des manches de son chemisier. Je la stimule pour qu'elle essaie de le faire seule ; – à relever ses manches jusqu'aux coudes. Je lui explique qu'elle doit relever ses manches jusqu'aux coudes pour éviter de mouiller son chemisier. Je m'installe debout derrière Alice pour la rassurer et éviter qu'elle ne tombe en arrière.
Elle ouvre le robinet d'eau. Alice mouille ses mains sous l'eau tiède, avec plaisir. Puis elle prélève un peu de savon liquide en appuyant sur le distributeur mais maladroitement. Ensuite, elle fait mousser le savon et frotte ses mains l'une contre l'autre.	Alice apprécie toujours ce moment du lavage des mains car elle aime l'eau et les jeux d'eau. Je vérifie qu'elle a bien mis une goutte de savon dans la paume d'une de ses mains. Je lui montre comment savonner le dessus et le dessous de ses mains.
Alice passe aussi entre ses doigts et autour des poignets. Elle frotte bien ses poignets. Puis, Alice me regarde d'un air interrogateur pour savoir si c'est le moment de rincer. Le rinçage est un moment important pour Alice car elle s'amuse avec l'eau. Ensuite Alice descend du petit tabouret.	Je l'encourage et la félicite car c'est la première fois qu'elle prend l'initiative seule de passer entre ses doigts. Je lui explique qu'elle a très bien savonné ses mains, ses poignets et qu'elle peut ainsi maintenant les rincer.
Alice va chercher elle-même sa serviette pendue sur le porte-serviettes pour s'essuyer les mains. Elle essuie correctement ses mains, ses poignets et ses avant-bras. Ensuite Alice va pendre elle-même la serviette sur le porte-serviettes. Elle regarde ses mains et me les montre en me disant : « mains d'Alice propres ». Puis, Alice redescend les manches de son chemisier et me demande de remettre les boutons.	J'accompagne Alice pour qu'elle ne tombe pas en descendant du petit tabouret. Je l'encourage à bien essuyer ses poignets et le début de ses avant-bras où un peu d'eau s'est écoulée. Je l'encourage à essayer de remettre seule les boutons, mais Alice a faim et attend avec impatience son goûter.
Alice sort de la salle de bain, joyeuse, car elle sait que sa maman a confectionné un quatre quart pour son goûter. Alice descend les marches de l'escalier doucement, avec application, en se tenant à la rampe.	Je l'accompagne donc dans l'escalier pour rejoindre la salle à manger où je vais lui donner son goûter. Avant de partir à 18 heures, je nettoierai le lavabo et je rangerai la salle de bain. De même, je nettoierai et rangerai le petit tabouret dans un coin de la salle de bain.

Transmissions : le 10 mai 2021

Transmissions écrites	**Transmissions orales à la maman d'Alice à 18 heures**
À 15 h 45-16 heures : Lavage des mains d'Alice dans la salle de bains.	Avant le goûter, Alice s'est lavé les mains. Elle a très bien savonné entre ses doigts sans que je sois obligée de lui dire. Elle a essayé d'enlever et de remettre les boutons des manches de son chemisier. Mais, elle est encore trop petite pour arriver à le faire seule.

Évaluations : Les objectifs ont été atteints. Alice a pris beaucoup de plaisir à se laver les mains et a fait des progrès au niveau de son autonomie (lave entre ses doigts). Alice a été intéressée jusqu'à la fin par le plaisir de l'eau et du savon sur ses mains. Mais elle ne sait pas enlever et mettre des boutons, ce qui est normal pour son âge. Puis, elle est allée goûter avec enthousiasme.	**Réajustements :** Puisqu'Alice n'arrive pas enlever les boutons des manches de son chemisier, il ne faut pas que sa maman mette chaque jour des chemisiers ou des chemises avec des boutons. Il faut éviter qu'Alice se trouve face à une situation d'échec vis-à-vis de ces boutons qu'elle n'arrive pas encore à enlever.

Fiche n° 2 : Exemple de description de l'activité menée (voir description-type de l'activité menée pages 140-141)

Titre de l'activité : chanter une comptine
Type d'activité : activité calme
Date et heure de l'activité : le 10 mai 2021 de 12 h 45 à 13 h
Durée approximative de l'activité : 10 à 15 minutes
Nombre d'enfants : 1
Prénom et âge de l'enfant : Alice 2 ans et 3 mois

Objectifs de l'activité :

• **initiation à la musique :** rythmes (différents selon les comptines, rapides ou lents) ; notes (hautes ou basses).

• **perfectionnement :**
– de la coordination des gestes (manipulation des livres) ;
– du toucher (texture des pages) ;
– de la motricité fine (feuilletage des pages) ;
– de l'autonomie (moyens de communication verbale et non verbale) ;
– du schéma corporel (connaissance des différentes parties de son corps).

• **stimulation :**
– de la communication verbale et non verbale (paroles et gestes) ;
– de l'attention (nouveaux mots) ; de l'écoute (différents sons) ;
– de la concentration (compréhension du texte, anticipation de la suite de l'histoire) ;
– de la mémorisation (repères par certains mots répétés).

• **apprentissage**
– du vocabulaire (assimilation ou découverte de nouveaux mots) ;
– de la diction (prononciation des mots) ;
– du temps (le moment du chant rythme le temps dans la journée, moment de retour au calme).

Lieu : chambre d'Alice

Matériel : deux fauteuils ; la petite table basse ; des livres de comptines.

Préparation :

• **du lieu :** installer les deux fauteuils face à face.

• **du matériel :** installer les livres de comptines à côté de moi et d'Alice sur la petite table basse. Choisir les comptines adaptées au goût d'Alice et à son âge. Fermer les rideaux pour obtenir une lumière tamisée dans la chambre. Allumer la petite lampe de chevet d'Alice.

• **de l'enfant :**

– Alice est en body avec sa robe de chambre et ses chaussons ;

– inviter Alice à s'installer confortablement dans le fauteuil.

Déroulement de l'activité :

Apprentissage et découverte d'Alice	Mon rôle et mes observations
Alice monte spontanément sur le fauteuil jaune pâle de sa chambre. Elle s'assoit confortablement devant moi.	Je m'installe sur le fauteuil en face d'Alice. Je lui explique qu'il faut qu'elle se mette bien au fond du fauteuil, avec le dos droit.
Elle découvre les nouveaux livres de comptines achetés récemment par sa maman. Elle les touche et tourne les pages délicatement. Elle admire les illustrations colorées et pose des questions sur les différentes comptines. Elle écoute sérieusement mes explications.	Je présente les différents livres de comptines à Alice. Je la laisse feuilleter les livres tranquillement. J'observe Alice qui est admirative et sourit devant toutes les illustrations. Puis je réponds à ses différentes questions à propos des illustrations et des décorations des pages.
Puis, elle choisit un livre. Très observatrice, elle remarque que la petite fille dessinée sur la première page porte une robe de chambre qui ressemble à la sienne (couleurs des boutons roses et petit col blanc). Puis, elle me rend le livre et m'écoute attentivement. Pleine d'enthousiasme, elle attend que je me mette à chanter. Ensuite, Alice accompagne mon chant. Alice chante toujours doucement au début puis prend de l'assurance. Elle répète les mots, en rythme, avec les gestes accompagnant les paroles. Alice n'a pas besoin d'être stimulée.	Ce livre est illustré avec des paysages enfantins, des couleurs douces, qui ressemblent à des aquarelles. J'ouvre le livre et je commence par la première page. Je chante la première comptine doucement en articulant et en mettant l'intonation. J'accompagne mes gestes à mes paroles. Je fais des gestes précis en articulant doucement. Les textes sont simples courts et rythmés. Je chante, en général 4 à 5 comptines en fonction des désirs d'Alice et de sa fatigue. J'enchaîne les comptines une à une.
Elle chante spontanément parfois dans la journée et apprécie beaucoup ce moment avant la sieste. Elle est attentive et intéressée par les paroles et les gestes. Elle imite facilement mes gestes et mes paroles : « Je cache mes yeux, mon nez… », « tape dans les mains », « toc, toc, toc… » Parfois, elle se lève pour voir l'illustration du cerf, du lapin puis revient spontanément dans son fauteuil.	Les différentes comptines sont : « Le grand cerf », « Je cache », « Tourne, tourne, petit moulin », « Qui se cache dans mon dos ? » Je donne des explications à Alice sur certains mots ou expressions « le grand cerf, coquine, le chasseur ».
Elle chante « Au clair de la lune » tout doucement avec moi car elle sait qu'après, elle ira dans son lit, retrouver « Oscar », son petit chien en peluche, pour s'endormir.	Je termine en général par « Au clair de la lune » en éteignant la lumière, car Alice me la réclame tous les jours. Elle sait qu'après cette comptine, elle ira dans son lit pour s'endormir sereinement. Alice n'a pas peur de la pénombre.

À la fin de la séance, Alice me fait des commentaires spontanément : Alice est « très contente des nouveaux livres » de comptines que sa maman a achetés. Elle les trouve « très beaux » ! Elle est fière d'avoir une maman « si gentille ». Sa maman « aime aussi les comptines ». Son papa « aime aussi chanter ». Mon papa est « un amour ». Alice participe au rangement des livres dans sa petite bibliothèque, près de son lit puis souhaite rejoindre « Oscar » pour s'endormir avec lui.	Je préviens Alice qu'elle va bientôt aller se coucher. Je n'ai pas besoin de demander à Alice ce qu'elle a pensé des comptines et des nouveaux livres car elle parle toujours très spontanément et fait toujours des commentaires en reprenant presque toujours les mots des comptines que l'on vient de chanter. Je range les livres avec Alice. J'installe Alice dans son lit en lui mettant sa turbulette, et « Oscar » au pied de son lit qui la regarde s'endormir.

Transmissions : le 10 mai 2021

Transmissions écrites	**Transmissions orales à la maman d'Alice à 18 heures**
À 12 h 45-13 h : Activité calme avant la sieste. Différentes comptines chantées.	Avant la sieste, Alice a chanté des comptines. Elle a feuilleté les nouveaux livres que vous avez achetés avec admiration. Elle a chanté, comme tous les jours, avec enthousiasme et s'est endormie très rapidement après. Elle a appris de nouveaux mots : « le grand cerf, coquine, le chasseur ».

Évaluations	**Réajustements**
Les objectifs ont été atteints. Alice a pris beaucoup de plaisir à chanter. Elle a appris de nouveaux mots, en regardant les illustrations. Alice a été intéressée jusqu'à la fin par l'activité. Elle est allée dans son lit calme et sereine.	Je pourrais proposer une autre comptine que « Au clair de la lune » qu'elle connaît très bien. Elle pourrait découvrir ainsi de nouveaux mots, de nouveaux rythmes qui pourraient aussi lui permettre de s'endormir facilement. Demain, je lui proposerai : « Fait dodo… »

Questions possibles le jour J

Question 1
Que savez-vous sur le contrat de travail et la période d'essai d'un employé à domicile ?

Question 2
Existe-t-il une classification des emplois des salariés du particulier employeur ?

Question 3
Quels sont les jeux libres et les activités que fait Alice à partir de 9 heures ?

Question 4
Comment préparez-vous Alice au repas de 11 heures 30 ?

Question 5
Qui confectionne le repas d'Alice et comment se déroule-t-il ?

Question 6
Quel est votre rôle auprès d'Alice entre la fin du repas et la sieste ?

Question 7
Quels soins donnez-vous à Alice après la sieste ?

Question 8
Pouvez-vous préciser comment se déroulent les retrouvailles du soir ?

Question 9

Que pouvez-vous observer lorsque vous lisez des livres à Alice avant le déjeuner ?

Question 10

Quel est l'état de santé d'Alice ?

Question 11

Que pouvez-vous préciser d'autre au niveau de développement affectif, relationnel et social d'Alice ?

Question 12

Organisez-vous des activités motrices ?

Question 13

Alice fait-elle des activités musicales avec ses parents et son frère ?

Propositions de réponses

Question 1

Le contrat de travail doit être conforme à la convention collective nationale des salariés du particulier employeur. Il est réalisé en deux exemplaires (un pour l'employé, l'autre pour l'employeur). Le contrat doit être à durée indéterminée sauf exception. La période d'essai peut durer deux mois ou un mois (et renouvelable une fois). Si les parents sont passés par une agence pour le recrutement de leur employé (e) à domicile :

- soit l'agence est prestataire et employeur de l'employé (e) à domicile : l'agence prend alors en charge toutes les démarches administratives et légales (contrat de travail, fiches de paye...). Les parents payent ce service à l'agence ;
- soit l'agence est mandataire et les parents restent l'employeur de l'employé à domicile. Dans ce dernier cas, l'agence aide seulement les parents pour toutes les questions administratives.

Question 2

Il existe une classification des emplois des salariés du particulier employeur pour pouvoir leur assurer une juste rémunération en fonction des tâches qu'ils assurent et l'âge des enfants. J'ai donc un emploi de catégorie garde d'enfants A puisque je prend soin d'un enfant de moins de 3 ans, Alice, et que j'assure le nettoyage de ses espaces de vie.

Question 3

À partir de 9 heures, Alice fait des jeux libres dans la salle de jeux avec sa maman et moi. Elle s'intéresse particulièrement le matin aux jeux symboliques (coin poupée, coin cuisine, coin maquillage et coiffure...). À 9 h 30, dès que sa maman s'en va, j'organise des activités manuelles (dessin, peinture, pâte à modeler...), des jeux d'encastrements ou des jeux de construction. Alice choisit elle-même ce qu'elle souhaite faire.

Question 4

En fin de matinée, vers 11 heures, je prépare Alice au repas de 11 h 30 avec un change et le lavage des mains. Puis, je passe un disque d'une musique douce juste avant le repas.
Je propose ensuite la lecture de livres, de comptines, des chansons.

Question 5

Les repas sont toujours confectionnés par la maman d'Alice la veille et rangés au frigidaire dans différentes boîtes en plastique que je n'ai qu'à ouvrir et à réchauffer si besoin. Alice se régale car sa maman cuisine très bien. Sa maman prend soin de coller une étiquette sur chaque boîte, avec la date et l'heure auxquelles les repas ont été confectionnés. Les repas sont équilibrés et les plats sont toujours assaisonnés de fines herbes. Les couleurs sont toujours variées. Alice se met toujours à table avec plaisir. Elle parle beaucoup et pose des questions sur les couleurs des aliments, le goût des fruits...

Question 6

À 12 h 30, Alice se lave les mains, les dents avec mon aide, puis se déshabille seule et ne souhaite qu'une chose, à ce moment-là : rejoindre son lit pour retrouver son petit chien « oscar ». Avant qu'Alice ne se couche dans son lit, nous chantons ensemble des comptines et une berceuse, assises sur les fauteuils de sa chambre. Enfin, je mets Alice dans son lit et elle s'endort presque instantanément.

Question 7

Après la sieste, je procède à une petite toilette du visage, au change et j'accompagne Alice pour le rhabillage.

Question 8

Les retrouvailles, à 18 heures en fin de journée, sont un moment de joie intense avec sa maman et Gabriel qui est rentré de l'école accompagné par une amie de sa maman qui a un fils du même âge que Gabriel. Je fais des transmission très détaillées à la maman d'Alice avec les activités, le temps de sommeil, les temps du déjeuner et du goûter, les progrès d'Alice, les soins d'hygiène et d'éventuels petits soucis (pleurs, fatigue, etc.).

Question 9

Alice tourne les pages du livre elle-même et pose des questions pendant la lecture.

Question 10

Ses courbes staturo-pondérales sont régulièrement ascendantes, sans cassures. Lors de la dernière visite chez le pédiatre, hier, sa maman m'a indiqué qu'Alice pesait 12,1 kg et mesurait 87 cm. Le pédiatre a indiqué que le poids et la taille d'Alice se situent dans la moyenne. Alice a 16 dents (8 incisives, 4 premières molaires et 4 canines). À 15 mois, Alice a eu la varicelle. Aujourd'hui, elle est en bonne santé. Ses vaccinations obligatoires sont à jour.

Question 11

Au niveau du développement affectif, relationnel et social, Alice suce son pouce dès qu'elle est fatiguée. Elle a comme objet transitionnel un petit chien en peluche noir prénommé « oscar ». Elle n'a pas encore acquis la propreté. Elle porte des couches jour et nuit. Elle refuse pour l'instant d'aller sur le pot. Elle est gênée par ses couches souillées et me le fait comprendre par des mots : « pipi, popo, caca. ».

Question 12

J'organise des activités motrices dans le jardin lorsqu'il fait beau (ballon, cache-cache, balançoire…) ou dans le grand couloir de la maison (danse, cerceau, gymnastique sur des tapis, tricycle…). Ses parents ne veulent pas que nous sortions (Alice et moi) en dehors de la maison.

Question 13

Oui, Alice aime beaucoup la musique et le chant. Sa maman a l'intention de lui donner des cours de piano car elle est elle-même pianiste. Alice chante souvent aussi avec ses parents et Gabriel tous les soirs, après le dîner, avant d'aller se coucher.

EP2

Exercer son activité en accueil collectif

Entraînement intensif 158

Exemples de sujets blancs : épreuve écrite 196

Sujet session 2020 206

FICHE 63

Assurer une situation d'échanges avec l'enfant et sa famille

Répondez aux questions au crayon à papier pour pouvoir effacer et recommencer au cours de votre préparation. Chaque bonne réponse donne 1 point.

S'entraîner avec des QCM

Entourez la bonne réponse.

1. Chaque soir, le professionnel titulaire d'un CAP AEPE doit faire des transmissions aux parents.
A. Vrai **B.** Faux

2. Des transmissions écrites suffisent pour informer les parents.
A. Vrai **B.** Faux

3. Les transmissions orales d'un professionnel de la petite enfance sont plus importantes que les transmissions écrites.
A. Vrai **B.** Faux

4. Des transmissions écrites doivent être faites par le CAP AEPE :
A. le matin. **B.** le soir. **C.** tout au long de la journée.

5. Une grille d'observation permet de noter plutôt :
A. le rythme habituel de l'enfant.
B. les acquisitions de l'enfant.
C. les évènements importants de la journée de l'enfant.

S'entraîner avec des QROC

Répondez aux questions suivantes.

1. Citez trois supports de transmissions écrites que l'on peut trouver dans un EAJE.

....

....

2. Expliquez deux précisions que doit donner un professionnel de la petite enfance à des parents au niveau des échanges qu'ils ont entre eux, sur leur enfant.

....

3. Citez deux intérêts des transmissions orales.

....

S'entraîner en situation

Répondez aux questions suivantes.

Vous travaillez dans un EAJE. Joséphine, 13 mois, arrive tous les matins à 8 heures avec sa maman.

1. Citez deux points importants que doit vous transmettre la maman de Joséphine le matin en arrivant.

....

2. Sa maman vous appelle « ma chérie ». Que devez-vous faire, face à cette familiarité ?

....

....

Corrigés

S'entraîner avec des QCM

1. **A.**
2. **B.** des transmissions écrites et orales doivent être faites pour informer les parents.
3. **B.** Les transmissions orales complètent les transmissions écrites.
4. **C.**
5. **B.**

S'entraîner avec des QROC

1. Les trois supports de transmissions écrites que l'on peut trouver dans un EAJE sont : la feuille de rythme ; la grille d'observation ; le cahier de bord.
2. Les deux précisions que doit donner un professionnel de la petite enfance à des parents au niveau des échanges qu'ils ont entre eux sur leur enfant sont :
   – un professionnel de la petite enfance ne doit pas déborder de son rôle (il n'est ni médecin, ni psychologue) ;
   – le centre d'intérêt de leurs échanges doit rester l'enfant (un professionnel de la petite enfance ne doit pas parler de sa vie privée, de ses problèmes conjugaux ou personnels).
3. Les deux intérêts des transmissions orales sont la rapidité et l'immédiateté.

S'entraîner en situation

1. Les deux points importants que doit me transmettre la maman de Joséphine le matin en arrivant sont :
   – les déroulements de la soirée, du repas du soir, de la nuit, du petit-déjeuner ;
   – les évènements importants (pleurs, troubles de la santé...).
2. Je dois, face à cette familiarité, lui rappeler que je lui avais demandé, au moment de l'adaptation, de m'appeler par mon prénom.

Auto-évaluation

1. Quelles sont mes erreurs ou mes lacunes ?

   ....

   ....

   ....

2. Quelle est ma note sur 10 ? .../10
3. Quels sont les mots que je n'ai pas compris ?

   ....

   ....

   ....

FICHE 64

Les transmissions

Répondez aux questions au crayon à papier pour pouvoir effacer et recommencer au cours de votre préparation. Chaque bonne réponse donne 1 point.

S'entraîner avec des QCM

Entourez la bonne réponse.

1. Les transmissions orales ne laissent pas de traces.
A. Vrai **B.** Faux

2. Des transmissions écrites doivent être signées par la personne qui les a écrites.
A. Vrai **B.** Faux

3. Les transmissions orales se font surtout le matin.
A. Vrai **B.** Faux

4. Des transmissions écrites doivent comporter :
A. la date et l'heure. **B.** la date. **C.** l'heure.

5. Les transmissions orales :
A. permettent plutôt l'échange. **B.** sont souvent sans intérêt précis. **C.** sont durables.

S'entraîner avec des QROC

Répondez aux questions suivantes.

1. Citez deux avantages des transmissions écrites.

....

....

2. Illustrez de trois adjectifs les caractéristiques que doivent avoir les transmissions écrites.

....

....

....

3. Que doit préciser la personne qui fait les transmissions écrites pour que l'on puisse l'identifier ?

....

....

S'entraîner en situation

Répondez aux questions suivantes.

Vous travaillez dans un EAJE. Avant de quitter votre service pour rentrer chez vous, vous changez Caroline, 6 mois, et vous trouvez des selles dans sa couche.

1. Citez trois points importants que vous devez transmettre par oral à votre collègue à propos du change de Caroline.

....

....

2. Devez-vous faire des transmissions écrites ? Pourquoi ?

....

....

Corrigés

S'entraîner avec des QCM

1. A.

2. A.

3. B. Les transmissions orales doivent se faire le matin, dans la journée et le soir.

4. A.

5. A.

S'entraîner avec des QROC

1. Les transmissions écrites constituent une preuve juridique et engagent celui qui les a écrites.
2. Les trois adjectifs qui peuvent illustrer les caractéristiques que doivent avoir des transmissions écrites sont : concises ; précises ; compréhensibles.
3. La personne qui fait les transmissions écrites doit préciser, pour que l'on puisse l'identifier : son prénom ; son nom ; sa qualification et sa signature.

S'entraîner en situation

1. Les trois points importants que je dois transmettre par oral à ma collègue à propos du change de Caroline sont : l'état des selles ; l'aspect du siège ; le comportement de Caroline pendant le change.
2. Oui, je dois faire des transmissions écrites pour laisser une trace écrite du change de Caroline avec les précisions nécessaires.

Auto-évaluation

1. Quelles sont mes erreurs ou mes lacunes ?

   ....

   ....

   ....

2. Quelle est ma note sur 10 ? .../10
3. Quels sont les mots que je n'ai pas compris ?

   ....

   ....

   ....

FICHE 65 La communication appliquée au secteur professionnel

Répondez aux questions au crayon à papier pour pouvoir effacer et recommencer au cours de votre préparation. Chaque bonne réponse donne 1 point.

S'entraîner avec des QCM

Entourez la bonne réponse.

1. On peut communiquer aussi à travers une attitude corporelle.
A. Vrai **B.** Faux

2. Dans le cadre d'une communication de groupe, un émetteur s'adresse à un récepteur.
A. Vrai **B.** Faux

3. La communication visuelle peut se faire grâce à un logo.
A. Vrai **B.** Faux

4. En cas de communication verbale, le canal est : **A.** visuel. **B.** auditif. **C.** rapide.

5. L'émetteur est celui qui :
A. envoie le message. **B.** reçoit le message. **C.** réceptionne le message.

S'entraîner avec des QROC

Répondez aux questions suivantes.

1. Donnez trois exemples de communication interpersonnelle dans un EAJE.

....

....

....

2. Citez trois codes de communication non verbale possibles.

....

....

....

3. Quels sont les deux principaux freins à la communication verbale dans une section de grands enfants dans un EAJE ?

....

....

S'entraîner en situation

Répondez aux questions suivantes.

Vous travaillez dans un EAJE, dans la section des bébés. Aujourd'hui, vous devez assister à une réunion animée par le directeur de l'EAJE sur l'accueil des stagiaires, dans la section des bébés. L'équipe de cette section comprend quatre auxiliaires de puériculture et une CAP AEPE.

1. De quel type de communication s'agit-il ?

....

....

2. Pourquoi ?

....

....

Corrigés

S'entraîner avec des QCM

1. **A.**
2. **B.** Dans le cadre d'une communication de groupe, un émetteur s'adresse à plusieurs récepteurs.
3. **A.**
4. **B.**
5. **A.**

S'entraîner avec des QROC

1. Les trois exemples de communication interpersonnelle dans un EAJE sont :
   – le directeur de l'EAJE avec une maman ;
   – un auxiliaire de puériculture avec un enfant ;
   – un CAP AEPE avec un éducateur de jeunes enfants.
2. Les trois codes de communication non verbale possibles sont : la posture ; le regard ; le toucher.
3. Les deux principaux freins à la communication verbale dans une section de grands enfants dans un EAJE sont :
   – un vocabulaire inadapté ;
   – une ambiance bruyante.

S'entraîner en situation

1. Il s'agit d'une communication de groupe.
2. Un émetteur, le directeur, s'adresse à plusieurs récepteurs, les membres de l'équipe de la section des bébés.

Auto-évaluation

1. Quelles sont mes erreurs ou mes lacunes ?

   ....

   ....

   ....

2. Quelle est ma note sur 10 ? .../10
3. Quels sont les mots que je n'ai pas compris ?

   ....

   ....

   ....

FICHE 66

Le partage d'informations avec l'équipe et les autres professionnels

Répondez aux questions au crayon à papier pour pouvoir effacer et recommencer au cours de votre préparation. Chaque bonne réponse donne 1 point.

S'entraîner avec des QCM

Entourez la bonne réponse.

1. Une réunion d'équipe dans un AEJE est indispensable pour préparer une réunion de parents.
A. Vrai **B.** Faux

2. Des réunions d'équipe peuvent permettre d'harmoniser les pratiques professionnelles d'un EAJE.
A. Vrai **B.** Faux

3. Des réunions avec un intervenant extérieur sont obligatoires dans un EAJE.
A. Vrai **B.** Faux

4. La formation continue permet :
A. de renforcer ses connaissances.
B. de remettre en cause les horaires d'ouverture de l'EAJE.
C. la continuité dans l'accueil offert aux enfants de l'EAJE.

5. Pour la cohérence du travail d'équipe, des réunions dans un EAJE sont :
A. souhaitables.
B. non obligatoires.
C. indispensables.

S'entraîner avec des QROC

Répondez aux questions suivantes.

1. À quel rythme un directeur d'EAJE doit-il organiser des réunions d'équipe ?

....

2. Citez deux raisons pour lesquelles des réunions d'équipe sont indispensables pour que le personnel adhère au projet d'établissement d'un EAJE.

....

....

3. Citez deux raisons pour lesquelles la formation continue est indispensable pour que le personnel effectue un travail de qualité dans un EAJE.

....

....

S'entraîner en situation

Répondez aux questions suivantes.

Vous travaillez dans un EAJE dans la section des grands. Aujourd'hui, vous devez assister à une réunion d'équipe sur la technique du change au moment de l'acquisition de la propreté.

1. Quel est le but de cette réunion ?

....

....

2. Quel nom portera la trace écrite rédigée par le directeur après cette réunion ?

....

Corrigés

S'entraîner avec des QCM

1. **A.**
2. **A.**
3. **B.** Des réunions, avec un intervenant extérieur, ne sont pas obligatoires même si elles sont souhaitables.
4. **A.**
5. **C.**

S'entraîner avec des QROC

1. Un directeur d'EAJE doit régulièrement organiser des réunions d'équipe* (une fois par semaine, une fois par mois…) et/ou en fonction des besoins.
2. Des réunions d'équipe sont indispensables car elles permettent de discuter et, éventuellement, de modifier le projet d'établissement pour que tout le personnel de l'EAJE y adhère.
3. Pour effectuer un travail de qualité dans un EAJE, le personnel doit renforcer régulièrement, au cours de stages de formation continue, ses connaissances de l'enfant et se questionner par rapport à ses pratiques professionnelles,

* En distanciel, en période pandémiques.

S'entraîner en situation

1. Le but de cette réunion est d'harmoniser les pratiques professionnelles à l'échelle de la section des grands.
2. La trace écrite rédigée par le directeur après cette réunion s'appelle un compte rendu.

Auto-évaluation

1. Quelles sont mes erreurs ou mes lacunes ?

……………………………………………………………………………………………

……………………………………………………………………………………………

……………………………………………………………………………………………

2. Quelle est ma note sur 10 ? …/10
3. Quels sont les mots que je n'ai pas compris ?

……………………………………………………………………………………………

……………………………………………………………………………………………

……………………………………………………………………………………………

FICHE 67 Connaître et respecter les projets de l'établissement

Répondez aux questions au crayon à papier pour pouvoir effacer et recommencer au cours de votre préparation. Chaque bonne réponse donne 1 point.

S'entraîner avec des QCM

Entourez la bonne réponse.

1. L'élaboration est la première étape du projet d'établissement. **A.** Vrai **B.** Faux

2. Lors de la mise en œuvre du projet d'établissement, une analyse est mise en place.
A. Vrai **B.** Faux

3. La définition de la place des familles dans la vie de l'EAJE fait partie du projet d'établissement.
A. Vrai **B.** Faux

4. Mettre en place des référents pour l'enfant dans une section d'EAJE :
A. inscrit la structure dans son environnement social.
B. fait partie du projet pédagogique. **C.** définit la place des familles.

5. Respecter le rythme de l'enfant fait partie :
A. du projet éducatif. **B.** du projet social. **C.** des prestations d'accueil.

S'entraîner avec des QROC

Répondez aux questions suivantes.

1. Citez les deux principaux buts de l'évaluation du projet d'établissement d'un AEJE.

....

....

2. Associer les lettres majuscules aux lettres minuscules :

A. Assurer un espace sécurisant	**a.** Projet social
B. Prévoir des réunions d'équipe	**b.** Projet éducatif
C. Nombre de semaines de fonctionnement par an	**c.** Prestations d'accueil
D. Participer à la vie sociale du quartier	**d.** Projet pédagogique

3. Les modalités des relations avec des organismes extérieurs sont écrites dans le projet d'établissement d'un AEJE. Citez deux de ces organismes extérieurs.

....

....

S'entraîner en situation

Répondez aux questions suivantes.

Vous travaillez dans un EAJE dans la section des moyens. Aujourd'hui vous recevez Charlotte, 14 mois, pour la période d'adaptation.

1. Comment s'appelle la partie du projet d'établissement faisant référence aux jours et aux heures d'ouverture ?

....

2. Quel but a le projet d'établissement vis-à-vis des familles ?

....

....

Corrigés

S'entraîner avec des QCM

1. B. L'élaboration est la deuxième étape du projet d'établissement.

2. B. Lors de la mise en œuvre du projet d'établissement, des actions sont mises en place.

3. A.

4. B.

5. A.

S'entraîner avec des QROC

1. Les deux principaux buts de l'évaluation du projet d'établissement d'un AEJE sont :
– déterminer si les objectifs du projet d'établissement ont été atteints ;
– réajuster certains points du projet d'établissement si les objectifs n'ont pas été atteints.

2. **A.** Assurer un espace sécurisant → **b.** Projet éducatif
B. Prévoir des réunions d'équipe → **d.** Projet pédagogique
C. Nombre de semaines de fonctionnement par an → **c.** Prestations d'accueil
D. Participer à la vie sociale du quartier → **a.** Projet social

3. Les deux organismes extérieurs sont la PMI et la CAF.

S'entraîner en situation

1. La partie du projet d'établissement faisant référence aux jours et aux heures d'ouverture s'appelle les prestations d'accueil.

2. Le projet d'établissement a pour but de présenter aux familles les grands axes éducatifs pour leur enfant.

Auto-évaluation

1. Quelles sont mes erreurs ou mes lacunes ?

....

....

....

2. Quelle est ma note sur 10 ? .../10

3. Quels sont les mots que je n'ai pas compris ?

....

....

....

FICHE 68 Les situations d'écoute et d'échange avec l'enfant

Répondez aux questions au crayon à papier pour pouvoir effacer et recommencer au cours de votre préparation. Chaque bonne réponse donne 1 point.

S'entraîner avec des QCM

Entourez la bonne réponse.

1. Un professionnel doit toujours parler tout doucement à un enfant. **A.** Vrai **B.** Faux

2. Un professionnel peut appeler l'enfant par des surnoms (« mon petit poussin, ma petite coquine, ma puce », etc.) pour lui montrer son attachement. **A.** Vrai **B.** Faux

3. Si un enfant est triste, le professionnel doit verbaliser cette émotion. **A.** Vrai **B.** Faux

4. Lors d'un change, le professionnel doit : **A.** expliquer à l'enfant ses actions. **B.** ne rien dire, l'enfant sent bien qu'il est changé. **C.** ne rien dire et lui donner un jouet.

5. Si l'enfant a fait une bêtise, le professionnel doit : **A.** lui dire que ce qu'il a fait n'est pas bien. **B.** lui expliquer pourquoi ce n'est pas bien d'agir de cette façon. **C.** le punir.

S'entraîner avec des QROC

Répondez aux questions suivantes.

1. Pourquoi l'adulte doit-il verbaliser ses actions dès la naissance de l'enfant ?

....

....

2. Quelles sont les cinq situations de soin ou d'activité dans une section de bébés qui permettent d'établir un échange privilégié avec chaque bébé ?

....

....

....

....

3. Citez trois adjectifs illustrant la communication verbale que doit avoir un professionnel avec un enfant de 4 ans.

....

....

S'entraîner en situation

Répondez aux questions suivantes.

Vous travaillez dans un EAJE dans la section des grands. Ce matin, vous accueillez Élodie, 2 ans et demi, et sa maman, qui vous transmet les évènements de la soirée. Élodie, s'exprimant très bien, participe aux transmissions.

1. Pour quelle raison est-il intéressant qu'Élodie participe à la conversation ?

....

....

2. Quelle attitude devez-vous avoir vis-à-vis d'Élodie ?

....

....

Corrigés

S'entraîner avec des QCM

1. **B.** Un professionnel peut parler, selon les circonstances, d'une voix douce ou ferme.
2. **B.** Un professionnel doit appeler l'enfant uniquement par son prénom.
3. **A.**
4. **A.**
5. **B.**

S'entraîner avec des QROC

1. L'adulte doit verbaliser ses actions dès la naissance de l'enfant, car sa voix même permet à l'enfant de se sentir en sécurité, même s'il ne comprend pas tout le sens de la phrase.
2. Les cinq situations de soin ou d'activité dans une section de bébés qui permettent d'établir un échange privilégié avec chaque bébé sont :
   - le change ;
   - le biberon ;
   - le coucher ;
   - le lever ;
   - le portage.
3. Les trois adjectifs pouvant illustrer la communication verbale que doit avoir un professionnel avec un enfant de 4 ans sont : compréhensible ; adaptée ; précise.

S'entraîner en situation

1. Le professionnel et la maman d'Élodie permettent à cette dernière, en la laissant participer aux transmissions, d'être pleinement actrice de sa vie et non pas de la subir.
2. Je dois être attentive et encourager Élodie à s'exprimer.

Auto-évaluation

1. Quelles sont mes erreurs ou mes lacunes ?

   ....

   ....

   ....

2. Quelle est ma note sur 10 ? …/10
3. Quels sont les mots que je n'ai pas compris ?

   ....

   ....

   ....

FICHE 69

Stimuler et participer à l'acquisition du langage de l'enfant

Répondez aux questions au crayon à papier pour pouvoir effacer et recommencer au cours de votre préparation. Chaque bonne réponse donne 1 point.

S'entraîner avec des QCM

Entourez la bonne réponse.

1. Dès la naissance, l'enfant communique avec l'adulte. **A.** Vrai **B.** Faux
2. La construction du langage de l'enfant n'est possible qu'en présence d'un environnement affectif chaleureux. **A.** Vrai **B.** Faux
3. Les gazouillis commencent dès la naissance. **A.** Vrai **B.** Faux
4. Le langage global significatif : **A.** est l'association de deux mots. **B.** est une phrase avec un verbe accordé. **C.** est une phrase grammaticalement correcte.
5. L'enfant prononce un mot phrase, en moyenne, à : **A.** 3 ans. **B.** 1 an. **C.** 9 mois.

S'entraîner avec des QROC

Répondez aux questions suivantes.

1. Citez trois moyens pour enrichir le vocabulaire et les connaissances d'un enfant de 4 ans.

....

....

....

2. Quel rôle doit avoir l'adulte lorsque l'enfant prononce un mot qui résume toute une phrase (mot phrase) ?

....

....

3. Au niveau du langage, quelles sont les deux principales acquisitions de l'enfant vers 3 ans ? Quelle attitude doit avoir l'adulte pour le faire progresser ?

....

....

....

S'entraîner en situation

Répondez aux questions suivantes.

Vous travaillez dans un EAJE dans la section des bébés. Vers 10 h 30, vous donnez un biberon à Maxime, 10 mois.

1. Vous verbalisez vos actions. Citez les deux avantages de cette verbalisation pour l'acquisition du langage de Maxime.

....

....

2. Citez deux acquisitions au niveau du langage pour Maxime.

....

....

Corrigés

S'entraîner avec des QCM

1. **A.**
2. **A.**
3. **B**. Les gazouillis commencent vers 3 mois.
4. **A.**
5. **B.**

S'entraîner avec des QROC

1. Les trois moyens pour enrichir le vocabulaire et les connaissances d'un enfant de 4 ans sont :
   – lire une histoire ;
   – commenter des images ou des photos ;
   – chanter.
2. Lorsque l'enfant prononce un mot qui résume toute une phrase (mot phrase), l'adulte doit formuler la phrase pour signifier à l'enfant qu'il a compris ce qu'il voulait dire et pour enrichir son vocabulaire.
3. Vers 3 ans, l'enfant est capable de faire une phrase grammaticalement correcte et d'utiliser le « je » ou le « moi ». L'adulte doit être attentif à son propre langage pour offrir un modèle correct à l'enfant.

S'entraîner en situation

1. Les deux avantages de cette verbalisation pour l'acquisition du langage de maxime sont la compréhension et la mémorisation des mots, puisque Maxime va associer les mots à vos actions.
2. Maxime fait des syllabes redoublées et comprend le sens général d'une phrase.

Auto-évaluation

1. Quelles sont mes erreurs ou mes lacunes ?

   ....

   ....

   ....

2. Quelle est ma note sur 10 ? …/10
3. Quels sont les mots que je n'ai pas compris ?

   ....

   ....

   ....

FICHE 70

L'école maternelle

Répondez aux questions au crayon à papier pour pouvoir effacer et recommencer au cours de votre préparation. Chaque bonne réponse donne 1 point.

S'entraîner avec des QCM

Entourez la bonne réponse.

1. Si elle est publique, l'école maternelle est gratuite.
A. Vrai **B.** Faux

2. Le maire préside le conseil d'école.
A. Vrai **B.** Faux

3. Une des grandes missions de l'école maternelle est de permettre à l'enfant de devenir autonome.
A. Vrai **B.** Faux

4. Pour entrer à l'école maternelle, un enfant :
A. doit avoir ses vaccins obligatoires à jour.
B. doit être vacciné contre la tuberculose.
C. doit être vacciné du BCG.

5. Un professeur des écoles doit être reçu :
A. au CRPE. **B.** au CRDD. **C.** au PLFE.

S'entraîner avec des QROC

Répondez aux questions suivantes.

1. Que signifie le sigle ATSEM ?

....

2. Citez les deux principaux rôles d'un directeur d'école maternelle.

....

....

3. Quelles sont les trois sections que l'on retrouve dans une école maternelle ?

....

....

....

S'entraîner en situation

Répondez aux questions suivantes.
Vous travaillez dans la petite section d'une école maternelle. Le jour de la rentrée, vous avez plusieurs enfants de 3 ans, 2 enfants de 2 ans et demi, et un enfant de 24 mois.

1. Citez trois conditions pour que cet enfant de 24 mois soit admis le jour de la rentrée.

....

....

....

2. Vous travaillez avec un tout jeune professeur. Quel niveau d'études doit-il avoir ?

....

Corrigés

S'entraîner avec des QCM

1. A.

2. B. C'est le directeur de l'école qui préside le conseil d'école.

3. A.

4. A.

5. A.

S'entraîner avec des QROC

1. Le sigle ATSEM signifie : agent territorial spécialisé des écoles maternelles.

2. Les deux principaux rôles d'un directeur d'école maternelle sont :
– coordonner le travail des professeurs ;
– mettre en application le projet d'établissement.

3. Les trois sections que l'on retrouve dans une école maternelle sont :
– la petite section ;
– la moyenne section ;
– la grande section.

S'entraîner en situation

1. Les trois conditions pour que cet enfant de 24 mois soit admis le jour de la rentrée sont les suivantes :
– être prêt sur le plan physique à être intégré dans la petite section ;
– être aussi prêt sur le plan psychologique ;
– qu'il y ait une place disponible pour qu'il ne prenne pas la place d'un enfant de 3 ans.

2. Il doit avoir un master 2 (bac +5).

Auto-évaluation

1. Quelles sont mes erreurs ou mes lacunes ?

....

....

....

2. Quelle est ma note sur 10 ? .../10

3. Quels sont les mots que je n'ai pas compris ?

....

....

....

FICHE 71 Assurer la préparation, l'animation et la remise en état des locaux après un atelier pédagogique

Répondez aux questions au crayon à papier pour pouvoir effacer et recommencer au cours de votre préparation. Chaque bonne réponse donne 1 point.

S'entraîner avec des QCM

Entourez la bonne réponse.

1. Un ATSEM peut ranger et nettoyer du matériel éducatif. **A.** Vrai **B.** Faux

2. Un ATSEM ne peut pas se substituer au professeur. **A.** Vrai **B.** Faux

3. Un ATSEM peut prendre en charge, seul, des enfants. **A.** Vrai **B.** Faux

4. L'activité doit se terminer vers 10 h 30 :
A. vous prévenez les enfants juste avant d'arrêter l'activité.
B. vous prévenez les enfants que l'activité va bientôt se terminer.
C. Vous arrêtez l'activité à 10 h 30 pile.

5. Pendant une activité, vous pouvez, en tant qu'ATSEM :
A. inciter les enfants à la communication.
B. faire à la place des enfants.
C. donner d'autres consignes aux enfants si vous n'êtes pas d'accord avec le professeur.

S'entraîner avec des QROC

Répondez aux questions suivantes.

1. Quelles sont les deux méthodes permettant d'évaluer l'intérêt d'une activité pour des enfants en école maternelle ?

....

....

2. Que doit-on faire vis-à-vis des parents après une activité ?

....

....

3. Après une activité avec des enfants, vous faites un bilan. Citez les trois éléments importants que doit contenir ce bilan.

....

....

....

S'entraîner en situation

Répondez aux questions suivantes.

Vous travaillez dans la moyenne section d'une école maternelle. Aujourd'hui, le professeur des écoles souhaite organiser une activité dessin sur l'automne.

1. Citez deux actions que vous devez effectuer concernant l'installation du lieu de l'activité.

....

....

2. Que doivent faire les enfants après l'activité dessin ?

....

Corrigés

S'entraîner avec des QCM

1. A.

2. A.

3. B. Un ATSEM n'a pas le droit de prendre en charge, seul, des enfants.

4. B.

5. A.

S'entraîner avec des QROC

1. Les deux méthodes pour évaluer l'intérêt d'une activité pour des enfants en école maternelle sont :
– l'observation des enfants ;
– l'appréciation des enfants.

2. Après une activité, on doit transmettre aux parents l'attitude de leur enfant, l'intérêt qu'il a eu pour l'activité et ses acquisitions.

3. Les trois éléments importants que doit contenir ce bilan sont :
– l'évaluation de la motivation de chaque enfant ;
– l'analyse des moments forts de l'activité
– l'analyse des points faibles qui pourraient être réajustés.

S'entraîner en situation

1. Au niveau de l'installation du lieu de l'activité, je dois aménager l'espace et installer le mobilier en fonction de la situation et des mesures réglementaires.

2. Les enfants doivent se laver les mains après l'activité dessin.

Auto-évaluation

1. Quelles sont mes erreurs ou mes lacunes ?

....

....

....

2. Quelle est ma note sur 10 ? .../10

3. Quels sont les mots que je n'ai pas compris ?

....

....

....

FICHE 72 Gestion et animation d'un groupe d'enfants

Répondez aux questions au crayon à papier pour pouvoir effacer et recommencer au cours de votre préparation. Chaque bonne réponse donne 1 point.

S'entraîner avec des QCM

Entourez la bonne réponse.

1. Une animation en groupe doit favoriser l'autonomie de chaque enfant. **A.** Vrai **B.** Faux

2. L'imaginaire de l'enfant a peu de place dans une animation en groupe. **A.** Vrai **B.** Faux

3. Lorsque l'animateur donne des consignes, le vocabulaire doit être précis. **A.** Vrai **B.** Faux

4. Lors de la gestion d'un groupe d'enfants :
A. la personnalité de chaque enfant doit être respectée.
B. l'attitude de chaque enfant doit être la même.
C. même si l'enfant gêne le groupe par son attitude, il faut le laisser s'exprimer.

5. Une animation coopérative est un mode d'animation où :
A. l'animateur est extrêmement tolérant. **B.** l'animateur prend en compte l'avis de chacun.
C. l'animateur a une position dominante.

S'entraîner avec des QROC

Répondez aux questions suivantes.

1. Citez trois qualités professionnelles que doit avoir un animateur pour gérer un groupe d'enfants lors d'une activité.

....

2. Quels sont les cinq principes les plus importants pour motiver les enfants lors d'une activité ?

....

....

....

....

....

3. Expliquez en quelques lignes le mode d'animation directif. Quel en est l'inconvénient pour l'enfant de moins de 3 ans ?

....

....

S'entraîner en situation

Répondez aux questions suivantes.

Vous travaillez dans une école maternelle. Aujourd'hui, vous organisez une activité de pâte à modeler avec un groupe de cinq enfants de 4 ans.

1. Expliquez pourquoi cette activité développe l'expression orale de ces enfants.

....

....

2. Grâce à l'expression orale de ces enfants, quel autre objectif poursuivez-vous lors de cette activité ?

....

Corrigés

S'entraîner avec des QCM

1. A.

2. B. L'enfant crée et échange avec ses camarades et développe ainsi son imaginaire.

3. A.

4. A.

5. B.

S'entraîner avec des QROC

1. Les trois qualités professionnelles que doit avoir un animateur pour gérer un groupe d'enfants lors d'une activité sont : l'écoute ; l'observation ; l'attention sécurisante.

2. Les cinq principes les plus importants pour motiver les enfants lors d'une activité sont :
– expliquer clairement les consignes et s'assurer qu'elles ont été comprises ;
– observer l'attitude de chaque enfant et du groupe ;
– favoriser l'autonomie en sollicitant chaque enfant ;
– valoriser sans excès chaque enfant ;
– assurer un climat de sécurité.

3. Le mode d'animation directif est un mode d'animation où les initiatives viennent de l'animateur. Ce dernier dirige l'activité. Ce mode d'animation limite en général la créativité de l'enfant de moins de 3 ans, qui doit se plier à des règles.

S'entraîner en situation

1. Le dialogue entre les enfants s'installera naturellement grâce aux inter-relations constantes entre eux (aide, comparaison, admiration…) et au partage du matériel.

2. L'autre objectif que je poursuis lors de cette activité, grâce à l'expression orale de ces enfants, est la socialisation.

Auto-évaluation

1. Quelles sont mes erreurs ou mes lacunes ?

....

....

....

2. Quelle est ma note sur 10 ? …/10

3. Quels sont les mots que je n'ai pas compris ?

....

....

....

FICHE 73 Respecter le rythme et les règles de vie à l'école

Répondez aux questions au crayon à papier pour pouvoir effacer et recommencer au cours de votre préparation. Chaque bonne réponse donne 1 point.

S'entraîner avec des QCM

Entourez la bonne réponse.

1. La journée à l'école maternelle est de 5 h 30.
A. Vrai **B.** Faux

2. Les enfants à l'école maternelle ont des responsabilités de classe.
A. Vrai **B.** Faux

3. Un enfant, à l'école maternelle, doit présenter ses excuses s'il a mal agit.
A. Vrai **B.** Faux

4. La durée horaire de la semaine à l'école maternelle est de :
A. 20 heures. **B.** 18 heures. **C.** 24 heures.

5. L'année scolaire comporte environ :
A. 36 semaines. **B.** 40 semaines. **C.** 42 semaines.

S'entraîner avec des QROC

Répondez aux questions suivantes.

1. Citez deux rituels appliqués par le professeur des écoles tous les matins à l'école maternelle.

....

....

2. Quels sont les trois objectifs de la récréation pour des enfants à l'école maternelle ?

....

....

....

3. Quels sont les deux lieux où les enfants peuvent se restaurer à l'heure du déjeuner quand ils sont scolarisés à l'école maternelle ?

....

....

S'entraîner en situation

Répondez aux questions suivantes.
Vous travaillez dans une petite section à l'école maternelle.

1. Que feront les enfants après le déjeuner ?

....

....

2. Après la classe, Jules, 3 ans et demi, va à l'ALAE (accueil de loisirs associé à l'école). Citez deux activités que pourra faire Jules pendant ce temps d'accueil.

....

Corrigés

S'entraîner avec des QCM

1. A. Sauf en cas de dérogation pour la semaine de 4 jours ; la journée est alors de 6 heures.

2. A.

3. A.

4. C.

5. A.

S'entraîner avec des QROC

1. Les deux rituels appliqués par le professeur des écoles tous les matins à l'école maternelle sont :
– l'appel des enfants avec les présences et les absences ;
– la date du jour.

2. Les trois objectifs de la récréation pour des enfants à l'école maternelle sont :
– la socialisation ;
– le développement moteur (jeux divers) ;
– la détente.

3. Les deux lieux où les enfants peuvent se restaurer à l'heure du déjeuner quand ils sont scolarisés à l'école maternelle sont :
– le domicile ;
– le service de restauration collective en assurant la sécurité sanitaire en période pandémique.

S'entraîner en situation

1. Après le déjeuner, les enfants feront une sieste d'une heure et demie à deux heures.

2. Les deux activités que pourrait par exemple faire Jules pendant ce temps d'accueil sont une activité sportive ou du théâtre.

Auto-évaluation

1. Quelles sont mes erreurs ou mes lacunes ?

....

....

....

2. Quelle est ma note sur 10 ? .../10

3. Quels sont les mots que je n'ai pas compris ?

....

....

....

FICHE 74 Respecter les mesures de sécurité à l'école maternelle

Répondez aux questions au crayon à papier pour pouvoir effacer et recommencer au cours de votre préparation. Chaque bonne réponse donne 1 point.

S'entraîner avec des QCM

Entourez la bonne réponse.

1. Les parents signent une autorisation de droit à l'image pour que les photos de leur enfant puissent être publiées. **A.** Vrai **B.** Faux

2. Les exercices d'évacuation ne sont pas obligatoires à l'école maternelle. **A.** Vrai **B.** Faux

3. Le Plan Vigipirate interdit le stationnement devant les écoles maternelles. **A.** Vrai **B.** Faux

4. PPMS signifie :
A. Plan possible de mesures de sécurité.
B. Plan particulier de mise en sûreté.
C. Possibilité particulière de mise en sécurité.

5. Avant la prise en charge de l'enfant par les enseignants à l'école, les enfants sont sous la responsabilité :
A. des parents. **B.** de la commune. **C.** du conseil général.

S'entraîner avec des QROC

Répondez aux questions suivantes.

1. Pour les risques d'incendie, citez les trois principaux objectifs des exercices d'évacuation pour les élèves et tout le personnel de l'école.

....

....

....

2. Quels sont les trois différents éléments du mobilier utilisés quotidiennement dans une école maternelle qui pourraient être dangereux pour les enfants ?

....

....

....

3. À quel endroit doit-on mettre le matériel dangereux dans une école maternelle ?

....

S'entraîner en situation

Répondez aux questions suivantes.

Vous travaillez dans une grande section à l'école maternelle. Sébastien, nouvel élève, est porteur d'un handicap moteur. Il a besoin d'un fauteuil roulant pour se déplacer.

1. Il peut accéder à l'école maternelle. Pourquoi ?

....

....

2. Quand Sébastien est dans la cour de récréation, qui est responsable de sa surveillance ?

....

Corrigés

S'entraîner avec des QCM

1. A.

2. B. Les exercices d'évacuation sont obligatoires à l'école maternelle.

3. A.

4. B.

5. A.

S'entraîner avec des QROC

1. Les trois principaux objectifs des exercices d'évacuation, pour les risques d'incendie, pour les élèves et tout le personnel de l'école sont :
– reconnaître le signal sonore de l'alarme ;
– connaître les consignes de sécurité ;
– prendre connaissance des circuits d'évacuation et du point de rassemblement.

2. Les trois éléments du mobilier utilisés quotidiennement dans une école maternelle qui pourraient être dangereux pour les enfants sont :
– les chaises ;
– les tables ;
– les portemanteaux.

3. Le matériel dangereux dans une école maternelle doit être hors de portée des enfants dans un local et/ou une armoire fermés à clé.

S'entraîner en situation

1. Sébastien peut accéder à l'école maternelle car une mise aux normes des accès et des locaux est obligatoire pour l'accueil des personnes en situation de handicap.

2. La surveillance de tous les enfants dans la cour de récréation incombe aux professeurs des écoles.

Auto-évaluation

1. Quelles sont mes erreurs ou mes lacunes ?

....

....

....

2. Quelle est ma note sur 10 ? …/10

3. Quels sont les mots que je n'ai pas compris ?

....

....

....

FICHE 75

Participer aux temps périscolaires, extrascolaires et aux travaux collectifs de l'école

Répondez aux questions au crayon à papier pour pouvoir effacer et recommencer au cours de votre préparation. Chaque bonne réponse donne 1 point.

S'entraîner avec des QCM

Entourez la bonne réponse.

1. Les ALAE (accueils de loisirs associés à l'école) permettent d'accueillir les enfants pour les temps extrascolaires.

A. Vrai **B.** Faux

2. L'ALSH est un accueil de loisirs sans hébergement.

A. Vrai **B.** Faux

3. Le mode d'accueil sur le temps périscolaire est organisé par la commune.

A. Vrai **B.** Faux

4. Dans les ALSH, il y a :

A. 1 animateur pour 8 enfants. **B.** 1 animateur pour 10 enfants. **C.** 1 animateur pour 6 enfants.

5. Le samedi, lorsqu'il n'y a pas classe, est un temps :

A. périscolaire. **B.** extrascolaire. **C.** scolaire.

S'entraîner avec des QROC

Répondez aux questions suivantes.

1. Citez trois temps périscolaires.

....

....

....

2. À qui peut faire appel la commune pour intervenir dans les ALAE ou les ALSH ?

....

....

3. Quel est le rôle de l'ATSEM par rapport aux jouets et au matériel utilisés par les enfants ?

....

....

S'entraîner en situation

Répondez aux questions suivantes.

Vous travaillez dans une moyenne section à l'école maternelle. Vous découvrez en préparant une animation que quelques règles et crayons en plastique sont abîmés.

1. Que devez-vous faire immédiatement ?

....

....

2. Pourquoi ?

....

....

Corrigés

S'entraîner avec des QCM

1. **B.** Les ALAE permettent d'accueillir les enfants pour les temps périscolaires.
2. **A.**
3. **A.**
4. **A.**
5. **B.**

S'entraîner avec des QROC

1. La période d'accueil avant la classe, le temps de la restauration à l'école et les études surveillées sont des temps périscolaires.
2. La commune peut faire appel à des professionnels ou à des bénévoles pour intervenir dans les ALAE ou les ALSH.
3. L'ATSEM doit vérifier la propreté et l'état des jouets et du matériel utilisés par les enfants.

S'entraîner en situation

1. Je dois immédiatement prévenir le professeur des écoles et retirer ce matériel que j'avais destiné aux enfants pour mener mon animation.
2. Cette dégradation du matériel peut mettre en danger la sécurité des enfants. Le professeur des écoles prendra la décision qui s'impose en ce qui concerne le renouvellement ou non de ce matériel.

Auto-évaluation

1. Quelles sont mes erreurs ou mes lacunes ?

....

....

....

2. Quelle est ma note sur 10 ? .../10
3. Quels sont les mots que je n'ai pas compris ?

....

....

....

FICHE 76

Le bionettoyage

Répondez aux questions au crayon à papier pour pouvoir effacer et recommencer au cours de votre préparation. Chaque bonne réponse donne 1 point.

S'entraîner avec des QCM

Entourez la bonne réponse.

1. Il faut se laver les mains avant de faire un bionettoyage.
A. Vrai **B.** Faux

2. Il faut aller du plus sale au plus propre pour faire un bionettoyage.
A. Vrai **B.** Faux

3. Pour nettoyer et désinfecter un chariot, je dois aller de bas en haut.
A. Vrai **B.** Faux

4. Pour nettoyer un lavabo, je dois commencer :
A. par l'intérieur. **B.** par la robinetterie. **C.** par l'extérieur.

5. Pour faire un bionettoyage de la surface de change, je dois commencer par :
A. le matelas de change. **B.** le lavabo. **C.** le plan de travail.

S'entraîner avec des QROC

Répondez aux questions suivantes.

1. Citez le matériel dont vous avez besoin pour faire un bionettoyage des surfaces.

....

....

2. Expliquez en trois lignes la technique pour nettoyer et désinfecter un plan de travail.

....

....

....

3. Après le bionettoyage d'une surface alimentaire avec un détergent-désinfectant, quelle action est indispensable ?

....

S'entraîner en situation

Répondez aux questions suivantes.

Vous travaillez dans une école maternelle. Un stagiaire CAP AEPE arrive ce matin et vous lui expliquez, avec une démonstration, la technique du bionettoyage. La stagiaire remarque qu'il y a des lavettes de deux couleurs différentes.

1. Que lui expliquez-vous à propos de ces deux couleurs différentes ?

....

....

2. Justifiez votre réponse.

....

....

Corrigés

S'entraîner avec des QCM

1. **A.**
2. **B.** Il faut aller du plus propre au plus sale pour faire un bionettoyage.
3. **B.** Pour nettoyer et désinfecter un chariot, je dois aller de haut en bas.
4. **B.**
5. **C.**

S'entraîner avec des QROC

1. Pour faire un bionettoyage des surfaces, j'ai besoin d'une lavette, d'un produit détergent-désinfectant, d'une paire de gants jetables et d'un masque en période pandémique.
2. Pour nettoyer et désinfecter un plan de travail, je dois vaporiser une dose de détergent-désinfectant sur la lavette (ou utiliser une lavette pré-imprégnée jetable), détourer, puis passer au centre en zigzags sans jamais passer deux fois au même endroit.
3. Après le bionettoyage d'une surface alimentaire avec un détergent-désinfectant, l'action indispensable est le rinçage à l'eau.

S'entraîner en situation

1. J'explique au stagiaire CAP AEPE qu'il y a des codes couleurs : les lavettes roses sont utilisées pour les surfaces alimentaires et les lavettes bleues pour les plans de change.
2. Ces deux couleurs permettent de repérer la lavette que l'on doit utiliser en fonction des surfaces à nettoyer pour éviter de faire des fautes d'hygiène.

Auto-évaluation

1. Quelles sont mes erreurs ou mes lacunes ?

....

....

....

2. Quelle est ma note sur 10 ? .../10
3. Quels sont les mots que je n'ai pas compris ?

....

....

....

FICHE 77

Les techniques de dépoussiérage des sols

Répondez aux questions au crayon à papier pour pouvoir effacer et recommencer au cours de votre préparation. Chaque bonne réponse donne 1 point.

S'entraîner avec des QCM

Entourez la bonne réponse.

1. Il existe des aspirateurs sans sac.
A. Vrai **B.** Faux

2. On se sert d'un aspirateur pour dépoussiérer lorsque l'on ne peut pas utiliser le balayage humide.
A. Vrai **B.** Faux

3. Il faut aérer la pièce pendant le dépoussiérage.
A. Vrai **B.** Faux

4. Le balayage humide permet d'éliminer :
A. 90 % des poussières. **B.** 50 % des poussières. **C.** 60 % des poussières.

5. Le balayage humide doit s'effectuer sur des revêtements plastiques au sol :
A. trois fois par jour. **B.** quotidiennement. **C.** trois fois par semaine.

S'entraîner avec des QROC

Répondez aux questions suivantes.

1. Citez les deux méthodes pour effectuer le balayage humide d'une pièce.

....

....

2. Expliquez en trois lignes la technique du dépoussiérage mécanique.

....

....

....

3. De quel matériel avez-vous besoin pour le dépoussiérage manuel du mobilier ?

....

S'entraîner en situation

Répondez aux questions suivantes.

Vous travaillez dans une école maternelle. Vous procédez au dépoussiérage par balayage humide de la petite salle d'activité manuelle de la moyenne section.

1. De quel matériel avez-vous besoin pour pratiquer ce balayage humide ?

....

....

2. Pour respecter l'hygiène, citez une règle à appliquer avant et après ce balayage humide.

....

....

Corrigés

S'entraîner avec des QCM

1. **A.**
2. **A.**
3. **B.** Il faut aérer la pièce avant et après le dépoussiérage.
4. **A.**
5. **B.**

S'entraîner avec des QROC

1. Les deux méthodes pour effectuer le balayage humide d'une pièce sont :
   – la méthode de la godille ;
   – la méthode du poussé.
2. Pour dépoussiérer mécaniquement une pièce, il faut commencer par l'entrée de la pièce, détourer, puis décrire ensuite des mouvements de va-et-vient au centre de la pièce en faisant chevaucher les passages de l'aspirateur.
3. Pour le dépoussiérage manuel du mobilier, j'ai besoin de lingettes dépoussiérantes imprégnées d'agglutinants.

S'entraîner en situation

1. Pour pratiquer ce balayage humide, j'ai besoin d'un balai trapèze, d'une lingette dépoussiérante jetable antistatique et/ou pré-imprégnée et d'un masque en période pandémique.
2. Pour respecter l'hygiène, je dois me laver les mains avant et après le balayage humide.

Auto-évaluation

1. Quelles sont mes erreurs ou mes lacunes ?

   ....

   ....

   ....

2. Quelle est ma note sur 10 ? …/10
3. Quels sont les mots que je n'ai pas compris ?

   ....

   ....

   ....

FICHE 78 Techniques de lavage de la vaisselle

Répondez aux questions au crayon à papier pour pouvoir effacer et recommencer au cours de votre préparation. Chaque bonne réponse donne 1 point.

S'entraîner avec des QCM

Entourez la bonne réponse.

1. Il faut utiliser une paire de gants pour effectuer un lavage manuel de la vaisselle.
A. Vrai **B.** Faux

2. Il faut ranger les assiettes dans la partie supérieure du lave-vaisselle.
A. Vrai **B.** Faux

3. Les bols et les tasses doivent être rangés dans la partie supérieure du lave-vaisselle.
A. Vrai **B.** Faux

4. En cas de lavage mécanique de la vaisselle, il faut :
A. se laver les mains avant de mettre la vaisselle dans le lave-vaisselle.
B. se laver les mains avant de retirer la vaisselle propre du lave-vaisselle.
C. se laver les mains avant de mettre la vaisselle dans le lave-vaisselle et avant de retirer la vaisselle propre du lave-vaisselle.

5. Après avoir trempé la vaisselle dans le bac de rinçage, il faut :
A. la déposer sur l'égouttoir avant de la sécher.
B. l'essuyer avec un torchon propre.
C. la laisser sécher sur l'égouttoir avant de la ranger.

S'entraîner avec des QROC

Répondez aux questions suivantes.

1. Quels sont les trois produits nécessaires pour laver la vaisselle dans un lave-vaisselle ?

....

....

....

2. Quels niveaux doit-on vérifier avant de ranger la vaisselle dans le lave-vaisselle ?

....

3. Que doit-on faire avant de ranger la vaisselle dans le lave-vaisselle ou de tremper la vaisselle dans le bac de lavage en cas de lavage manuel ?

....

S'entraîner en situation

Répondez aux questions suivantes.

Vous travaillez dans une école maternelle. Après le repas de 11 heures, vous lavez manuellement une partie de la vaisselle.

1. De quel matériel avez-vous besoin pour pratiquer ce lavage manuel ?

....

....

2. De quel matériel avez-vous besoin pour égoutter et essuyer la vaisselle que vous venez de laver ?

....

Corrigés

S'entraîner avec des QCM

1. A.

2. B. Il faut ranger les assiettes dans la partie inférieure du lave-vaisselle.

3. A.

4. C.

5. A.

S'entraîner avec des QROC

1. Les trois produits nécessaires pour laver la vaisselle dans un lave-vaisselle sont :
– un détergent ;
– le produit de rinçage ;
– du sel régénérant.

Tous ces produits doivent être spécifiques pour les lave-vaisselle.

2. Avant de ranger la vaisselle dans le lave-vaisselle, on doit vérifier les niveaux du produit de rinçage et du sel régénérant.

3. Avant de ranger la vaisselle dans le lave-vaisselle ou de tremper la vaisselle dans le bac de lavage en cas de lavage manuel, on doit débarrasser la vaisselle des restes alimentaires.

S'entraîner en situation

1. Pour pratiquer ce lavage manuel, j'ai besoin d'un produit vaisselle, d'une lavette, d'un tampon à récurer, d'une paire de gants et d'un masque en période pandémique.

2. Pour égoutter et essuyer la vaisselle que je viens de laver, j'ai besoin d'un égouttoir et d'un torchon propre et sec.

Auto-évaluation

1. Quelles sont mes erreurs ou mes lacunes ?

....

....

....

2. Quelle est ma note sur 10 ? .../10

3. Quels sont les mots que je n'ai pas compris ?

....

....

....

FICHE 79

Entretien et lavage du linge

Répondez aux questions au crayon à papier pour pouvoir effacer et recommencer au cours de votre préparation. Chaque bonne réponse donne 1 point.

S'entraîner avec des QCM

Entourez la bonne réponse.

1. L'option « éco » diminue de 10 % la consommation d'électricité du lave-linge.
A. Vrai **B.** Faux

2. L'option « demi-charge » diminue à peu près de 20 % la consommation en eau du lave-linge.
A. Vrai **B.** Faux

3. Un produit anticalcaire évite le dépôt de calcaire sur les résistances électriques du lave-linge.
A. Vrai **B.** Faux

4. Une lessive à 60 °C présente une consommation électrique du lave-linge :
A. 60 % supérieure à un cycle de lavage à 30 °C.
B. 10 % supérieure à un cycle de lavage à 30 °C.
C. 25 % supérieure à un cycle de lavage à 30 °C.

5. L'option « pesée automatique » permet d'ajuster : **A.** la consommation d'eau du lave-linge.
B. la consommation d'eau et d'énergie du lave-linge. **C.** la consommation d'énergie du lave-linge

S'entraîner avec des QROC

Répondez aux questions suivantes.

1. Quelles sont les différentes présentations possibles des détergents pour le lavage du linge en machine ?

....

....

2. Quels sont les deux objectifs des produits adoucissants ou assouplissants ?

....

....

3. Citez trois critères possibles de tri du linge.

....

....

S'entraîner en situation

Répondez aux questions suivantes.

Vous travaillez dans une école maternelle. Aujourd'hui, vous aidez la lingère de l'établissement à faire le tri du linge.

1. En quoi consiste le tri ?

....

....

2. Citez quatre objets qui doivent être retirés des poches car ils ne peuvent pas être lavés dans le lave-linge voire peuvent même l'abîmer.

....

....

Corrigés

S'entraîner avec des QCM

1. **B.** L'option « éco » diminue de 25 % la consommation d'électricité du lave-linge.
2. **A.**
3. **A.**
4. **A.**
5. **B.**

S'entraîner avec des QROC

1. Les différentes présentations possibles des détergents pour le lavage du linge en machine sont : les capsules, les gels, les pastilles, les poudres.
2. Les deux objectifs des produits adoucissants ou assouplissants sont d'assouplir et de parfumer le linge.
3. Les trois critères possibles de tri du linge sont :
   – le tri par degré de saleté ;
   – le tri par couleur ;
   – le tri par nature du textile.

S'entraîner en situation

1. Le tri consiste à séparer le linge par critère pour le laver en toute sécurité. Certains types de linge ne peuvent pas être lavés ensemble.
2. Les quatre objets qui doivent être retirés des poches car ils ne peuvent pas être lavés dans le lave-linge voire peuvent même l'abîmer sont :
   – les mouchoirs jetables ;
   – les élastiques pour les cheveux ;
   – les pièces de monnaie ;
   – les clés.

Auto-évaluation

1. Quelles sont mes erreurs ou mes lacunes ?

   ....

   ....

   ....

2. Quelle est ma note sur 10 ? .../10

3. Quels sont les mots que je n'ai pas compris ?

   ....

   ....

   ....

FICHE 80

Les différentes structures d'accueil du jeune enfant

Répondez aux questions au crayon à papier pour pouvoir effacer et recommencer au cours de votre préparation. Chaque bonne réponse donne 1 point.

S'entraîner avec des QCM

Entourez la bonne réponse.

1. Une auxiliaire de puériculture peut exercer dans un service de pédiatrie. **A.** Vrai **B.** Faux

2. Un EJE (éducateur de jeunes enfants) ne peut pas exercer à l'hôpital. **A.** Vrai **B.** Faux

3. Un assistant maternel agréé peut exercer dans une MAM. **A.** Vrai **B.** Faux

4. MJC signifie :
A. Maison des jeunes et de la culture.
B. Mouvement de la jeunesse et de la coopération.
C. Mouvement des jeunes et de la culture.

5. BAFA signifie :
A. Brevet d'aptitude aux fonctions d'auxiliaire.
B. Brevet d'aptitudes aux fonctions d'animateur.
C. Brevet d'aide aux fonctions d'animateur.

S'entraîner avec des QROC

Répondez aux questions suivantes.

1. Citez trois structures dans lesquelles peut exercer un animateur titulaire du BAFA.

....

....

....

2. Que signifie le sigle SAJE ?

....

3. Quelle est la date du dernier décret qui réglemente les SAJE ?

....

S'entraîner en situation

Répondez aux questions suivantes.

Vous travaillez dans un multi-accueil depuis 2 ans. Dans un mois, vous partirez pour travailler dans une crèche collective gérée par une association.

1. Citez deux autres modes de gestion possibles d'une crèche collective.

....

....

2. Citez trois professions qui peuvent exercer dans une crèche collective.

....

....

....

Corrigés

S'entraîner avec des QCM

1. A.

2. B. Un EJE (éducateur de jeunes enfants) peut exercer à l'hôpital dans une salle d'animation.

3. A.

4. A.

5. B.

S'entraîner avec des QROC

1. Un animateur titulaire du BAFA peut exercer dans des villages de vacances, dans des centres sociaux et dans des maisons des jeunes et de la culture.
2. Le sigle SAJE signifie Structures d'accueil des jeunes enfants.
3. La date du dernier décret qui réglemente les SAJE est le 7 juin 2010.

S'entraîner en situation

1. Les deux autres modes de gestion possibles d'une crèche collective sont :
   – le mode de gestion publique ;
   – le mode de gestion privée.
2. Les trois professions qui peuvent exercer dans une crèche collective sont :
   – puériculteur(trice) ;
   – EJE ;
   – auxiliaire de puériculture.

Auto-évaluation

1. Quelles sont mes erreurs ou mes lacunes ?

   ....

   ....

   ....

2. Quelle est ma note sur 10 ? .../10

3. Quels sont les mots que je n'ai pas compris ?

   ....

   ....

   ....

FICHE 81 L'environnement de l'enfant en collectivités

Répondez aux questions au crayon à papier pour pouvoir effacer et recommencer au cours de votre préparation. Chaque bonne réponse donne 1 point.

S'entraîner avec des QCM

Entourez la bonne réponse.

1. Un dortoir pour les bébés est indispensable dans un EAJE. **A.** Vrai **B.** Faux

2. Un coin motricité n'est pas indispensable dans la section des moyens. **A.** Vrai **B.** Faux

3. L'espace accueil sert à recevoir les parents et leur enfant. **A.** Vrai **B.** Faux

4. L'âge des enfants dans la section des moyens est en général :
A. de 12 à 18 mois. **B.** de 12 à 24 mois. **C.** de 12 à 36 mois.

5. L'espace des sanitaires dans un EAJE doit permettre aux grands enfants :
A. d'aller sur un WC ou sur le pot.
B. d'aller sur un WC ou sur le pot dans un coin aménagé respectant leur intimité.
C. d'aller sur le pot à heures régulières.

S'entraîner avec des QROC

Répondez aux questions suivantes.

1. Citez deux aménagements que l'on doit trouver dans l'espace d'accueil de la section des moyens dans une crèche collective.

....

....

2. Quels sont les six principaux jeux et aménagements que l'on doit trouver dans une section de bébés dans un multi-accueil ?

....

....

....

3. Quelles sont les quatre structures de jeu extérieures qui permettent de développer la motricité et la conscience de l'espace des grands enfants dans un EAJE ?

....

....

S'entraîner en situation

Répondez aux questions suivantes.

Vous travaillez dans la section des grands dans un multi-accueil.

1. Quels sont les deux aménagements indispensables pour permettre aux enfants de jouer dans cette section ?

....

....

2. Citez deux avantages de ce type d'aménagement pour ces enfants.

....

....

Corrigés

S'entraîner avec des QCM

1. A.

2. B. Au contraire, les moyens ont besoin d'expérimenter leurs capacités motrices.

3. A.

4. B.

5. B.

S'entraîner avec des QROC

1. Les deux aménagements que l'on doit trouver dans l'espace d'accueil de la section des moyens dans une crèche collective sont :
– des casiers pour ranger les vêtements des enfants ;
– un plan de change pour permettre l'habillage et le déshabillage des enfants.

2. Les six principaux jeux et aménagements que l'on doit trouver dans une section de bébés dans un multi-accueil sont : des tapis de différentes couleurs ; des nids ; des tapis d'éveil ; des mobiles ; des portiques ; différents jeux d'éveil (cubes, hochets…).

3. Les quatre structures de jeu extérieures qui permettent de développer la motricité et la conscience de l'espace des grands enfants dans un EAJE sont : la balançoire ; le toboggan ; le portique ; le ressort.

S'entraîner en situation

1. Les deux aménagements indispensables pour permettre aux enfants de jouer dans cette section sont :
– des petits coins jeux (coin cuisine, coin maquillage, coin coiffure, coin atelier…) ;
– des petites tables avec des petites chaises pour leur permettre différentes activités de manipulation, artistiques et des jeux éducatifs (pâte à modeler, jeux de construction, dessin…).

2. Ce type d'aménagement permet à ces enfants de jouer à leur rythme et en interaction.

Auto-évaluation

1. Quelles sont mes erreurs ou mes lacunes ?

....

....

....

2. Quelle est ma note sur 10 ? …/10

3. Quels sont les mots que je n'ai pas compris ?

....

....

....

Exemples de sujets blancs

Voici des exemples d'épreuve écrite tels que vous les rencontrerez le jour de l'examen. Ces exemples de sujets blancs sont accompagnés de leurs corrigés.

Premier exemple de sujet blanc

Titulaire du CAP AEPE, vous êtes employé dans la crèche collective « Les Petits Oursons ». La crèche est divisée en trois sections : celle des bébés, des moyens et des grands.

1. Dans les EAJE, les espaces d'accueil, de repos, de jeux ou d'activités et de repas sont ouverts aux parents. Citez trois espaces qui ne leur sont pas accessibles.
2. Vous travaillez dans la section des bébés avec deux autres employés, titulaires du CAP AEPE. Quels autres professionnels exercent avec vous auprès de ces très jeunes nourrissons ?
3. Ce matin, vous accueillez Camille, 6 mois, avec son papa. Ce dernier vous explique que Camille a mal dormi cette nuit et qu'elle a laissé 40 ml dans son biberon ce matin au lieu de boire ses 240 ml habituels. Quel nom portent ces renseignements que vous donne le papa de Camille ?
4. Quel est le stade d'acquisition du langage de Camille ?
5. Que pouvez-vous faire au niveau de la communication, au moment du change de Camille, pour qu'elle se sente en sécurité ?
6. Cet après-midi, une réunion est organisée à la crèche au sujet de l'organisation du dortoir de la section des bébés. Quel nom porte ce type de réunion ?
7. Ce matin, Victor, 10 mois, arrive à 9 heures avec son papa. Ce dernier vous ramène le cahier de bord de Victor rempli hier soir et ce matin. Définissez le cahier de bord.
8. Victor fait des triples syllabes. Lorsqu'il rentre dans la section, il se précipite sur une petite voiture rouge qu'il vient d'apercevoir. Que devez-vous lui dire pour stimuler son langage ?
9. Vers quel âge, Victor prononcera-t-il un mot phrase ?
10. Les parents de Victor ont choisi cette crèche pour ces heures d'ouverture et de fermeture qui sont de 6 h 30 à 19 h 30. Ils ont aussi beaucoup apprécié que la crèche soit ouverte toute l'année. Comment s'appelle ce paragraphe dans le projet d'établissement ?
11. Gustave, 3 mois, est entré à la crèche à 2 mois et demi. La période d'adaptation de Gustave a duré deux semaines. Ses parents sont très attentifs à leur enfant. Ce matin, ils vous décrivent les modes d'expression de Gustave pendant le week-end. Soulignez les bonnes réponses :

a.	Gustave fait des gazouillis	**A.** Vrai	**B.** Faux
b.	Gustave fait des monosyllabes	**A.** Vrai	**B.** Faux
c.	Gustave fait des vocalises	**A.** Vrai	**B.** Faux
d.	Gustave fait des syllabes redoublées	**A.** Vrai	**B.** Faux
e.	Gustave pousse des cris de joie ou de mécontentement	**A.** Vrai	**B.** Faux

12. Que peuvent faire les professionnels de la section des bébés pour stimuler le langage de Gustave ?
13. De nombreux mobiles aux couleurs vives sont suspendus dans la section des bébés. Quel est le principal rôle de ces mobiles dans le développement de l'enfant ?

14. Des tapis d'éveil sont disposés sur le sol. Que peuvent découvrir les enfants grâce à ces tapis d'éveil (quatre réponses attendues).
15. La directrice de la crèche collective « Les Petits Oursons » est infirmière puéricultrice et dirige cet EAJE depuis 5 ans. Citez deux autres structures (ou établissements) dans lesquels une infirmière puéricultrice peut travailler.

Proposition de corrigé

1. Les trois espaces qui ne sont pas accessibles aux parents sont : la cuisine, la zone de stockage pour les produits d'entretien et l'espace de repos du personnel.
2. Les autres professionnels qui exercent avec moi auprès de ces très jeunes nourrissons sont des auxiliaires de puériculture.
3. Ces renseignements que vous donne le papa de Camille s'appellent des transmissions orales.
4. Camille fait des lallations ou des babillages.
5. Au moment du change de Camille, je dois lui expliquer mes gestes pour qu'elle se sente en sécurité.
6. Ce type de réunion s'appelle une réunion d'équipe.
7. Le cahier de bord est un support de transmissions écrites qui est rempli au domicile par les parents, et à la crèche par les professionnels qui accueillent Victor.
8. Pour stimuler le langage de Victor, je dois lui dire « c'est une voiture ».
9. Victor prononcera un mot phrase vers 12 mois.
10. Dans le projet d'établissement, ce paragraphe s'appelle les prestations d'accueil.
11. **a.** Gustave fait des gazouillis. **A.** Vrai
    b. Gustave fait des monosyllabes. **B.** Faux
    c. Gustave fait des vocalises. **A.** Vrai
    d. Gustave fait des syllabes redoublées. **B.** Faux
    e. Gustave pousse des cris de joie ou de mécontentement. **A.** Vrai
12. Pour stimuler le langage de Gustave, les professionnels de la section des bébés doivent lui parler, répondre à ces gazouillis, être attentif à ses jeux vocaux et le solliciter en répétant les sons qu'il émet.
13. Le principal rôle de ces mobiles dans le développement de l'enfant est la stimulation visuelle.
14. Grâce à ces tapis d'éveil, les enfants peuvent découvrir les matières, les sons, les couleurs et les formes.
15. Une infirmière puéricultrice peut aussi travailler dans un centre de PMI ou dans un établissement hospitalier.

Deuxième exemple de sujet blanc

Vous êtes ATSEM dans la moyenne section d'une école maternelle.

1. Vous travaillez avec un professeur des écoles. Certaines règles de vie sont affichées dans la classe pour les rappeler aux enfants, qui doivent les respecter. Quels sont les deux principaux objectifs de ces règles de vie ?
2. Vous arrivez à 7 h 30 pour accueillir les enfants, hors temps scolaire. Citez les deux principales actions que vous devez assurer au moment de l'accueil de l'enfant et de ses parents.

3. Clémence, 4 ans et demi, a un frère de 8 ans qui est dans la même école primaire. Il est en CE2. L'école primaire comprend deux écoles.

   3.1. Quelles sont ces deux écoles ?

   3.2. Dans quel cycle se situe le CE2 ?

4. Clémence fait un dessin avec ses camarades. Elle gigote constamment sur sa chaise depuis le début de l'activité. Vous lui demandez : « As-tu envie d'aller aux toilettes ? » Celle-ci vous répond : « Oui, j'ai envie de faire pipi. » Complétez le tableau ci-dessous pour préciser les composantes de cette communication :

Émetteur	....
Récepteur	....
Message	....
Canal	....

5. Citez les trois étapes d'une bonne gestion d'une activité à l'école maternelle.

6. Citez quatre attitudes d'aide que vous devez avoir vis-à-vis des enfants pour le bon déroulement de cette activité de dessin.

7. Citez deux questions que vous pouvez poser aux enfants après l'activité de dessin pour en faire le bilan.

8. Après l'activité de dessin, que doivent faire les enfants avant de partir déjeuner ?

9. Vous allez ensuite procéder à un bionettoyage de la table. Citez le matériel dont vous avez besoin pour effectuer cette action en cochant les cases ci-dessous :

Un détergent-désinfectant	
Une éponge	
Une paire de gants stériles	
Un masque	
Une paire de gants jetables	
Une lavette	

10. Vous avez pris une photo des enfants avec leur dessin pour la donner à une publication du journal local. De quelle autorisation a besoin la directrice pour que cette photo soit publiée ?

11. Citez trois objectifs que vous poursuivez pour chaque enfant lors d'une activité en petit groupe ?

12. Après le déjeuner des enfants, vous mettez la machine à laver le linge en route. Le linge à laver comporte des serviettes de table et des draps de lit. Que pouvez-vous ajouter dans le compartiment de la machine à laver pour rendre le linge moins rêche ?

13. Cochez d'une croix les travaux ci-dessous qui sont réalisés par l'ATSEM dans une école maternelle :

Veille à l'état du matériel pédagogique	
Nettoie les jouets	
Participe à l'état de propreté des locaux	
Fait la dictée aux enfants tous les matins	
Isole les produits toxiques	
Prend en charge les enfants, seule	

14. Soulignez les bonnes réponses ci-dessous :

   a. Le directeur d'une école maternelle peut accéder à ce poste après un an de service effectif en tant que professeur des écoles. **A.** Vrai **B.** Faux

b. L'ATSEM doit être titulaire d'un CAP AEPE et reçue au concours. **A.** Vrai **B.** Faux

c. Un master 2 correspond à un bac+5. **A.** Vrai **B.** Faux

d. Un professeur des écoles doit être reçu au CRPE. **A.** Vrai **B.** Faux

e. Certains enfants présentant des besoins éducatifs particuliers doivent être pris en charge par des enseignants spécialisés. **A.** Vrai **B.** Faux

Proposition de corrigé

1. Les deux principaux objectifs de ces règles de vie sont de permettre la socialisation de l'enfant et son apprentissage de la vie en collectivité.

2. Les deux principales actions que je dois assurer au moment de l'accueil de l'enfant et de ses parents sont : accompagner la séparation entre l'enfant et ses parents, et écouter attentivement les transmissions orales des parents.

3. **3.1.** L'école primaire comprend l'école maternelle et l'école élémentaire.

3.2. Le CE2 se situe dans le cycle 2.

4. Voir le tableau ci-dessous :

Émetteur	Moi
Récepteur	Clémence
Message	« As-tu envie d'aller aux toilettes ? »
Canal	Auditif

5. Les trois étapes d'une bonne gestion d'une activité à l'école maternelle sont : la préparation, le déroulement et le rangement.

6. Les quatre attitudes d'aide que je dois avoir vis-à-vis des enfants pour le bon déroulement de cette activité de dessin sont : conseiller, orienter, communiquer et sécuriser.

7. Les deux questions que je peux poser aux enfants après l'activité de dessin pour en faire le bilan sont : Qu'avez-vous aimé dans cette activité ? Auriez-vous voulu plus de temps pour dessiner ?

8. Après l'activité de dessin, les enfants doivent se laver les mains avant de partir déjeuner.

9. Voir le tableau ci-dessous :

Un détergent-désinfectant	X
Une éponge	
Une paire de gants stériles	
Un masque	X*
Une paire de gants jetables	X
Une lavette	X

* Nécessaire en période pandémique.

10. La directrice a besoin d'une autorisation de droit à l'image signée par chaque parent pour que cette photo soit publiée.

11. Lors d'une activité en petit groupe, je dois favoriser pour chaque enfant l'autonomie, le langage et l'imaginaire.

12. Je peux ajouter un adoucissant ou un assouplissant dans le compartiment de la machine à laver pour rendre le linge moins rêche.

13.

Veille à l'état du matériel pédagogique	X
Nettoie les jouets	X
Participe à l'état de propreté des locaux	X
Fait la dictée aux enfants tous les matins	
Isole les produits toxiques	X
Prend en charge les enfants, seule	

14. **a.** Le directeur d'une école maternelle peut accéder à ce poste après un an de service effectif en tant que professeur des écoles. **B.** Faux

b. L'ATSEM doit être titulaire d'un CAP AEPE et reçue au concours. **A.** Vrai

c. Un master 2 correspond à un bac+5. **B.** Faux

d. Un professeur des écoles doit être reçu au CRPE. **A.** Vrai

e. Certains enfants présentant des besoins éducatifs particuliers doivent être pris en charge par des enseignants spécialisés. **A.** Vrai

Troisième exemple de sujet blanc

Vous êtes employée, titulaire du CAP AEPE dans la micro-crèche « Les Moussaillons ».

1. Combien d'enfants, au maximum, peuvent être accueillis dans une micro-crèche ?

2. Gabriel, 30 mois, a acquis la propreté diurne. Il s'installe seul sur l'un des deux petits WC lorsqu'il en a besoin. À quel endroit doivent être installées ces toilettes pour permettre l'intimité de Gabriel ?

3. Gabriel parle très bien. Il est arrivé à la crèche à 3 mois. Précisez dans le tableau ci-dessous les différentes grandes étapes du langage de Gabriel de l'âge de 1 an à 2 ans en l'illustrant d'un exemple :

Âge	Langage	Exemple
1 an		
15/18 mois		
2 ans		

4. Vous décidez de faire une activité lecture avec Gabriel et deux autres enfants, Clémentine, 28 mois, et Emmanuel, 34 mois. Vous dialoguez avec votre collègue sur le choix des livres. De quelle forme et de quel type de communication s'agit-il lorsque vous dialoguez avec votre collègue ?

5. Quelles sont les trois autres activités qui pourraient stimuler le langage de Gabriel, Clémentine et Emmanuel ?

6. Avant de venir dans cette micro-crèche, Clémentine et Emmanuel sont allés dans d'autres modes d'accueil. Parmi les modes d'accueil dans le tableau ci-dessous, précisez s'il s'agit d'un mode d'accueil « collectif » ou « familial » :

Crèche collective	
Maison d'assistante maternelle (MAM)	
Micro-crèche	
Jardin d'enfants	
Assistante maternelle agréée (AMA)	
Halte-garderie	

Crèche parentale	
Crèche familiale	

7. Clémentine est allée dans une crèche familiale. Était-elle accueillie par une assistante maternelle agréée à domicile ? Ou était-elle gardée par ses parents dans les locaux de la crèche familiale ?
8. Le directeur de cette micro-crèche est un « EJE » : que signifie ce sigle ?
9. Emmanuel a été accueilli dans une MAM. Les assistants maternels travaillant dans une MAM sont-ils agréés ?
10. Gabriel, Clémentine et Emmanuel apprécient les jeux symboliques. Comment doit être aménagé l'espace pour que ces trois enfants puissent jouer en interaction ?
11. Emmanuel parle très bien, comme un enfant de 3 ans. Soulignez les bonnes réponses :
    a. Emmanuel connaît trois mots. **A.** Vrai **B.** Faux
    b. Emmanuel fait des phrases grammaticalement correctes. **A.** Vrai **B.** Faux
    c. Emmanuel emploie le « je ». **A.** Vrai **B.** Faux
    d. Emmanuel pose beaucoup de questions. **A.** Vrai **B.** Faux
    e. Emmanuel a un langage global significatif. **A.** Vrai **B.** Faux
12. La semaine prochaine, une auxiliaire de puériculture de l'équipe doit s'absenter une journée pour faire un stage de formation. Citez les deux principaux objectifs de ce stage de formation pour cette auxiliaire de puériculture.
13. Une nouvelle auxiliaire de puériculture doit arriver demain. Elle a signé un contrat à durée indéterminé (CDI). Auparavant, elle travaillait dans un hôpital privé. En tant qu'auxiliaire de puériculture, dans quels services a-t-elle pu travailler (deux services au minimum) ?
14. Citez une autre structure dans laquelle une auxiliaire de puériculture peut travailler.

Proposition de corrigé

1. Douze enfants, au maximum, peuvent être accueillis dans une micro-crèche.
2. Ces toilettes doivent être installées dans l'espace sanitaire, à l'écart, permettant ainsi de respecter l'intimité de Gabriel.
3. Voir dans le tableau ci-dessous :

Âge	Langage	Exemple
1 an	Mot phrase	Dodo
15/18 mois	Langage global significatif	Gabriel dodo
2 ans	Phrase explicite grammaticalement incorrecte	Gabriel veut dodo

4. Lorsque je dialogue avec ma collègue, il s'agit d'une communication verbale et interpersonnelle.
5. Les trois autres activités qui pourraient stimuler le langage de Gabriel, Clémentine et Emmanuel sont : les comptines, les chansons et les marionnettes.
6. Voir le tableau ci-dessous :

Crèche collective	Collectif
Maison d'assistante maternelle (MAM)	Familial
Micro-crèche	Collectif
Jardin d'enfants	Collectif
Assistante maternelle agréée (AMA)	Familial

Halte-garderie	Collectif
Crèche parentale	Collectif
Crèche familiale	Familial

7. Clémentine était accueillie par une assistante maternelle agréée (AMA) à domicile.
8. Ce sigle signifie « éducateur de jeunes enfants ».
9. Oui, les assistants maternels travaillant dans une MAM sont aussi agréés.
10. L'espace doit être aménagé en petits coins pour que ces trois enfants puissent jouer en interaction (coin cuisine, coin livres, coin poupées).
11. **a.** Emmanuel connaît trois mots. **B.** Faux
    b. Emmanuel fait des phrases grammaticalement correctes. **A.** Vrai
    c. Emmanuel emploie le « je ». **A.** Vrai
    d. Emmanuel pose beaucoup de questions. **A.** Vrai
    e. Emmanuel a un langage global significatif. **B.** Faux
12. Les deux principaux objectifs de ce stage de formation sont d'actualiser ses connaissances et d'affiner ses compétences.
13. En tant qu'auxiliaire de puériculture, elle a pu travailler dans un service de maternité ou dans un service de pédiatrie.
14. Une auxiliaire de puériculture peut travailler dans un centre de PMI.

Quatrième exemple de sujet blanc

Vous êtes titulaire du CAP AEPE et vous travaillez dans une crèche collective municipale, « Les petits aventuriers ».
La directrice est infirmière puéricultrice.
Les enfants de la crèche sont répartis par famille, « en âges mélangés ». Elle a une capacité de 40 enfants, répartis en trois sections nommées : les oursons ; les chatons ; les lionceaux.
Vous travaillez dans une section avec deux autres professionnelles, Katia et Douchka, qui sont auxiliaires de puériculture. Une éducatrice de jeunes enfants, Véronique, travaille sur les trois sections.
Une psychomotricienne, Mathilde, vient quatre matinées par semaine de 9 heures à 11 heures.
Vous travaillez dans la section « les chatons » qui accueille 12 enfants âgés de quatre mois à trois ans. Vous prenez soin plus particulièrement de cinq enfants, présents de 8 heures à 18 heures :
Hector, 2 ans, est un petit garçon très curieux et tonique. Il s'exprime avec des phrases grammaticalement incorrectes. Il aime peindre avec ses doigts et grimper sur les coussins, les petites chaises, les petits meubles. Il apprécie beaucoup les jeux de manipulation et les jeux moteurs.
Maxime, 26 mois, est un garçon plus calme et très réservé. Il fait des phrases grammaticalement correctes mais parle peu. Il se fait souvent comprendre en montrant du doigt. Il préfère les jeux calmes comme les puzzles, les lotos, les jeux de construction et les Legos. Il apprécie moins les activités motrices.
Aujourd'hui, Maxime a le nez qui coule, il a beaucoup pleuré lors de la séparation avec sa maman.
Pia, 9 mois, est une petite fille enjouée et toujours souriante. Elle se met assise toute seule et se déplace en rampant. Elle sait se tourner du ventre sur le dos et du dos sur le ventre. Elle attrape les jouets en pince fine. Elle dort une heure le matin de 10 heures à 11 heures environ.
Sophie, 12 mois, est une petite fille timide et très sensible. Elle se tient debout et peut marcher avec appui. Elle se déplace à quatre pattes pour atteindre ses jouets. Elle fait une sieste le matin de 45 minutes environ vers 10 h 30.

Georges, 3 ans, est le plus âgé de la section. Il s'exprime avec des phrases grammaticalement correctes. Son vocabulaire est riche. Il a acquis la propreté depuis un mois environ. Il doit rentrer à l'école maternelle au mois de septembre. Il aime particulièrement le toboggan et jouer avec ses copains de 2 ans et plus, Maxime et Hector. Il fait toujours avec enthousiasme des jeux d'eau et des jeux moteurs dans le jardin de la crèche. Il apprécie aussi beaucoup les jeux symboliques : le coin atelier et le coin garage.

1. Compléter le tableau ci-dessous en précisant le stade d'acquisition du langage de Pia et de Sophie et en donnant deux exemples pour l'illustrer.

Pia	Sophie
Stade d'acquisition du langage	Stade d'acquisition du langage
2 exemples	2 exemples

2. Citez trois situations de soins qui peuvent permettre d'établir un échange verbal avec Pia et Sophie au cours de la journée.

....

....

3. Citez quatre moyens pour stimuler et participer à l'acquisition du langage de Maxime et d'Hector.

....

....

....

4. Au cours de la journée, vous faites des transmissions écrites et orales.

4.1. Quels sont les deux supports de transmissions écrites que vous pouvez employer dans une crèche collective ?

....

....

4.2. Citez quatre précisions obligatoires pour que l'on puisse vous identifier.

....

....

5. Vous donnez un biberon de 210 ml à Pia à 16 heures pour le goûter.

Citez trois points importants que vous devrez transmettre oralement à sa maman, ce soir, à propos du goûter de Pia.

....

....

....

6. Quelles sont les trois personnes qui font partie du personnel de la crèche avec lesquelles vous avez une communication interpersonnelle quotidienne à propos des enfants ?

....

....

7. Après chaque change, vous devez faire un bionettoyage du matelas de change.

De quel matériel avez-vous besoin pour effectuer cette tâche ?

....

....

8. Complétez le tableau ci-dessous pour transmettre par écrit vos soins et vos activités le 8 juin 2020.

Sophie a fait une sieste entre 13 h 30 et 15 heures.

À 15 heures, je change Sophie qui a eu une selle normale et des urines.

À 15 h 15, je fais une toilette du visage et un brossage de ses cheveux.

À 15 h 30, Sophie fait des jeux d'éveil en attendant le goûter (pyramides d'anneaux, cubes gigognes).

À 16 heures, Sophie a bu tout son biberon de 250 ml de lait croissance. Sophie a fait deux rôts et une petite régurgitation au cours du deuxième rôt.

Heures	Soins	Activités	Repas	Siestes	Observations

9. À 15 h 30, où pouvez-vous installer Pia pour lui faire bénéficier des jeux d'éveil avant le goûter ?

....

10. Citez deux aménagements dans la section qui permettent à Maxime et à Hector de faire :
– de la pâte à modeler et des jeux d'encastrement

....

– des jeux symboliques (ou d'imitation)

....

11. Vous travaillez dans une crèche collective municipale. S'agit-il d'une gestion publique ou d'une gestion privée ?

....

12. Georges doit rentrer à l'école maternelle au mois de septembre.

12.1. Il va déjeuner à l'école. Le temps de restauration à l'école maternelle est-il un temps périscolaire ? Cochez la bonne réponse. ☐ **A.** Oui ☐ **B.** Non

12.2. Après le retour de Georges à son domicile, il s'agit :
☐ **A.** d'un temps périscolaire ☐ **B.** d'un temps extrascolaire

13. Pendant combien de semaines Georges ira-t-il à l'école maternelle, selon le calendrier officiel ?

14. Citez les deux principaux professionnels qui interviendront dans la petite section de l'école maternelle où ira Georges au mois de septembre.

15. Quelle sera la place des parents de Georges à l'école maternelle (trois réponses attendues) ?

Proposition de corrigé

1. Voir le tableau ci-dessous :

Pia	Sophie
Stade d'acquisition du langage Perfectionnement des monosyllabes ou syllabes redoublées	Stade d'acquisition du langage Mot phrase
Exemples Ma, ma Ta, ta	Exemples Dodo Papa

2. Les trois situations de soins qui peuvent permettre d'établir un échange verbal avec Pia et Sophie sont : le change ; les soins du visage ; le coucher au moment de la sieste.

3. Les quatre moyens pour stimuler et participer à l'acquisition du langage de Maxime et d'Hector sont :
– lire des livres, chanter des comptines (ou des chansons) ;
– être attentif à ce que dit chaque enfant ;
– répondre aux questions de chaque enfant ;
– employer des mots simples et des phrases construites.

4. **4.1.** Les deux supports de transmissions écrites que vous pouvez employer dans une crèche collective sont : le cahier ou classeur de transmissions ; la feuille de rythme.

4.2. Je dois préciser pour que l'on puisse m'identifier : mon nom ; mon prénom ; ma qualification ; ma signature.

5. Les trois points importants que je dois transmettre oralement à sa maman, ce soir, à propos du goûter de Pia sont : la quantité bue ; d'éventuelles régurgitations et le nombre de rôts ; la relation avec Pia pendant le goûter.

6. Les trois personnes qui font partie du personnel de la crèche avec lesquelles j'ai une communication interpersonnelle quotidienne à propos des enfants sont : les deux auxiliaires de puériculture (Katia et Douchka) ; l'éducatrice de jeunes enfants (Véronique).

7. Après chaque change, pour faire un bionettoyage du matelas de change, j'ai besoin : d'un produit détergent-désinfectant ; d'une lavette ; d'une paire de gants jetables ; d'un masque en période pandémique.

8. Voir le tableau ci-dessous :
Prénom : Sophie
Date : 08/06/2020

Heures	Soins	Activités	Repas	Siestes	Observations
15 heures				Sophie a dormi de 13 h 30 à 15 heures	
15 heures	Change				Sophie a eu une selle normale et des urines
15 h 15	Toilette du visage et brossage des cheveux				
15 h 30		Sophie a fait des jeux d'éveil de 15 h 30 à 16 heures			Pyramides d'anneaux, cubes gigognes
16 heures			Sophie a bu tout son biberon de 250 ml de lait de croissance		Sophie a fait 2 rôts et une petite régurgitation lors du 2e rôt

9. À 15 h 30, avant le goûter, je peux installer Pia pour lui faire bénéficier des jeux d'éveil : sur le tapis en mousse avec des jouets ; sur le tapis d'éveil.

10. Les deux aménagements qui permettent à Maxime et à Hector de faire :

De la pâte à modeler et des jeux d'encastrement	Des jeux symboliques
Une petite table avec 2 petites chaises	Des petits coins jeux : coin poupée, coin ferme, coin garage…

11. Il s'agit d'une gestion publique.

12. **12.1.** Oui, le temps de restauration à l'école maternelle est un temps périscolaire.

12.2. Après le retour de Georges à son domicile, il s'agit : **B.** d'un temps extrascolaire

13. Georges ira à l'école maternelle, selon le calendrier officiel, pendant 36 semaines.

14. Les deux principaux professionnels qui interviendront dans la petite section de l'école maternelle où ira Georges au mois de septembre sont : un professeur des écoles et un agent territorial spécialisé des écoles maternelles (ATSEM).

15. Les parents de Georges peuvent :
– représenter les parents d'élèves au moment des conseils d'école ;
– participer aux rencontres entre parents et enseignants ;
– accompagner les enfants au cours des sorties scolaires.

Un sujet d'annales

Voici un sujet d'annales de septembre 2020 (épreuve ponctuelle). ***(Durée 1 h 30 – coefficient 4)***

Mise en situation professionnelle

Vous intervenez depuis 3 ans en tant qu'agent territorial spécialisé en école maternelle (ATSEM) à l'école maternelle Robert Doisneau située à Saint-Denis dans le département de la Seine-Saint-Denis.
L'école reçoit 268 enfants répartis dans 11 classes :
- 3 classes de petite section (PS) de 25 enfants chacune ;
- 1 classe de petite et moyenne section de 26 enfants ;
- 3 classes de moyenne section de 25 enfants chacune ;
- 4 classes de grande section de 23 enfants chacune.

Cette année, vous travaillez les lundis et mardis, auprès de Madame Danièle, dans la classe de double niveau (petite et moyenne section) et les autres jours auprès de Monsieur Mohamed, dans la classe de grande section.
Un jour par semaine, vous participez à la remise en état du restaurant scolaire.
Les autres jours, vous assurez la garderie périscolaire du matin ou du soir selon votre emploi du temps ainsi que le nettoyage de la salle de classe et des sanitaires en fin de journée.
Aujourd'hui, vous encadrez la sortie au parc forestier de Sevran.

Madame Danièle, organise une sortie au parc forestier de la Poudrerie à Sevran autour du thème de l'automne. Le déplacement se fait en bus. Les enfants ramasseront des feuilles de toutes les couleurs, des pommes de pin ainsi que des marrons pour réaliser un atelier créatif. La professeure des écoles vous demandera de conter des histoires au moment du temps calme. Vous préparez et participez à cette sortie.

1. Indiquer le nombre d'accompagnants à cette sortie scolaire et justifiez votre réponse. (Annexe 1)

....

....

....

....

2. Compléter le tableau en précisant votre rôle d 'ATSEM avant, pendant et après la sortie scolaire en forêt. (Annexe 2).

	Votre rôle en tant qu'ATSEM
Avant la sortie	• …… • …… • …… • ……
Dans le parc	• …… • ……
Au retour à l'école	• …… • ……

3. Citer deux précautions que vous prenez afin que le trajet en car soit sécurisé.

……

……

Au moment de monter dans le car, Théo et Fatima se disputent pour se mettre en premier dans le rang. Vous intervenez en leur expliquant que c'est au tour de Yanis et d'Emma de se ranger devant. Emma vous fait part de sa peur de monter dans le car, elle présente un léger bégaiement.

4. Indiquer quatre attitudes appropriées que vous adoptez avec Théo et Fatima.

……

……

……

……

5. Précisez votre rôle auprès d'Emma :

5.1. Pour monter dans le car (2 réponses attendues)

……

……

5.2. Par rapport à son bégaiement. (2 réponses attendues)

……

……

À partir de l'Annexe 3

6. Présenter votre aménagement de l'espace adapté à l'activité lecture en forêt pour assurer le bon déroulement de celle-ci. (2 réponses attendues).

……

……

7. Citer quatre techniques de lecture que vous pouvez utiliser pour rendre votre lecture plus « vivante ».

……

……

……

……

8. Relever quatre intérêts de l'activité lecture que vous avez animée.

……

....

....

....

Le lendemain de la sortie, vous accueillez le papa de Yanis. Il est furieux car la veille, son fils est revenu avec son pantalon décousu et taché de boue et personne ne le lui a signalé. Vous lui expliquez calmement ce qui s'est passé.

9. Identifier la forme de communication que vous utilisez dans cette situation.

....

10. Proposer deux attitudes que vous adoptez face à cette situation de communication orale difficile.

....

....

11. Préciser deux autres moyens de communication que vous auriez pu utiliser avec les parents de Yanis, pour éviter cet échange difficile.

....

....

Aujourd'hui vous êtes en charge de la remise en état du restaurant scolaire. Une note de service vous informe qu'une épidémie de gastro-entérite sévit actuellement au sein de l'école.

À partir de l'annexe 4

12. Indiquer la technique de nettoyage que vous allez mettre en œuvre lors de la remise en état des tables et des chaises du restaurant scolaire. Justifier l'intérêt de cette technique.

Technique : ....

Justifications : ....

....

....

13. Indiquer en complétant le tableau ci-dessous les matériels et produits pouvant être utilisés pour effectuer la remise en état des tables et des chaises.

	Matériels	Produit(s) utilisé(s)
Remise en état des tables et des chaises	• .... •	• ....

14. Au regard de la situation, justifier les deux étapes du mode opératoire qu'il vous est recommandé de suivre.

14.1. Se mettre en tenue professionnelle (deux réponses attendues).

....

....

14.2. Aérer la pièce (deux réponses attendues).

....

....

15. Indiquer le lieu de stockage des produits d'entretien à la fin du nettoyage du réfectoire

....

16. Énoncer une règle de sécurité, d'économie et d'ergonomie à respecter lors de l'entretien des tables en complétant le tableau suivant :

Règle de sécurité	• ....
Règle d'économie	• ....
Règle d'ergonomie	• ....

Vous terminez l'entretien du restaurant scolaire (en carrelage) par le lavage du sol.

17. Justifier par trois arguments, l'utilisation du balai rasant.

....

....

....

18. Une fois fini, vous entretenez et rangez le chariot de ménage. Citer quatre étapes de ce travail.

....

....

....

....

19. Justifier la nécessité d'entretenir régulièrement votre matériel. (2 réponses attendues)

....

....

Annexe1 : Taux minimum d'encadrement au cours de la vie collective selon les types de sorties scolaires

	Effectif	
	École maternelle, classe maternelle ou classe élémentaire avec section enfantine	École élémentaire
Sortie régulière	2 adultes au moins dont le maître de la classe, quel que soit l'effectif de la classe. Au-delà de 16 élèves, un adulte supplémentaire pour 8.	2 adultes au moins dont le maître de la classe, quel que soit l'effectif de la classe. Au-delà de 30 élèves, un adulte supplémentaire pour 15.
Sortie occasionnelle sans nuitée	2 adultes au moins dont le maître de la classe, quel que soit l'effectif de la classe. Au-delà de 16 élèves, un adulte supplémentaire pour 8.	2 adultes au moins dont le maître de la classe, quel que soit l'effectif de la classe. Au-delà de 30 élèves, un adulte supplémentaire pour 15.
Sortie avec nuitée(s)	2 adultes au moins dont le maître de la classe, quel que soit l'effectif de la classe. Au-delà de 16 élèves, un adulte supplémentaire pour 8.	2 adultes au moins dont le maître de la classe, quel que soit l'effectif de la classe. Au-delà de 20 élèves, un adulte supplémentaire pour 10.

https:llwww. education. qouv. frlbo/1999

Annexe 2 : Projet Pédagogique - Sortie occasionnelle sans nuitée.

<table>
<tr><td colspan="3">Nom de l'école : l'école maternelle Robert Doisneau</td></tr>
<tr><td>Enseignant</td><td colspan="2">Mme Danièle P</td></tr>
<tr><td>Lieu et date</td><td colspan="2">22/11/2019 Parc forestier de la Poudrerie à Sevran</td></tr>
<tr><td>Activités prévues</td><td colspan="2">• Découvertes des cinq sens : Sentir/ humer, écouter/entendre, goûter, voir/ observer, toucher/sentir.
• Observation : à partir de cartes représentant des formes naturelles, chercher un élément naturel correspondant, dans la nature.
• Mémorisation : recherche d'éléments naturels montrés précédemment, plusieurs éléments montrés simultanément et à se remémorer.
• Compréhension : quel est cet élément naturel (feuille, écorce, fleur, caillou, escargot, lichen, etc.), comment vit-il ? de quoi est-il fait ? ça se mange ?
• Création : Avec ces éléments naturels collectés, composition d'un tableau/ construction.</td></tr>
<tr><td>Objectifs pédagogiques</td><td colspan="2">SAVOIR :
• Sensibiliser les enfants au monde du vivant ;
• L'arbre, qui est-il ? Quelles sont ses relations avec les autres êtres vivants ? Comment fonctionne-t-il ?
SAVOIR-FAIRE :
• Développement des cinq sens en relation avec le milieu forestier (jeux et ateliers).
• Reconnaître des formes, des odeurs, des sons, des textures, des goûts, des couleurs.
• Observer/mémoriser/collecter
• Ouvrir à la créativité, utiliser les matériaux naturels comme éléments pour créer. En reconnaître leur qualité : doux, souple, dur, lourd, léger, résistant…
ÊTRE :
• Susciter un sentiment d'intérêt pour la nature; quelle place ai-je dans cette forêt, à quoi sert-elle ?
SAVOIR-ÊTRE :
• Apprendre à respecter tout être vivant, qu'il soit animal, végétal ou minéral.
• Apprentissage de gestes : ce que je peux faire, ce qui n'est pas souhaitable, pour être en harmonie avec ce qui m'entoure.</td></tr>
<tr><td>Lien avec le programme</td><td colspan="2">• Mobiliser le langage dans toutes ses dimensions
• Explorer le monde</td></tr>
<tr><td>Nombre d'élèves ne participant pas à la sortie</td><td>0</td><td>Dossier remis le 10/09/2019</td></tr>
<tr><td>Sortie autorisée</td><td>oui non</td><td>Motif du refus</td></tr>
<tr><td>Signature du Directeur, de la Directrice</td><td>Monsieur Séguin</td><td></td></tr>
</table>

CIRCULAIRE N°2005-001 DU 5-1-2005 stipule que « La circulaire n° 99-136 du 21 septembre 1999 demeure applicable.» **Objectifs généraux d'une sortie scolaire** (BO HS N°7 du 23 septembre 1999) Les activités pratiquées à l'occasion d'une sortie scolaire viennent nécessairement en appui des programmes. **Elles s'intègrent au projet d'école et au projet pédagogique de la classe. Chaque sortie, quelle qu'en**

soit la durée, nourrit un projet d'apprentissages, souvent pluridisciplinaire, au travers d'un programme minutieusement préparé dans lequel le nombre des sujets d'étude ou des activités pratiquées doit être limité.

Annexe 3 : L'activité lecture

- **Lieu**

Lieu calme et confortable, un espace conteur et un espace public.

- **Durée**

De 10 min pour les petits à 15-20 minutes pour les plus grands.

- **Intérêt de l'activité**

– Développement sensoriel : observer des images.
– Développement moteur: tourner les pages sans les abîmer.
– Développement intellectuel : développer le langage, la compréhension, l'observation et l'imagination.
– Découvrir l'univers du livre, la curiosité, l'intérêt de la lecture (moment d'évasion ......).
– Développement social : activité calme, activité culturelle.

- **Organisation**

– Introduire l'histoire par une phrase : « Toc-toc-toc, histoire es-tu là ? Chut, je dors. » « Toc-toc-toc, histoire es-tu là ? D'accord, je sors ».
– L'animateur rappelle la règle : « au pays des histoires, le silence est d'or ».
– L'animateur raconte l'histoire avec des gestes, des objets, montre les images ...
– L'animateur clôture l'histoire en formulant une petite phrase d'adieu ou souffle sur la bougie.

- **Support**

Le rapport du texte, de l'image et la nature du livre sont à considérer par rapport à l'âge de l'enfant.
– La manière de conter
Lire lentement ; les enfants ont besoin de temps.
Les enfants sont sensibles aux intonations de la voix pour « situer » le personnage qui parle.
La tonalité de la voix doit être douce pour faire entrer l'enfant dans une relation de confiance et d'émotions.
C'est le matin et en milieu d'après-midi que les enfants sont les plus réceptifs et disponible à l'écoute.
– Le vocabulaire
Utiliser un vocabulaire riche et varié sur des sujets adaptés à leur âge.
Éviter d'utiliser des pronoms : « il », « elle » car les enfants s'y perdent. Il vaut mieux répéter les noms des personnages.
– Les gestes
Si on utilise les gestes comme support, il est préférable de les faire avant ou après, mieux vaut éviter le pendant. Attention à faire des gestes simples.
– Les supports
Les objets comme les marionnettes, les dessins, les instruments, les photos, les images peuvent être des supports.
L'utilisation de comptines, de chansons, de jeux de doigts, de mains est la bienvenue.

Annexe 4 : Extrait d'un protocole de nettoyage en école maternelle.

Les produits utilisés sont :
- Le détergent-désinfectant pour sol en dosette
- Le détergent-désinfectant à contact alimentaire en pulvérisateur

Attention aux dosages, au gaspillage et à la sécurité.

Equipements/ matériels	Entretien après chaque utilisation	Entretien journalier	Entretien hebdomadaire
Table et chaise			
Jouets en plastique immergeables			
Sol		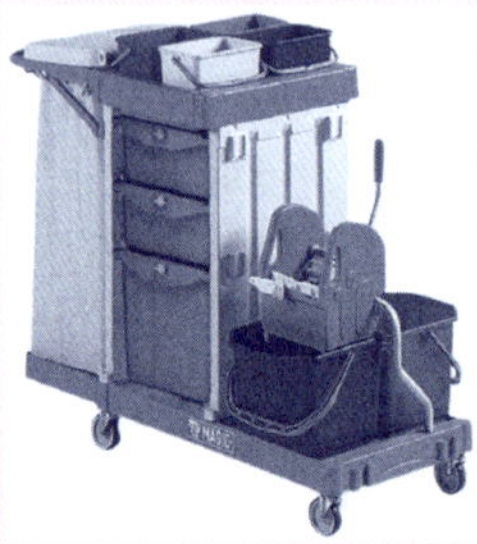	

Proposition de corrigé

1. Le nombre d'accompagnants à cette sortie scolaire et sa justification :

Il y a 26 enfants dans la classe de double niveau (petite et moyenne section) de Madame Danièle. Il faut donc 4 accompagnants pour la sortie au parc forestier de la Poudrerie. Pourquoi ?

– Il faut 2 adultes au moins (dont l'enseignant) quel que soit l'effectif de la classe.

– Il faut en plus 1 adulte pour 8 élèves car la classe dépasse l'effectif de 16 élèves.

2. Voir le tableau ci-dessous qui précise le rôle de l'ATSEM avant, pendant et après la sortie scolaire en forêt :

	Votre rôle en tant qu'A TSEM
Avant la sortie	• Préparation des étiquettes à mettre aux enfants • Accueil et appel des enfants • Accompagnement des enfants aux toilettes • Accompagnement des enfants pour l'habillage
Dans le parc	• Gestion du groupe d'enfants en accord avec l'enseignant •Assistance du professeur des écoles pour le bon déroulement de la sortie
Au retour à l'école	• Accompagnement des enfants aux toilettes • Aide au lavage des mains des enfants •Installation dans des bacs de tous les éléments naturels (marrons, feuilles et pommes de pin) ramassés par les enfants

3. Deux précautions à prendre afin que le trajet en car soit sécurisé :
– Vérifier que les enfants ont bien mis la ceinture de sécurité et les aider à la mettre si besoin.
– Rappeler aux enfants les consignes de sécurité (ne pas enlever sa ceinture de sécurité, ne pas se lever de sa place…).

4. 4 attitudes appropriées à adopter avec Théo et Fatima :
– Intervenir avec calme et détermination mais sans crier.
– Se mettre à la hauteur des enfants pour leur parler.
– Expliquer aux enfants que la première place ne leur est pas réservée mais que c'est chacun son tour.
– Expliquer aux enfants qu'il n'est pas utile de se disputer mais qu'il faut se parler gentiment.

5. Votre rôle auprès d'Emma :
Par rapport à la montée dans le car :
– Rassurer Emma et lui proposer de la prendre par la main pour monter les marches du car.
– Lui expliquer le déroulement du trajet dans le car.
Par rapport à son bégaiement :
– M'installer à sa hauteur pour la rassurer.
– Éviter de lui faire répéter sa phrase pour dédramatiser la situation.

6. Aménagement de l'espace adapté à l'activité lecture en forêt pour assurer le bon déroulement de celle-ci :
– J'installe dans un lieu calme un espace public et un espace conteur qui doivent être délimités et confortables.
– Je regroupe les enfants sur une toile de protection installée sur le sol et je m'assois face à eux.

7. 4 techniques de lecture utilisées pour rendre cette dernière plus vivante :
– Utilisation d'un rituel d'introduction à la lecture : toc-toc-toc, histoire es-tu là ?
– Lecture suffisamment lente en variant l'intonation en fonction de l'histoire.
– Utilisation d'une gestuelle (ou d'accessoires) adaptée à l'histoire.
– Observation des images.

8. 4 intérêts de cette activité lecture :
– Développement de l'imaginaire et du merveilleux.
– Enrichissement du vocabulaire.
– Acquisition de connaissances.
– Stimulation de l'écoute et de la concentration.

9. La forme de communication utilisée est la communication verbale.

10. 2 attitudes à adopter face à cette situation difficile :
– Maîtriser son stress et garder son calme.
– Expliquer au papa de Yanis avec un vocabulaire adapté que vous comprenez sa colère.

11. 2 autres moyens de communication avec les parents de Yanis pour éviter cet échange difficile :
– Le jour même, au retour de la sortie, dans un endroit calme, transmettre oralement aux parents de Yanis la situation (pantalon taché et décousu).
– Transmission écrite de la situation (pantalon taché et décousu) dans le cahier de transmissions.

12. Technique de nettoyage pour la remise en état des tables et des chaises du restaurant scolaire. Justification de l'intérêt de cette technique :
– Technique : bionettoyage.

– Justifications : la technique du bionettoyage permet d'enlever les salissures et d'éliminer les micro-organismes.

13. Voir le tableau complété ci-dessous pour la remise en état des tables et des chaises :

Matériels	Produit(s) utilisé(s)
• Bassines • Lavettes réservées aux surfaces alimentaires • Une paire de gants • Un masque*	Détergent-désinfectant à contact alimentaire (DDA)

*Nécessaire en période épidémique (pandémie).

14. Justification des 2 étapes du mode opératoire à suivre :

14.1. Se mettre en tenue professionnelle (2 réponses attendues) :
- afin d'éviter la propagation des micro-organismes et donc des risques de contamination ;
- afin d'éviter de se contaminer et de se salir.

14.2. Aérer la pièce (2 réponses attendues) :
- afin de diminuer ou d'éliminer les micro-organismes ;
- afin de renouveler l'air.

15. Le lieu de stockage des produits d'entretien :
Les produits d'entretien doivent être stockés dans un local inaccessible aux enfants et dans une armoire fermée à clé.

16. Respect des règles de sécurité, d'économie et d'ergonomie lors de l'entretien des tables dans le tableau ci-dessous :

Règle de sécurité	Effectuer le bionettoyage en l'absence des enfants
Règle d'économie	Respecter le dosage du produit détergent-désinfectant à contact alimentaire (DDA)
Règle d'ergonomie	Garder le dos droit en pliant les genoux si besoin

17. Justification de l'utilisation du balai rasant. Le balai rasant est :
- ergonomique ;
- hygiénique ;
- efficace.

18. Entretien et rangement du chariot de ménage. Les 4 étapes sont :
- vider la poubelle et les seaux, les laver et les rincer ;
- ranger les produits ;
- laver, rincer et essuyer le chariot de ménage ;
- vérifier les stocks et les réapprovisionner si besoin.

19. Justification de la nécessité d'entretenir le matériel :
- éviter la propagation des micro-organismes et les contaminations qui en découlent ;
- maintenir la qualité du matériel.

EP3

Exercer son activité en accueil individuel

Entraînement intensif 217

Exemple d'épreuve d'examen : 263

– projet d'accueil élaboré à partir d'un ensemble documentaire 263

– projet d'accueil réel qui prend appui sur le contexte d'intervention professionnel du domicile 278

FICHE 82

S'adapter à des situations imprévues

Répondez aux questions au crayon à papier pour pouvoir effacer et recommencer au cours de votre préparation. Chaque bonne réponse donne 1 point.

S'entraîner avec des QCM

Entourez la bonne réponse.

1. La collaboration entre parents et professionnels est primordiale pour l'équilibre psychologique de l'enfant. **A.** Vrai **B.** Faux

2. Face à un parent agressif, un assistant maternel agréé (AMA) indépendant doit faire un signalement à la PMI. **A.** Vrai **B.** Faux

3. Pour tout problème de santé, il faut appeler en priorité les parents.
A. Vrai **B.** Faux

4. Le dossier de santé de l'enfant doit être annexé :
A. au carnet de santé. **B.** au contrat d'accueil. **C.** au dossier.

5. Le professionnel doit :
A. respecter une juste distance professionnelle avec l'enfant.
B. remplacer la mère. **C.** remplacer la mère et le père.

S'entraîner avec des QROC

Répondez aux questions suivantes.

1. Citez deux raisons pour lesquelles un professionnel, dans le cadre d'un accueil à domicile, peut avoir des relations difficiles avec les parents.

....

....

2. Quelles sont les deux principales raisons pour lesquelles l'exercice de la parentalité est devenu si difficile ?

....

....

3. Vous êtes AMA indépendant. Qui devez-vous appeler en priorité face à ces problèmes de santé de l'enfant :

Diarrhée	....
Détresse respiratoire	....
Rhinopharyngite	....
Écoulement de pus dans l'oreille	....

S'entraîner en situation

Répondez aux questions suivantes.

Vous travaillez comme AMA dans une crèche familiale. À 16 heures, Romain, 2 ans, a 39 °C.

1. Qui devez-vous prévenir ?

....

2. Quel événement grave vous obligerait à appeler le Samu ?

....

Corrigés

S'entraîner avec des QCM

1. **A.**
2. **A.**
3. **B.** Un problème de santé grave peut exiger d'appeler en priorité le Samu ou les pompiers.
4. **B.**
5. **A.**

S'entraîner avec des QROC

1. Les deux raisons pour lesquelles un professionnel, dans le cadre d'un accueil à domicile, peut avoir des relations difficiles avec les parents sont :
– différences de points de vue au niveau de l'éducation de l'enfant ;
– communications divergentes entre les parents (surtout en cas de divorce, séparation ou famille recomposée).
2. Les deux principales raisons pour lesquelles l'exercice de la parentalité est devenu si difficile sont :
– une moindre disponibilité des parents contraints à des vies plus dures (chômage, séparation, difficultés financières, horaires décalés…) ;
– une éducation trop permissive de l'enfant à qui on ne sait plus dire « non ».
3.

Diarrhée	Les parents
Détresse respiratoire	Le Samu
Rhinopharyngite	Les parents
Écoulement de pus dans l'oreille	Les parents

S'entraîner en situation

1. Je dois prévenir la directrice de la crèche familiale et les parents.
2. L'événement grave qui m'obligerait à appeler le Samu serait que Romain convulse.

Auto-évaluation

1. Quelles sont mes erreurs ou mes lacunes ?
……………………………………………………………………
……………………………………………………………………
……………………………………………………………………
2. Quelle est ma note sur 10 ? …/10
3. Quels sont les mots que je n'ai pas compris ?
……………………………………………………………………
……………………………………………………………………
……………………………………………………………………

FICHE 83 Planification des activités et gestion des stocks

Répondez aux questions au crayon à papier pour pouvoir effacer et recommencer au cours de votre préparation. Chaque bonne réponse donne 1 point.

S'entraîner avec des QCM

Entourez la bonne réponse.

1. Il est obligatoire d'effectuer les tâches ménagères (aspiration mécanique, balayage humide…) lorsque l'enfant est présent à domicile.

A. Vrai **B.** Faux

2. L'AMA peut planifier les activités d'éveil pour la semaine.

A. Vrai **B.** Faux

3. Il est préférable de préparer en amont la pièce où se déroulent les jeux.

A. Vrai **B.** Faux

4. La date de péremption des produits :

A. doit être régulièrement vérifiée.

B. doit être régulièrement vérifiée pour gérer les stocks et vérifiée juste avant leur utilisation.

C. doit être vérifiée deux fois par an.

5. Avant d'ouvrir un produit :

A. il faut vérifier l'intégrité de l'emballage et la date de péremption.

B. il faut vérifier l'intégrité de l'emballage.

C. il faut vérifier la date de péremption.

S'entraîner avec des QROC

Répondez aux questions suivantes.

1. Pour quelles raisons l'AMA a tout intérêt à préparer les repas la veille ?

……………………………………………………………………………………………

……………………………………………………………………………………………

2. Quelles sont les trois principales planifications que doit effectuer l'AMA dans sa journée ?

……………………………………………………………………………………………

……………………………………………………………………………………………

3. Dans le domaine de la gestion des stocks, que signifie le sigle FIFO ?

……………………………………………………………………………………………

S'entraîner en situation

Répondez aux questions suivantes.

Vous travaillez comme assistant maternel agréé (AMA) à domicile. Ce soir, après le départ des enfants que vous gardez, vous devez vérifier vos stocks.

1. Citez deux avantages de la gestion de vos stocks.

……………………………………………………………………………………………

……………………………………………………………………………………………

2. Quel support pourrait vous aider à gérer ces stocks ?

……………………………………………………………………………………………

Corrigés

S'entraîner avec des QCM

1. **B.** Il est préférable d'effectuer les tâches ménagères lorsque l'enfant est absent, mais certaines tâches sont nécessaires lorsque l'enfant est présent à domicile (désinfection du matelas de change, nettoyage de la table...).
2. **A.**
3. **A.**
4. **C.**
5. **A.**

S'entraîner avec des QROC

1. L'AMA a tout intérêt à préparer les repas la veille car il a ainsi davantage de temps non seulement pour se consacrer entièrement aux activités et aux différents besoins de l'enfant, mais aussi pour élaborer des menus plus équilibrés et créatifs.
2. Les trois principales planifications que doit effectuer l'AMA dans sa journée sont :
   – la planification du temps (horaires) ;
   – la planification des activités (soins, jeux...) ;
   – la planification des espaces.
3. Dans le domaine de la gestion des stocks, le sigle FIFO signifie : *first in, first out* (premier entré, premier sorti).

S'entraîner en situation

1. Les deux avantages de la gestion de mes stocks sont :
   – de connaître les quantités de matériels et de produits que j'ai à ma disposition ;
   – de faire des économies en évitant des achats inutiles.
2. Une fiche de stock pourrait m'aider à les gérer.

Auto-évaluation

1. Quelles sont mes erreurs ou mes lacunes ?

   ....

   ....

   ....

2. Quelle est ma note sur 10 ? .../10
3. Quels sont les mots que je n'ai pas compris ?

   ....

   ....

   ....

FICHE 84

Le projet d'accueil

Répondez aux questions au crayon à papier pour pouvoir effacer et recommencer au cours de votre préparation. Chaque bonne réponse donne 1 point.

S'entraîner avec des QCM

Entourez la bonne réponse.

1. C'est l'assistant maternel agréé qui rédige le projet d'accueil. **A.** Vrai **B.** Faux

2. Le projet d'accueil doit être enrichi et réactualisé régulièrement. **A.** Vrai **B.** Faux

3. Le support du projet d'accueil doit être entièrement créé par l'AMA. **A.** Vrai **B.** Faux

4. Le projet d'accueil :
A. n'est pas obligatoire. **B.** est une démarche administrative obligatoire. **C.** est facultatif.

5. Pour formaliser un projet d'accueil :
A. les parents et l'AMA doivent dialoguer entre eux.
B. l'AMA décide de tout.
C. les parents doivent imposer leurs points de vue.

S'entraîner avec des QROC

Répondez aux questions suivantes.

1. Donnez une définition du projet d'accueil.

....

....

2. Citez sept points importants qui doivent être abordés et écrits dans le projet d'accueil.

....

....

....

....

....

....

3. Citez les deux principaux objectifs du projet d'accueil.

....

S'entraîner en situation

Répondez aux questions suivantes.

Vous travaillez comme assistant maternel agréé (AMA) à domicile depuis quelques jours. Ce soir, vous essayez de rédiger un projet d'accueil pour Juliette, 3 mois, qui commencera son adaptation la semaine prochaine. Vous avez rencontré les parents à plusieurs reprises.

1. Qui peut vous aider à rédiger ce document ?

....

2. Qui doit, par le dialogue et les échanges réguliers, et dès l'adaptation, vous permettre d'enrichir ce projet d'accueil ?

....

Corrigés

S'entraîner avec des QCM

1. **A.**
2. **A.**
3. **B.** Il existe des supports mis à disposition des AMA par les conseils départementaux.
4. **C.**
5. **A.**

S'entraîner avec des QROC

1. Le projet d'accueil est un document écrit qui doit préciser les modalités d'accueil du jeune enfant au domicile de l'assistant maternel agréé.
2. Les sept points importants qui doivent être abordés et écrits dans le projet d'accueil sont :
   – la période d'adaptation ;
   – l'alimentation ;
   – le sommeil ;
   – les soins d'hygiène et de confort ;
   – l'éveil ;
   – l'accueil si l'enfant est malade ;
   – les moments d'accueil et de retrouvailles,
3. Les deux principaux objectifs du projet d'accueil sont :
   l'analyse des besoins de l'enfant ; le respect de ses habitudes de vie.

S'entraîner en situation

1. Les puériculteurs du centre de PMI ou le Relais Petite Enfance peuvent m'aider dans cette démarche.
2. Ce sont les parents qui, par le dialogue et les échanges réguliers avec moi, et dès l'adaptation, me permettront d'enrichir ce projet d'accueil.

Auto-évaluation

1. Quelles sont mes erreurs ou mes lacunes ?
   ....
   ....
   ....
2. Quelle est ma note sur 10 ? .../10
3. Quels sont les mots que je n'ai pas compris ?
   ....
   ....
   ....

FICHE 85 La procédure d'agrément

Répondez aux questions au crayon à papier pour pouvoir effacer et recommencer au cours de votre préparation. Chaque bonne réponse donne 1 point.

S'entraîner avec des QCM

Entourez la bonne réponse.

1. L'agrément doit préciser le nombre et l'âge des enfants autorisés à être accueillis.
A. Vrai **B.** Faux

2. Un assistant maternel n'est pas obligé d'être agréé pour exercer son métier à domicile.
A. Vrai **B.** Faux

3. Les horaires d'accueil de l'enfant doivent être précisés dans l'agrément.
A. Vrai **B.** Faux

4. L'agrément a une durée renouvelable de :
A. 2 ans. **B.** 3 ans. **C.** 5 ans.

5. Pour instruire la demande d'un agrément, les services de PMI ont :
A. 3 mois. **B.** 3 semaines. **C.** I mois.

S'entraîner avec des QROC

Répondez aux questions suivantes.

1. Citez les deux principaux lieux ou structures dans lesquelles les AMA peuvent exercer.

....

....

2. Citez deux points importants que doivent vérifier les services de PMI, dans le lieu d'accueil, pour accorder l'agrément à une assistante maternelle.

....

....

3. Dans l'agrément, les propres enfants de l'AMA sont-ils inclus dans le nombre d'enfants autorisés à être accueillis ?

....

S'entraîner en situation

Répondez aux questions suivantes.

Vous travaillez comme assistant maternel agréé (AMA) à domicile depuis plusieurs semaines. Vous êtes de nationalité française. Une de vos amies souhaite aussi obtenir un agrément mais n'est pas de nationalité française.

1. Citez deux autres conditions possibles pour obtenir son agrément si la personne n'a pas la nationalité française.

....

....

2. Auprès de quels organismes votre amie doit-elle faire une demande d'agrément ?

....

Corrigés

S'entraîner avec des QCM

1. **A.**
2. **B.** Un assistant maternel est toujours obligé d'être agréé pour exercer.
3. **A.**
4. **C.**
5. **A.**

S'entraîner avec des QROC

1. Les deux principaux lieux ou structures dans lesquelles les AMA peuvent exercer sont :
   – chez eux (soit de façon indépendante soit dans une crèche familiale) ;
   – dans une MAM (Maison d'Assistant Maternel).
2. Pour accorder l'agrément à un assistant maternel, les deux points importants que doivent vérifier les services de PMI dans le lieu d'accueil sont la sécurité et l'hygiène.
3. Oui, dans l'agrément, les propres enfants de l'AMA qui ont moins de 3 ans sont inclus dans le nombre d'enfants autorisés à être accueillis.

S'entraîner en situation

1. Si la personne n'a pas la nationalité française, l'agrément est aussi possible pour les citoyens de l'Espace économique européen et pour les titulaires d'un titre de séjour les autorisant à exercer une activité professionnelle.
2. Mon amie doit faire une demande d'agrément auprès des services de PMI.

Auto-évaluation

1. Quelles sont mes erreurs ou mes lacunes ?

   ....

   ....

   ....

2. Quelle est ma note sur 10 ? .../10
3. Quels sont les mots que je n'ai pas compris ?

   ....

   ....

   ....

FICHE 86

L'embauche et le contrat de travail de l'AMA

Répondez aux questions au crayon à papier pour pouvoir effacer et recommencer au cours de votre préparation. Chaque bonne réponse donne 1 point.

S'entraîner avec des QCM

Entourez la bonne réponse.

1. Le particulier employeur doit vérifier l'assurance responsabilité civile professionnelle de l'AMA.
A. Vrai **B.** Faux

2. Le particulier employeur doit rédiger un contrat de travail par enfant accueilli. **A.** Vrai **B.** Faux

3. Seules les coordonnées de l'employeur sont inscrites dans le contrat de travail de l'AMA.
A. Vrai **B.** Faux

4. Faire visiter au particulier employeur les pièces auxquelles l'enfant aura accès :
A. n'est pas forcément obligatoire. **B.** est facultatif. **C.** est une obligation de l'AMA.

5. Le contrat de travail :
A. doit être daté, paraphé et signé. **B.** doit être daté et paraphé. **C.** doit être daté.

S'entraîner avec des QROC

Répondez aux questions suivantes.

1. Pour chacune des obligations ci-dessous, cochez dans le tableau si elle relève du salarié ou de l'employeur :

	Obligation relevant du salarié	Obligation relevant de l'employeur
A. Vérifier l'agrément.		
B. Établir un contrat écrit.		
C. Présenter l'attestation de suivi de formation.		
D. Conclure un contrat de travail écrit.		

2. Quel est le principal objectif d'un contrat de travail ?

....

3. Par qui est signé le contrat de travail ?

....

S'entraîner en situation

Répondez aux questions suivantes.

Vous travaillez comme assistant maternel agréé (AMA) dans une crèche familiale.

1. Devez-vous prendre une assurance responsabilité civile professionnelle ?

....

2. Dans 3 mois vous allez devenir AMA indépendant. Vous devrez donc conclure un contrat de travail établi par les parents employeurs. Citez cinq termes importants de ce contrat.

....

....

....

....

Corrigés

S'entraîner avec des QCM

1. **A.**
2. **A.**
3. **B.** Les coordonnées de l'employeur et de l'AMA sont inscrites dans le contrat de travail.
4. **C.**
5. **A.**

S'entraîner avec des QROC

1.

	Obligation relevant du salarié	Obligation relevant de l'employeur
A. Vérifier l'agrément.		X
B. Établir un contrat écrit.		X
C. Présenter l'attestation de suivi de formation.	X	
D. Conclure un contrat de travail écrit.	X	

2. Le principal objectif d'un contrat de travail est de formaliser les différents points sur lesquels le particulier employeur et le salarié se sont mis d'accord.
3. Le contrat de travail est signé par le particulier employeur et le salarié.

S'entraîner en situation

1. Non, il n'est pas utile de prendre une assurance responsabilité civile professionnelle car ma couverture par une assurance est prise en charge automatiquement par mon employeur.
2. Les cinq termes importants de ce contrat sont : la durée et les horaires d'accueil ; les congés payés ; la rémunération ; la période d'essai ; les indemnités d'entretien.

Auto-évaluation

1. Quelles sont mes erreurs ou mes lacunes ?

....

....

....

2. Quelle est ma note sur 10 ? …/10
3. Quels sont les mots que je n'ai pas compris ?

....

....

....

FICHE 87

Les interlocuteurs partenaires de l'AMA

Répondez aux questions au crayon à papier pour pouvoir effacer et recommencer au cours de votre préparation. Chaque bonne réponse donne 1 point.

S'entraîner avec des QCM

Entourez la bonne réponse.

1. Un AMA peut emprunter un jeu dans une ludothèque. **A.** Vrai **B.** Faux

2. Les médiathèques ne sont pas ouvertes aux AMA. **A.** Vrai **B.** Faux

3. Une sage-femme peut travailler en PMI. **A.** Vrai **B.** Faux

4. La PMI protège :
A. la mère et l'enfant. **B.** la future mère, la mère et l'enfant. **C.** l'enfant.

5. Dans un Relais Petite Enfance :
A. l'AMA peut dialoguer avec ses paires. **B.** un enfant peut venir à une consultation médicale.
C. une puéricultrice peut peser et mesurer un enfant.

S'entraîner avec des QROC

Répondez aux questions suivantes.

1. Citez les quatre principaux professionnels qui travaillent dans une PMI.

....

....

....

....

2. Quelles sont les cinq principales situations pour lesquelles l'AMA a un lien avec la PMI ?

....

....

....

....

3. Quelles sont les différentes personnes qui peuvent être accueillies et conseillées dans un Relais Petite Enfance ?

....

....

S'entraîner en situation

Répondez aux questions suivantes.
Vous travaillez comme assistant maternel agréé (AMA) indépendant. Aujourd'hui, vous allez au RAM avec Romain, 2 ans, pour participer à des ateliers éducatifs.

1. Quels types d'atelier éducatif pouvez-vous trouver dans un Relais Petite Enfance ?

....

....

2. Quels objectifs recherchez-vous pour Romain avec ces ateliers éducatifs ?

....

....

Corrigés

S'entraîner avec des QCM

1. A.

2. B. Les AMA peuvent aller dans les médiathèques avec les enfants.

3. A.

4. B.

5. A.

S'entraîner avec des QROC

1. Les quatre principaux professionnels qui travaillent dans une PMI sont : le médecin ; le puériculteur ; l'auxiliaire de puériculture ; le psychologue.

2. Les cinq principales situations pour lesquelles l'AMA a un lien avec la PMI sont :
– la demande d'agrément ;
– l'évaluation de la demande d'agrément (visites et entretiens à domicile) ;
– le renouvellement de l'agrément ;
– le contrôle du travail effectué à domicile ;
– les différents conseils et soutiens pour l'enfant accueilli.

3. Les différentes personnes qui peuvent être accueillies et conseillées dans un Relais Petite Enfance sont les parents ou les futurs parents, les AMA et les AMA avec les enfants qu'ils accueillent.

S'entraîner en situation

1. Dans un Relais Petite Enfance, je peux trouver de nombreux ateliers éducatifs comme des ateliers marionnettes, théâtre, musique, lecture de livres et de contes...

2. Dans ces ateliers éducatifs, je recherche pour Romain un développement de son éveil (langage, développement de la motricité fine...), de son imaginaire et de sa socialisation.

Auto-évaluation

1. Quelles sont mes erreurs ou mes lacunes ?

....

....

....

2. Quelle est ma note sur 10 ? .../10

3. Quels sont les mots que je n'ai pas compris ?

....

....

....

FICHE 88

La tenue professionnelle

Répondez aux questions au crayon à papier pour pouvoir effacer et recommencer au cours de votre préparation. Chaque bonne réponse donne 1 point.

S'entraîner avec des QCM

Entourez la bonne réponse.

1. À domicile, il n'est pas obligatoire d'attacher ses cheveux longs pour travailler.
A. Vrai **B.** Faux

2. Les bijoux et la montre au poignet sont des nids à germes.
A. Vrai **B.** Faux

3. Une tenue professionnelle doit être réservée uniquement pour le temps du travail.
A. Vrai **B.** Faux

4. Pour travailler, il faut avoir :
A. des chaussures confortables, plates et silencieuses.
B. des chaussures silencieuses.
C. des chaussures confortables et blanches.

5. Lorsque le professionnel a une rhino-pharyngite, il doit porter :
A. une charlotte. **B.** un masque et une charlotte. **C.** un masque.

S'entraîner avec des QROC

Répondez aux questions suivantes.

1. Quelles sont les deux raisons pour lesquelles un professionnel doit travailler avec des ongles courts ?

....

....

2. Citez les deux principaux objectifs de la tenue professionnelle.

....

....

3. Pourquoi le professionnel travaillant à son domicile doit-il avoir des chaussures réservées à son travail ?

....

S'entraîner en situation

Répondez aux questions suivantes.

Vous travaillez comme assistant maternel agréé (AMA) à votre domicile. Vous avez une tenue de ville composée d'un pantalon souple et d'un chemisier pour travailler.

1. Que devez-vous préciser pour que cette tenue soit adaptée sur le plan de l'hygiène ?

....

....

2. Quel est l'intérêt des chaussures plates que vous portez ?

....

....

Corrigés

S'entraîner avec des QCM

1. **B.** À domicile comme en accueil collectif, il est obligatoire d'attacher ses cheveux longs pour des raisons d'hygiène.
2. **A.**
3. **A.**
4. **A.**
5. **C.**

S'entraîner avec des QROC

1. Les deux raisons pour lesquelles un professionnel doit travailler avec des ongles courts sont :
   – la sécurité (les ongles longs risquent de blesser l'enfant) ;
   – l'hygiène (de nombreux germes peuvent stagner sous les ongles longs).
2. Les deux principaux objectifs de la tenue professionnelle sont :
   – d'éviter que le professionnel contamine l'enfant ;
   – d'éviter que l'enfant contamine le professionnel.
3. Le professionnel travaillant à domicile doit avoir des chaussures réservées à son travail pour des raisons d'hygiène. Les jeunes enfants jouant au sol, sur des tapis, il ne faut pas qu'ils puissent être contaminés par des germes venant de l'extérieur.

S'entraîner en situation

1. Pour que cette tenue soit adaptée sur le plan de l'hygiène, je dois préciser que ma tenue est réservée au temps de travail, que mon pantalon et mon chemisier sont de couleur claire pour visualiser les souillures et que mon chemisier doit avoir des manches courtes pour faciliter le lavage des mains et des poignets. Un masque est obligatoire à certains moments en période pandémique (transmissions avec les parents…)
2. Les chaussures plates que je porte me permettent une bonne stabilité, m'évitent de glisser et de chuter.

Auto-évaluation

1. Quelles sont mes erreurs ou mes lacunes ?

   ....

   ....

   ....

2. Quelle est ma note sur 10 ? …/10
3. Quels sont les mots que je n'ai pas compris ?

   ....

   ....

   ....

FICHE 89

L'hygiène des mains

Répondez aux questions au crayon à papier pour pouvoir effacer et recommencer au cours de votre préparation. Chaque bonne réponse donne 1 point.

S'entraîner avec des QCM

Entourez la bonne réponse.

1. À la fin de la friction des mains avec une solution hydroalcoolique (SHA), les mains doivent être encore humides. **A.** Vrai **B.** Faux

2. Une solution hydroalcoolique (SHA) doit être rincée. **A.** Vrai **B.** Faux

3. Pour se frictionner avec une SHA, il faut que ses mains soient visiblement propres, sèches et non poudrées. **A.** Vrai **B.** Faux

4. Le brossage des ongles :
A. ne doit plus être pratiqué.
B. doit être fait systématiquement tous les matins.
C. doit être pratiqué à chaque lavage de mains.

5. Lorsque le professionnel se lave les mains, il doit utiliser :
A. du savon en « pain ». **B.** du savon liquide. **C.** du SHA.

S'entraîner avec des QROC

Répondez aux questions suivantes.

1. Combien de temps doit durer un lavage des mains ?

....

2. Citez trois situations pour lesquelles il faut se laver les mains avant et après.

....

....

3. Que doit faire le professionnel avant d'appliquer la dose de savon pour se laver les mains ?

....

....

S'entraîner en situation

Répondez aux questions suivantes.

Vous travaillez comme assistant maternel agréé (AMA) à votre domicile. En changeant Émile, 8 mois, vous constatez qu'il a une diarrhée.

1. Après l'avoir changé, que devez-vous faire au niveau de l'hygiène de vos mains, en sachant que vous avez des traces de selles sur les doigts ?

....

....

2. Justifiez votre réponse.

....

....

Corrigés

S'entraîner avec des QCM

1. **B.** À la fin de la friction des mains avec une solution hydroalcoolique (SHA), les mains doivent être sèches.
2. **B.** Une solution hydroalcoolique (SHA) ne doit jamais être rincée.
3. **A.**
4. **A.**
5. **B.**

S'entraîner avec des QROC

1. Un lavage des mains doit durer 1 minute.
2. Il faut se laver les mains avant et après les soins d'hygiène et de confort (change, soins du visage…), avant et après le port de gants jetables, avant et après des activités de nettoyage.
3. Avant d'appliquer la dose de savon pour se laver les mains, le professionnel doit se mouiller les mains et les poignets.

S'entraîner en situation

1. Après l'avoir changé, je dois me laver les mains et me frictionner avec une SHA.
2. Je dois me laver les mains pour enlever les salissures et les traces de selles visibles et je dois me frictionner avec du SHA pour éviter de me contaminer, de contaminer d'autres enfants et des objets avec des germes présents dans les selles liquides.

Auto-évaluation

1. Quelles sont mes erreurs ou mes lacunes ?

....

....

....

2. Quelle est ma note sur 10 ? …/10
3. Quels sont les mots que je n'ai pas compris ?

....

....

....

FICHE 90

Les techniques d'entretien de la cuisine et des appareils électroménagers

Répondez aux questions au crayon à papier pour pouvoir effacer et recommencer au cours de votre préparation. Chaque bonne réponse donne 1 point.

S'entraîner avec des QCM

Entourez la bonne réponse.

1. Il ne faut pas mélanger les produits d'entretien entre eux. **A.** Vrai **B.** Faux

2. Des poêles en téflon rayées sont cancérigènes. **A.** Vrai **B.** Faux

3. Le micro-ondes doit être en tension lors de son entretien. **A.** Vrai **B.** Faux

4. Après son utilisation, il faut laver la vaisselle :
A. dans les 4 heures qui suivent.
B. dans les 2 heures qui suivent.
C. dans les 6 heures qui suivent.

5. L'intérieur du réfrigérateur doit être nettoyé au moins :
A. 2 fois par mois.
B. 1 fois par mois.
C. 1 fois par trimestre.

S'entraîner avec des QROC

Répondez aux questions suivantes.

1. Quels sont les deux produits que vous pouvez employer sans danger pour nettoyer un réfrigérateur ?

....

....

2. Si vous n'entretenez pas votre réfrigérateur, de nombreuses bactéries vont proliférer. Quels sont les quatre produits (ou éléments) qui peuvent être responsables de cette contamination bactérienne ?

....

....

3. Citez 4 matériels, en tissu ou en éponge, présents dans une cuisine et qui sont des nids à germes.

....

....

S'entraîner en situation

Répondez aux questions suivantes.

Vous travaillez comme assistant maternel agréé (AMA) à votre domicile. Ce soir, vous devez nettoyer le four à micro-ondes.

1. Que devez-vous faire avant, au niveau de votre préparation personnelle ?

....

....

2. Avant de commencer à le nettoyer, quels éléments devez-vous enlever dans le four à micro-ondes ?

....

....

Corrigés

S'entraîner avec des QCM

1. A.

2. A.

3. B. Le micro-ondes doit être hors tension lors de son entretien.

4. B.

5. A.

S'entraîner avec des QROC

1. Les deux produits que je peux employer sans danger pour nettoyer un réfrigérateur sont : les cristaux de soude ; le vinaigre blanc.

2. Les quatre produits (ou éléments) qui peuvent être responsables de cette contamination bactérienne sont :
– les emballages en carton ou en plastique ;
– des plats non protégés par un film plastique ou un couvercle ;
– les fruits et les légumes trop mûrs ou sales ;
– des coulures de sauces ou d'aliments.

3. Les quatre matériels (en tissu ou en éponge) présents dans une cuisine qui sont des nids à germes sont : les torchons ; les essuie-mains : les tabliers ; les éponges.

S'entraîner en situation

1. Au niveau de ma préparation personnelle, je dois me laver les mains et mettre des gants de ménage.

2. Je dois enlever, avant de commencer à nettoyer le four à micro-ondes, le plateau tournant et l'axe des roulettes.

Auto-évaluation

1. Quelles sont mes erreurs ou mes lacunes ?

....

....

....

2. Quelle est ma note sur 10 ? .../10

3. Quels sont les mots que je n'ai pas compris ?

....

....

....

FICHE 91 Les techniques de décontamination des locaux et des équipements

Répondez aux questions au crayon à papier pour pouvoir effacer et recommencer au cours de votre préparation. Chaque bonne réponse donne 1 point.

S'entraîner avec des QCM

Entourez la bonne réponse.

1. Il faut toujours finir l'entretien d'une pièce par le nettoyage du sol.
A. Vrai **B.** Faux

2. Il faut toujours vaporiser une dose de produit détergent-désinfectant directement sur la lavette.
A. Vrai **B.** Faux

3. Pour nettoyer une chaise haute, il faut commencer par le repose-pieds.
A. Vrai **B.** Faux

4. Il faut nettoyer et désinfecter les pots :
A. après chaque usage.
B. à la fin de la journée.
C. trois fois par jour.

5. Pour effectuer un bionettoyage, il faut employer :
A. une lavette en coton.
B. une lavette en microfibres.
C. une éponge.

S'entraîner avec des QROC

Répondez aux questions suivantes.

1. Énoncez la technique permettant d'effectuer un bionettoyage du matelas d'un lit à barreaux.

....

....

2. Citez les cinq matériels et produits dont vous avez besoin pour effectuer un bionettoyage des WC.

....

....

3. Mettez dans l'ordre adéquat, en les numérotant de 1 à 3, ces trois actions :
- Nettoyer les pieds du lit.
- Nettoyer la tête de lit.
- Nettoyer les montants du lit de haut en bas.

S'entraîner en situation

Répondez aux questions suivantes.

Vous travaillez comme assistant maternel agréé (AMA) à votre domicile. Ce soir, vous devez procéder au bionettoyage des deux lits à barreaux et de la chaise haute.

1. Quel est le but de l'entretien régulier de ce mobilier ?

....

....

2. Quel est le produit dont vous avez besoin pour effectuer l'entretien de ces lits et chaise haute.

....

Corrigés

S'entraîner avec des QCM

1. A.

2. A.

3. B. Pour nettoyer une chaise haute, il faut commencer par le dos et l'intérieur de l'assise.

4. A.

5. B.

S'entraîner avec des QROC

1. Pour effectuer un bionettoyage du matelas d'un lit à barreaux, il faut détourer le matelas puis passer au centre du matelas en zigzags sans jamais passer deux fois au même endroit. Ensuite, il faut réaliser la même opération sur l'envers du matelas.

2. Les cinq matériels et produits dont j'ai besoin pour effectuer un bionettoyage des WC sont : des gants de ménage (ou gants jetables) ; un détergent-désinfectant ; du détartrant ; la balayette des WC ; une lavette réservée aux WC.

3. L'ordre adéquat est :
– 1. Nettoyer la tête de lit.
– 2. Nettoyer les montants du lit de haut en bas.
– 3. Nettoyer les pieds du lit.

S'entraîner en situation

1. Le but de l'entretien régulier de ce mobilier est de limiter la propagation et la transmission des germes.

2. Le produit dont j'ai besoin pour effectuer l'entretien de ces lits et chaise haute est un détergent-désinfectant.

Auto-évaluation

1. Quelles sont mes erreurs ou mes lacunes ?

....

....

....

2. Quelle est ma note sur 10 ? .../10

3. Quels sont les mots que je n'ai pas compris ?

....

....

....

FICHE 92

Les risques toxicologiques

Répondez aux questions au crayon à papier pour pouvoir effacer et recommencer au cours de votre préparation. Chaque bonne réponse donne 1 point.

S'entraîner avec des QCM

Entourez la bonne réponse.

1. On trouve des perturbateurs endocriniens dans des produits de puériculture. **A.** Vrai **B.** Faux

2. Les perturbateurs endocriniens peuvent entraîner une puberté précoce. **A.** Vrai **B.** Faux

3. Les phtalates ne sont pas des perturbateurs endocriniens. **A.** Vrai **B.** Faux

4. Le parabène est un :
A. perturbateur endocrinien. **B.** tabac blond. **C.** nom de crème solaire.

5. Il est préférable d'éviter les produits toxiques comme :
A. le verre. **B.** le PVC. **C.** la porcelaine.

S'entraîner avec des QROC

Répondez aux questions suivantes.

1. Citez trois polluants qui peuvent être présents à l'intérieur de votre domicile.

....

....

....

2. Quels sont les trois principaux risques pour la santé d'un enfant exposé au tabagisme passif ?

....

....

3. Donnez une définition d'un perturbateur endocrinien.

....

....

S'entraîner en situation

Répondez aux questions suivantes.

Vous travaillez comme assistant maternel agréé (AMA) à votre domicile. Ce matin, vous voyez Delphine, 18 mois, toucher une très jolie fleur de la plante que vous ont offerte des amis que vous aviez invités à dîner hier soir. Puis, Delphine suce ses doigts qui ont pris la couleur de cette jolie fleur.

1. Que devez-vous faire immédiatement ?

....

....

2. Quelle méthode simple pouvez-vous appliquer pour éviter de rechercher le nom des plantes que vous avez chez vous ?

....

....

Corrigés

S'entraîner avec des QCM

1. **A.**
2. **A.**
3. **B.** Les phtalates sont des perturbateurs endocriniens.
4. **A.**
5. **B.**

S'entraîner avec des QROC

1. Les trois polluants qui peuvent être présents à l'intérieur du domicile sont :
   – certains produits ménagers ;
   – la fumée dégagée par le tabagisme ;
   – certaines plantes.
2. Les trois principaux risques pour la santé d'un enfant exposé au tabagisme passif sont :
   – les allergies (asthme, eczéma...) ;
   – les pneumopathies ;
   – les infections ORL.
3. Un perturbateur endocrinien est une substance étrangère à l'organisme qui interfère avec le système hormonal et entraîne donc un déséquilibre responsable de nombreuses pathologies.

S'entraîner en situation

1. Je dois mettre la plante dans un endroit inaccessible à Delphine, puis je dois appeler le Centre antipoison.
2. Pour éviter de rechercher le nom des plantes que j'ai chez moi, je dois systématiquement coller une étiquette sur le pot de toutes les plantes et y inscrire leur nom respectif.

Auto-évaluation

1. Quelles sont mes erreurs ou mes lacunes ?

   ....

   ....

   ....

2. Quelle est ma note sur 10 ? .../10
3. Quels sont les mots que je n'ai pas compris ?

   ....

   ....

   ....

FICHE 93

Le nettoyage des jouets

Répondez aux questions au crayon à papier pour pouvoir effacer et recommencer au cours de votre préparation. Chaque bonne réponse donne 1 point.

S'entraîner avec des QCM

Entourez la bonne réponse.

1. Les jouets en tissu ne peuvent pas être lavés. **A.** Vrai **B.** Faux

2. Les peluches doivent être nettoyées avec des sprays. **A.** Vrai **B.** Faux

3. Les jouets mécaniques ne peuvent pas être lavés avec une solution de détergent-désinfectant. **A.** Vrai **B.** Faux

4. Le bionettoyage des jouets doit être fait avec :
A. un détergent-désinfectant.
B. un détergent-désinfectant alimentaire.
C. un désinfectant.

5. Les cubes peuvent être nettoyés :
A. dans une machine à laver le linge.
B. par immersion.
C. par essuyage.

S'entraîner avec des QROC

Répondez aux questions suivantes.

1. Mettez dans l'ordre adéquat, en les numérotant de 1 à 4, ces quatre actions :
- Frottez les jouets avec la lavette.
- Disposez les jouets dans la bassine d'eau claire.
- Plongez les jouets dans une solution de détergent-désinfectant.
- Égouttez les jouets sur du papier à usage unique.

2. Quel matériel devez-vous préparer pour un bionettoyage par essuyage ?

....

3. Pourquoi faut-il employer un détergent-désinfectant alimentaire pour le bionettoyage des jouets ?

....

....

S'entraîner en situation

Répondez aux questions suivantes.

Vous travaillez comme assistant maternel agréé (AMA) à votre domicile. Ce soir, les enfants que vous accueillez sont partis. Vous nettoyez donc les jouets.

1. Pour quelle raison, devez-vous régulièrement nettoyer les jouets ?

....

....

2. Justifiez votre réponse.

....

....

Corrigés

S'entraîner avec des QCM

1. **B.** Les jouets en tissu peuvent être lavés en machine à laver le linge à la température qui est indiquée sur les étiquettes.
2. **B.** Les peluches peuvent être nettoyées en machine à laver le linge sauf contre-indication annoncée sur l'étiquette.
3. **A.**
4. **B.**
5. **B.**

S'entraîner avec des QROC

1. L'ordre adéquat est :
   – 1. Plongez les jouets dans une solution de détergent-désinfectant.
   – 2. Frottez les jouets avec la lavette.
   – 3. Disposez les jouets dans la bassine d'eau claire.
   – 4. Égouttez les jouets sur du papier à usage unique.
2. Pour un bionettoyage par essuyage, je dois préparer :
   une paire de gants à usage unique ; une solution de détergent-désinfectant alimentaire dans un vaporisateur ; une bassine d'eau ; deux lavettes ; du papier à usage unique ; un masque en période pandémique.
3. Il faut employer un détergent-désinfectant alimentaire pour le bionettoyage des jouets car l'enfant doit pouvoir mettre ses jouets à la bouche sans danger.

S'entraîner en situation

1. Je dois nettoyer les jouets régulièrement car ils sont vecteurs de nombreuses maladies infectieuses.
2. Une maladie infectieuse est une maladie qui peut se transmettre d'un enfant à l'autre, de façon indirecte, notamment par les jouets.

Auto-évaluation

1. Quelles sont mes erreurs ou mes lacunes ?
   ....
   ....
   ....
2. Quelle est ma note sur 10 ? .../10
3. Quels sont les mots que je n'ai pas compris ?
   ....
   ....
   ....

FICHE 94

Les besoins nutritionnels de l'enfant

Répondez aux questions au crayon à papier pour pouvoir effacer et recommencer au cours de votre préparation. Chaque bonne réponse donne 1 point.

S'entraîner avec des QCM

Entourez la bonne réponse.

1. Les acides gras essentiels sont synthétisés par l'organisme.
A. Vrai **B.** Faux

2. À partir de 6 mois, l'alimentation du nourrisson doit être suffisamment riche en fer.
A. Vrai **B.** Faux

3. Les laits infantiles sont tous enrichis en vitamine D.
A. Vrai **B.** Faux

4. Les protides sont formés : **A.** d'acides aminés. **B.** de saccharose. **C.** de sucre.

5. L'acide linoléique est : **A.** un protide. **B.** un lipide. **C.** un glucide.

S'entraîner avec des QROC

Répondez aux questions suivantes.

1. Citez trois noms de glucides simples.

....

....

....

2. Quel est le principal sel minéral qui constitue les dents et les os ?

....

3. Quels sont les trois principaux nutriments qui apportent l'énergie nécessaire au fonctionnement de l'organisme ?

....

....

....

S'entraîner en situation

Répondez aux questions suivantes.

Vous travaillez comme assistant maternel agréé (AMA) à domicile. Juliette, 8 mois, a une alimentation diversifiée et mange toujours de très bon appétit. En dialoguant avec la maman, vous apprenez que Juliette ne prend plus de vitamine D.

1. Que devez-vous lui expliquer ?

....

....

2. Quel est le rôle de la vitamine D ?

....

....

Corrigés

S'entraîner avec des QCM

1. **B.** Les acides gras essentiels ne sont pas synthétisés par l'organisme. Ils doivent absolument être fournis par l'alimentation.
2. **A.**
3. **A.**
4. **A.**
5. **B.**

S'entraîner avec des QROC

1. Les trois noms de glucides simples sont :
   – le saccharose ;
   – le fructose ;
   – le lactose.
2. Le principal sel minéral qui constitue les dents et les os est le calcium.
3. Les trois principaux nutriments qui apportent l'énergie nécessaire au fonctionnement de l'organisme sont :
   – les protides ;
   – les lipides ;
   – les glucides.

S'entraîner en situation

1. Je dois lui expliquer que l'apport en vitamine D dans les laits infantiles n'est pas suffisant pour couvrir les besoins de Juliette et qu'une supplémentation médicamenteuse, sur prescription médicale, est indispensable.
2. La vitamine D permet au calcium de se fixer sur les os et permet de prévenir le rachitisme.

Auto-évaluation

1. Quelles sont mes erreurs ou mes lacunes ?

   ....

   ....

   ....

2. Quelle est ma note sur 10 ? .../10
3. Quels sont les mots que je n'ai pas compris ?

   ....

   ....

   ....

FICHE 95 L'alimentation de l'enfant de 0 à 6 ans

Répondez aux questions au crayon à papier pour pouvoir effacer et recommencer au cours de votre préparation. Chaque bonne réponse donne 1 point.

S'entraîner avec des QCM

Entourez la bonne réponse.

1. À partir de 9 mois, au goûter, un enfant peut manger un yaourt à la place d'un biberon de lait de suite.

A. Vrai **B.** Faux

2. Pierre, 16 mois, peut boire du lait de vache.

A. Vrai **B.** Faux

3. Les laits infantiles sont tous enrichis en vitamines.

A. Vrai **B.** Faux

4. Les légumes verts doivent être introduits :

A. à 2 mois.
B. à 4 mois.
C. à 9 mois.

5. À 3 mois, le nourrisson alimenté au biberon est à :

A. 5 repas par jour.
B. 4 repas par jour.
C. 7 repas par jour.

S'entraîner avec des QROC

Répondez aux questions suivantes.

1. Citez quatre avantages du lait maternel pour l'enfant.

....

....

2. Dans quelle tranche d'âge doit-on commencer la diversification alimentaire ?

....

3. Quels sont les noms des 3 types de lait standard ?

....

....

S'entraîner en situation

Répondez aux questions suivantes.

Vous travaillez comme assistant maternel agréé (AMA) à domicile. Thomas, 8 mois, a une alimentation diversifiée. Ce week-end, sa maman a commencé à lui donner des lentilles.

1. Que devez-vous expliquer à la maman ?

....

....

2. À quel âge Thomas pourra-t-il manger des légumes secs ?

....

Corrigés

S'entraîner avec des QCM

1. **B.** À partir de 9 mois, au goûter, un enfant doit téter un biberon de lait de suite ou, s'il le refuse, manger un yaourt fait avec du lait de suite.
2. **B.** Pierre, 16 mois, doit boire du lait de croissance, riche en fer et en acides gras essentiels.
3. **A.**
4. **B.**
5. **A.**

S'entraîner avec des QROC

1. Les quatre avantages du lait maternel pour l'enfant sont :
   – diminution des risques d'allergie ;
   – prévention des maladies infectieuses (surtout respiratoires et digestives) ;
   – digestion rapide et facile (48 minutes) ;
   – évolution de la composition du lait selon l'âge de l'enfant et ses besoins.
2. On doit commencer la diversification alimentaire à partir de 4 mois et avant 6 mois.
3. Les noms des trois types de lait standard sont :
   – le lait pour nourrissons (ou lait 1er âge) ;
   – le lait de suite (ou lait 2e âge) ;
   – le lait de croissance (ou lait pour enfants en bas âge).

S'entraîner en situation

1. Je dois lui expliquer que Thomas est trop jeune pour manger des légumes secs (lentilles, pois cassés, haricots secs, pois chiche…). Il ne peut pas encore les digérer.
2. Thomas pourra manger des légumes secs à partir de 18 mois.

Auto-évaluation

1. Quelles sont mes erreurs ou mes lacunes ?

   ....

   ....

   ....

2. Quelle est ma note sur 10 ? …/10
3. Quels sont les mots que je n'ai pas compris ?

   ....

   ....

   ....

FICHE 96 Les sources nutritionnelles : groupes et constituants alimentaires

Répondez aux questions au crayon à papier pour pouvoir effacer et recommencer au cours de votre préparation. Chaque bonne réponse donne 1 point.

S'entraîner avec des QCM

Entourez la bonne réponse.

1. Le riz est une céréale.	**A.** Vrai	**B.** Faux
2. La crème fraîche est un corps gras d'origine végétale.	**A.** Vrai	**B.** Faux
3. Pour éviter une perte de minéraux, il faut cuire les légumes à la vapeur.	**A.** Vrai	**B.** Faux

4. Une dose de 50 g de poisson est égale à :
A. 50 g de viande ;
B. un demi-œuf ;
C. 20 g de poulet.

5. En équivalence calcique, un verre de 150 ml de lait est égal à :
A. 50 g de fromage blanc.
B. un yaourt.
C. 5 g de gruyère.

S'entraîner avec des QROC

Répondez aux questions suivantes.

1. Associer les lettres aux chiffres :

A. Cuivre •	• **1.** Sel minéral
B. Phosphore •	• **2.** Oligoélément
C. Vitamine K •	• **3.** Vitamine hydrosoluble
D. Vitamine C •	• **4.** Vitamine liposoluble

2. Citez deux huiles que l'on peut employer pour la cuisson.

....

....

3. Complétez le tableau ci-dessous en citant deux exemples pour chaque catégorie d'aliments :

Céréales	Légumes secs	Légumes verts
....	....	....
....	....	....

S'entraîner en situation

Répondez aux questions suivantes.

Vous travaillez comme assistant maternel agréé (AMA) à domicile. Gustave, 18 mois, boit un jus d'orange pressée après sa sieste, vers 15 heures.

1. À quel moment devez-vous presser l'orange ?

....

2. Justifiez votre réponse.

....

....

Corrigés

S'entraîner avec des QCM

1. **A.**
2. **B.** La crème fraîche est un corps gras d'origine animale.
3. **A.**
4. **A.**
5. **B.**

S'entraîner avec des QROC

1. **A.** Cuivre → **2.** Oligoélément
   B. Phosphore → **1.** Sel minéral
   C. Vitamine K → **4.** Vitamine liposoluble
   D. Vitamine C → **3.** Vitamine hydrosoluble
2. Pour la cuisson, on doit employer une huile d'arachide ou une huile d'olive.
3.

Céréales	Légumes secs	Légumes verts
Blé Maïs	Haricots blancs Pois cassés	Salade Haricots verts

S'entraîner en situation

1. Je dois presser l'orange juste avant de donner le jus à Gustave.
2. Il faut donner le jus de fruits rapidement à Gustave, après l'avoir pressé, car la vitamine C contenue dans le jus d'orange se détruit à la lumière, en 30 minutes.

Auto-évaluation

1. Quelles sont mes erreurs ou mes lacunes ?
   ....
   ....
   ....
2. Quelle est ma note sur 10 ? .../10
3. Quels sont les mots que je n'ai pas compris ?
   ....
   ....
   ....

FICHE 97

Les produits alimentaires

Répondez aux questions au crayon à papier pour pouvoir effacer et recommencer au cours de votre préparation. Chaque bonne réponse donne 1 point.

S'entraîner avec des QCM

Entourez la bonne réponse.

1. Les produits alimentaires déshydratés peuvent être conservés à température ambiante.
A. Vrai **B.** Faux

2. Les produits congelés peuvent être conservés plusieurs mois à 4 °C. **A.** Vrai **B.** Faux

3. Les aliments en conserve doivent être stockés au réfrigérateur. **A.** Vrai **B.** Faux

4. La réglementation des aliments pour jeunes enfants interdit, pour 100 g d'aliment, une teneur en sodium :
A. supérieure à 400 mg. **B.** supérieure à 20 g. **C.** supérieure à 200 mg.

5. La texture moulinée peut être donnée à un enfant de : **A.** 4 mois. **B.** 6 mois. **C.** 8 mois.

S'entraîner avec des QROC

Répondez aux questions suivantes.

1. Citez cinq informations que vous devez trouver sur l'étiquette d'un produit alimentaire préemballé.

....

....

....

2. Citez quatre produits ajoutés qui sont interdits dans la fabrication des aliments destinés aux jeunes enfants.

....

....

....

....

3. Citez trois indications obligatoires qui doivent être inscrites sur les boîtes de lait infantile.

....

....

....

S'entraîner en situation

Répondez aux questions suivantes.

Vous travaillez comme assistant maternel agréé (AMA) à domicile. Vous venez d'acheter des légumes frais que vous allez consommer dans la semaine.

1. Dans quelle partie du réfrigérateur, devez-vous conserver ces légumes frais ?

....

2. À quelle température doit être le bac à légumes d'un réfrigérateur ?

....

Corrigés

S'entraîner avec des QCM

1. **A.**
2. **B.** Les produits congelés peuvent être conservés plusieurs mois à -18 °C.
3. **B.** Les aliments en conserve doivent être stockés à température ambiante et au réfrigérateur pendant 24 heures maximum après ouverture.
4. **C.**
5. **C.**

S'entraîner avec des QROC

1. Les cinq informations que je dois trouver sur l'étiquette d'un produit alimentaire préemballé sont :
   – la liste des ingrédients ;
   – la quantité nette du produit ;
   – les conditions de conservation ;
   – la date limite de consommation ;
   – les coordonnées du fabricant.
2. Les quatre produits ajoutés qui sont interdits dans la fabrication des aliments destinés aux jeunes enfants sont : les colorants ; les conservateurs ; les arômes artificiels ; les édulcorants.
3. Les trois indications obligatoires qui doivent être inscrites sur les boîtes de lait infantile sont :
   – l'âge des enfants auxquels le lait est destiné ;
   – les quantités de glucides, lipides et protéines ;
   – les quantités de vitamines et de minéraux.

S'entraîner en situation

1. Je dois conserver ces légumes frais dans le bac à légumes du réfrigérateur.
2. Le bac à légumes d'un réfrigérateur doit être entre 4 °C et 6 °C.

Auto-évaluation

1. Quelles sont mes erreurs ou mes lacunes ?

   ....

   ....

   ....

2. Quelle est ma note sur 10 ? …/10

3. Quels sont les mots que je n'ai pas compris ?

   ....

   ....

   ....

FICHE 98

La préparation des fruits et des légumes

Répondez aux questions au crayon à papier pour pouvoir effacer et recommencer au cours de votre préparation. Chaque bonne réponse donne 1 point.

S'entraîner avec des QCM

Entourez la bonne réponse.

1. Pour éplucher les légumes ou les fruits, on peut employer un robot ou un appareil à éplucher électrique. **A.** Vrai **B.** Faux
2. Le lavage des légumes ne peut se faire que manuellement. **A.** Vrai **B.** Faux
3. Le taillage des légumes peut être réalisé avec une mandoline. **A.** Vrai **B.** Faux
4. Juste avant de découper ou tailler les légumes, il faut :
A. les éplucher. **B.** les laver. **C.** les rincer.
5. Avant de nettoyer l'appareil pour l'épluchage mécanique des légumes, il faut :
A. le mettre sous tension. **B.** le brancher. **C.** le mettre hors tension.

S'entraîner avec des QROC

Répondez aux questions suivantes.

1. Que doit-on faire avant de procéder à l'épluchage des légumes et des fruits ?

....

....

2. Définissez en quelques lignes « la marche en avant ».

....

....

3. Citez quatre types de découpage (ou taillage) que permet un coupe-légumes.

....

....

....

....

S'entraîner en situation

Répondez aux questions suivantes.

Vous travaillez comme assistant maternel agréé (AMA) à domicile. Vous venez d'acheter des légumes frais pour faire une purée aux 2 enfants que vous accueillez.

1. Citez les quatre étapes de préparation de ces légumes avant de les faire cuire.

....

....

....

....

2. De quel matériel avez-vous besoin pour découper ces légumes en bâtonnets avant de les mettre dans la casserole ?

....

....

Corrigés

S'entraîner avec des QCM

1. A.

2. B. Le lavage des légumes peut se faire à l'aide d'appareils spécifiques (la laveuse et l'essoreuse) ou la laveuse-essoreuse (appareil permettant les deux fonctions).

3. A.

4. B.

5. C.

S'entraîner avec des QROC

1. Avant de procéder à l'épluchage des légumes et des fruits, on doit les rincer à l'eau fraîche.

2. « La marche en avant » est une organisation rationnelle qui ne permet aucune possibilité de retour ni de croisement entre le secteur des produits propres et le secteur des produits souillés.

2. Les quatre types de découpage (ou taillage) que permet un coupe-légumes sont :
- les tranches ;
- les dés ;
- les lamelles ;
- les bâtonnets.

S'entraîner en situation

1. Les quatre étapes de préparation de ces légumes avant de les faire cuire sont :
- le rinçage ;
- l'épluchage ;
- le lavage ;
- le découpage.

2. Pour découper ces légumes en bâtonnets avant de les mettre dans la casserole, j'ai besoin d'une planche en polyéthylène posée sur un plan de travail propre et d'un couteau.

Auto-évaluation

1. Quelles sont mes erreurs ou mes lacunes ?

....

....

....

2. Quelle est ma note sur 10 ? .../10

3. Quels sont les mots que je n'ai pas compris ?

....

....

....

FICHE 99

La fabrication de pâtes

Répondez aux questions au crayon à papier pour pouvoir effacer et recommencer au cours de votre préparation. Chaque bonne réponse donne 1 point.

S'entraîner avec des QCM

Entourez la bonne réponse.

1. Pour réaliser une brioche, il faut faire une pâte brisée. **A.** Vrai **B.** Faux

2. On a besoin d'une passoire pour préparer la pâte à crêpes. **A.** Vrai **B.** Faux

3. Il faut du beurre pour réaliser une pâte levée. **A.** Vrai **B.** Faux

4. Il faut faire cuire la pâte levée dans un four à : **A.** 150 °C. **B.** 210 °C. **C.** 300 °C.

5. Pour faire des crêpes, on a besoin, pour 250 g de farine, de :
A. un demi-litre de lait. **B.** 250 ml de lait. **C.** un quart de litre de lait.

S'entraîner avec des QROC

Répondez aux questions suivantes.

1. Citez trois préparations sucrées ou salées que l'on peut réaliser grâce à une pâte brisée.

....

....

....

2. Complétez les doses d'ingrédients suivants pour faire une pâte brisée :

Farine	300 g
Beurre	....
Sel	....
Œuf	....
Eau	....

3. Quel est le temps de préparation de la pâte à crêpes ? Quel est le temps de cuisson pour chaque crêpe ?

....

....

S'entraîner en situation

Répondez aux questions suivantes.

Vous travaillez comme assistant maternel agréé (AMA) à domicile. Aujourd'hui, vous souhaitez réaliser des crêpes pour l'enfant que vous accueillez.

1. De quel matériel avez-vous besoin pour cuire les crêpes ?

....

....

2. Citez les six ingrédients dont vous avez besoin pour préparer la pâte à crêpes.

....

....

....

....

Corrigés

S'entraîner avec des QCM

1. B. Pour réaliser une brioche, il faut faire une pâte levée.

2. A.

3. A.

4. A.

5. A.

S'entraîner avec des QROC

1. Les trois préparations sucrées ou salées que l'on peut réaliser grâce à une pâte brisée sont :
– une tourte ;
– une quiche ;
– une tarte aux fruits.

2.

Farine	300 g
Beurre	150 g
Sel	1 pincée
Œuf	1 jaune d'œuf
Eau	8 cl

2. Le temps de préparation de la pâte à crêpes est de 15 minutes. Le temps de cuisson pour chaque crêpe est de 3 minutes.

S'entraîner en situation

1. Pour cuire les crêpes, j'ai besoin d'une poêle, d'une louche et d'une spatule.

2. Les six ingrédients dont j'ai eu besoin pour préparer la pâte à crêpes sont : de la farine ; du lait ; des œufs ; de l'huile ; du sel ; de l'eau.

Auto-évaluation

1. Quelles sont mes erreurs ou mes lacunes ?

....

....

....

2. Quelle est ma note sur 10 ? .../10

3. Quels sont les mots que je n'ai pas compris ?

....

....

....

FICHE 100

Les différents types de cuisson

Répondez aux questions au crayon à papier pour pouvoir effacer et recommencer au cours de votre préparation. Chaque bonne réponse donne 1 point.

S'entraîner avec des QCM

Entourez la bonne réponse.

1. La cuisson à l'eau bouillante permet de limiter la perte de vitamines. **A.** Vrai **B.** Faux

2. On peut utiliser une friteuse électrique pour la friture. **A.** Vrai **B.** Faux

3. Les aliments cuits à la vapeur trempent dans l'eau. **A.** Vrai **B.** Faux

4. En cas de friture, les aliments sont plongés dans :
A. de l'eau chaude.
B. de la matière grasse à très haute température.
C. de l'eau froide.

5. En cas de cuisson à la poêle :
A. la viande blanche doit être saisie à feu vif.
B. la viande rouge doit être cuite lentement.
C. la viande rouge doit être saisie à feu vif.

S'entraîner avec des QROC

Répondez aux questions suivantes.

1. Quels sont les deux types de cuisson à l'eau ?

....

....

2. En milieu familial, quel matériel peut-on utiliser pour la cuisson à l'eau ?

....

3. Citez trois types d'aliment que l'on peut cuire à la vapeur.

....

....

S'entraîner en situation

Répondez aux questions suivantes.

Vous travaillez comme assistant maternel agréé (AMA) à domicile. Aujourd'hui, vous souhaitez préparer une jardinière de légumes pour Alix, 2 ans, et Coline, 3 ans.

1. Quel type de cuisson allez-vous employer pour conserver le maximum de vitamines et de minéraux ?

....

2. Citez deux types de matériel que vous pouvez employer pour ce type de cuisson.

....

Corrigés

S'entraîner avec des QCM

1. A.

2. A.

3. B. Les aliments cuits à la vapeur ne trempent pas dans l'eau.

4. B.

5. C.

S'entraîner avec des QROC

1. Les deux types de cuisson à l'eau sont :
– la cuisson à l'eau froide ;
– la cuisson à l'eau chaude.

2. Pour la cuisson à l'eau, en milieu familial, on peut utiliser une marmite, un autocuiseur ou une casserole.

3. Les trois types d'aliment que l'on peut cuire à la vapeur sont :
– les viandes blanches ;
– les poissons ;
– les légumes.

S'entraîner en situation

1. Pour conserver le maximum de vitamines et de minéraux, je vais employer la cuisson à la vapeur.

2. Les deux types de matériel que je peux employer pour ce type de cuisson sont :
– la cocotte-minute ;
– le cuiseur-vapeur (en inox ou en plastique).

Auto-évaluation

1. Quelles sont mes erreurs ou mes lacunes ?

....

....

....

2. Quelle est ma note sur 10 ? .../10

3. Quels sont les mots que je n'ai pas compris ?

....

....

....

FICHE 101

La préparation des repas

Répondez aux questions au crayon à papier pour pouvoir effacer et recommencer au cours de votre préparation. Chaque bonne réponse donne 1 point.

S'entraîner avec des QCM

Entourez la bonne réponse.

1. Il faut ajouter du sel dans la préparation des petits pots. **A.** Vrai **B.** Faux

2. Le début de la diversification alimentaire peut se faire avec des petits pots. **A.** Vrai **B.** Faux

3. Il n'est pas utile de rajouter du sucre aux petits pots. **A.** Vrai **B.** Faux

4. Le temps pour réchauffer la préparation d'un petit pot au micro-ondes est de :

A. 20 secondes au maximum.
B. 1 minute au maximum.
C. 10 secondes au maximum.

5. Pour préparer les légumes avant de les laver en appliquant le processus de la « marche en avant », vous avez besoin de :

A. 3 récipients.
B. 2 récipients.
C. 5 récipients.

S'entraîner avec des QROC

Répondez aux questions suivantes.

1. Quelle est la technique qui permet de réchauffer un petit pot au bain-marie ?

....

....

2. Citez deux intérêts des grillades.

....

....

3. Quel mode de cuisson permet d'améliorer la digestibilité de certains aliments (les haricots secs, les pois, les choux…) ?

....

....

S'entraîner en situation

Répondez aux questions suivantes.

Vous travaillez comme assistant maternel agréé (AMA) à domicile. Aujourd'hui, vous décidez de préparer un plat de légumes avec une cuisson à l'étouffée.

1. Décrivez en deux lignes la technique de la cuisson à l'étouffée.

....

....

2. Quel est l'intérêt majeur de ce type de cuisson ?

....

....

Corrigés

S'entraîner avec des QCM

1. **B.** Il serait néfaste d'ajouter du sel à ces préparations même si elles vous paraissent fades.
2. **A.**
3. **A.**
4. **C.**
5. **A.**

S'entraîner avec des QROC

1. Pour réchauffer un petit pot au bain-marie, il faut enlever le couvercle du petit pot, placer le petit pot dans une casserole d'eau chaude, remuer régulièrement son contenu avec une petite cuillère pour obtenir une température homogène.
2. Les grillades permettent de préserver les vitamines et les minéraux.
2. Le mode de cuisson qui permet d'améliorer la digestibilité de certains aliments (les haricots secs, les pois, les choux…) est la cuisson à la vapeur à 100 °C.

S'entraîner en situation

1. La cuisson à l'étouffée consiste à mettre dans un récipient fermé (cocotte…), avec très peu d'eau, des légumes découpés en morceaux qui vont cuire à petit feu.
2. Les légumes vont garder tout leur arôme.

Auto-évaluation

1. Quelles sont mes erreurs ou mes lacunes ?

   ....

   ....

   ....

2. Quelle est ma note sur 10 ? …/10
3. Quels sont les mots que je n'ai pas compris ?

   ....

   ....

   ....

FICHE 102

Les mixés

Répondez aux questions au crayon à papier pour pouvoir effacer et recommencer au cours de votre préparation. Chaque bonne réponse donne 1 point.

S'entraîner avec des QCM

Entourez la bonne réponse.

1. Il faut laver un fruit à l'eau courante avant de le presser.
A. Vrai **B.** Faux

2. Les légumes sont cuits lorsque la lame d'un couteau doit pouvoir les traverser.
A. Vrai **B.** Faux

3. Les jus de fruits sont riches en vitamine D.
A. Vrai **B.** Faux

4. Le temps de cuisson d'une compote de pommes est de :
A. 30 minutes.
B. 10 minutes.
C. 40 minutes.

5. Pour préparer une compote de fruits à un enfant, il est important de choisir :
A. des fruits peu mûrs.
B. des fruits frais mûrs de saison ou des fruits surgelés.
C. des fruits bien sucrés.

S'entraîner avec des QROC

Répondez aux questions suivantes.

1. De quel matériel avez-vous besoin pour presser une orange ?

....

....

2. Citez deux appareils qui permettent de préparer une purée de légumes mixée.

....

....

3. Dans quelle tranche d'âge peut-on proposer une alimentation mixée à un nourrisson ?

....

S'entraîner en situation

Répondez aux questions suivantes.

Vous travaillez comme assistant maternel agréé (AMA) à domicile. Aujourd'hui, vous préparez une purée de légumes pour Germain, 4 mois et demi, dans un fait-tout.

1. Quels ont été les premiers légumes mixés que vous avez proposés à Germain, depuis leur introduction il y a deux semaines environ ?

....

....

2. Quel est le temps de cuisson des légumes dans un fait-tout ?

....

Corrigés

S'entraîner avec des QCM

1. A.

2. A.

3. B. Les jus de fruit sont riches en vitamine C.

4. B.

5. B.

S'entraîner avec des QROC

1. Pour presser une orange, j'ai besoin d'un couteau, d'un presse-fruits mécanique ou manuel, d'un filtre ou d'une passoire et d'un verre (ou d'un biberon).

2. Les deux appareils qui permettent de préparer une purée de légumes mixés sont :
– un mixeur ;
– un robot.

3. On peut proposer une alimentation mixée à un nourrisson de 4 à 7-8 mois.

S'entraîner en situation

1. Les premiers légumes mixés que j'ai proposés à Germain, depuis leur introduction il y a deux semaines environ, sont : carotte, artichaut, haricots verts, blanc de poireau, salade.

2. Le temps de cuisson des légumes dans un fait-tout est de 20 à 30 minutes.

Auto-évaluation

1. Quelles sont mes erreurs ou mes lacunes ?

....

....

....

2. Quelle est ma note sur 10 ? .../10

3. Quels sont les mots que je n'ai pas compris ?

....

....

....

FICHE 103

Les contaminations alimentaires

Répondez aux questions au crayon à papier pour pouvoir effacer et recommencer au cours de votre préparation. Chaque bonne réponse donne 1 point.

S'entraîner avec des QCM

Entourez la bonne réponse.

1. Le botulisme peut entraîner la mort. **A.** Vrai **B.** Faux

2. Les plats chauds doivent être laissés à température ambiante pendant 4 heures avant de les mettre au réfrigérateur. **A.** Vrai **B.** Faux

3. On peut mettre le beurre dans la porte du réfrigérateur. **A.** Vrai **B.** Faux

4. La température de cuisson à cœur de la viande de porc, pour éviter une transmission du ténia, doit être de :

A. au moins 63 °C. **B.** 40 °C. **C.** au moins 55 °C.

5. Le sigle DLC signifie :

A. date limite de consommation.
B. durée limitée pour cuisiner.
C. durabilité limite pour la consommation.

S'entraîner avec des QROC

Répondez aux questions suivantes.

1. Que signifie le sigle TIAC ?

....

2. Citez trois aliments à conserver dans la partie la plus froide du réfrigérateur (entre 0 et 4 °C).

....

....

....

3. Citez trois parasites qui peuvent être transmis par des crudités.

....

....

....

S'entraîner en situation

Répondez aux questions suivantes.

Vous travaillez comme assistant maternel agréé (AMA) à domicile. Aujourd'hui, vous préparez un plat cuit avec des filets de poulet pour les trois enfants que vous accueillez.

1. Quelle bactérie pouvez-vous transmettre si vous vous lavez mal les mains ?

....

2. Quelle est la mesure préventive, au niveau de la cuisson du poulet, pour éviter la transmission de cette bactérie ?

....

....

Corrigés

S'entraîner avec des QCM

1. **A.**
2. **B.** Les plats chauds doivent être laissés à température ambiante pendant 2 heures maximum avant de les mettre au réfrigérateur.
3. **A.**
4. **A.**
5. **A.**

S'entraîner avec des QROC

1. Le sigle TIAC signifie : toxi-infections alimentaires collectives.
2. Les trois aliments à conserver dans la partie la plus froide du réfrigérateur (entre 0 et 4 °C) sont :
   – la viande ;
   – le poisson ;
   – la charcuterie.
3. Les trois parasites qui peuvent être transmis par des crudités sont :
   – les oxyures ;
   – les ascaris ;
   – les amibes.

S'entraîner en situation

1. Si je me lave mal les mains, je peux transmettre la salmonelle.
2. La cuisson à cœur du poulet prévient la transmission de cette bactérie.

Auto-évaluation

1. Quelles sont mes erreurs ou mes lacunes ?
   ....
   ....
   ....
2. Quelle est ma note sur 10 ? …/10
3. Quels sont les mots que je n'ai pas compris ?
   ....
   ....
   ....

FICHE 104

Allergies, intolérances et régimes alimentaires de l'enfant

Répondez aux questions au crayon à papier pour pouvoir effacer et recommencer au cours de votre préparation. Chaque bonne réponse donne 1 point.

S'entraîner avec des QCM

Entourez la bonne réponse.

1. L'intolérance au lactose s'appelle la maladie cœliaque. **A.** Vrai **B.** Faux

2. L'enfant atteint de diabète de type 1 doit recevoir de l'insuline pour réguler sa glycémie. **A.** Vrai **B.** Faux

3. Jules, 8 mois, intolérant au gluten et accueilli dans un EAJE, doit avoir un PAI. **A.** Vrai **B.** Faux

4. Le traitement de l'intolérance au gluten est l'exclusion totale :
A. du blé et de l'orge. **B.** du blé, de l'orge, du seigle et de l'avoine. **C.** du seigle et de l'avoine.

5. Les deux principales intolérances alimentaires chez l'enfant sont :
A. l'intolérance aux protéines de lait de vache et au lactose.
B. l'allergie au gluten et aux œufs. **C.** l'intolérance au gluten et au lactose.

S'entraîner avec des QROC

Répondez aux questions suivantes.

1. Quels sont les quatre principaux aliments qui peuvent entraîner des allergies alimentaires chez le jeune enfant ?

....

....

....

....

2. Quelles sont les quatre céréales dans lesquelles on trouve du gluten ?

....

....

....

....

3. Quels sont les deux principaux signes de l'allergie alimentaire ?

....

S'entraîner en situation

Répondez aux questions suivantes.

Vous travaillez comme assistant maternel agréé (AMA) à domicile. Vous accueillez depuis deux mois Edgar, 2 ans, qui est intolérant au gluten.

1. Pouvez-vous lui donner des plats cuisinés avec du riz et du maïs ?

....

....

2. Citez cinq aliments courants fabriqués avec de la farine de blé que vous ne pouvez pas lui donner.

....

....

Corrigés

S'entraîner avec des QCM

1. B. L'intolérance au gluten s'appelle la maladie cœliaque.

2. A.

3. A.

4. B.

5. C.

S'entraîner avec des QROC

1. Les quatre principaux aliments qui peuvent entraîner des allergies alimentaires chez le jeune enfant sont : le lait de vache ; l'œuf ; le poisson ; l'huile d'arachide.

2. Les quatre céréales dans lesquelles on trouve du gluten sont : le blé ; l'orge ; le seigle ; l'avoine.

2. Les deux principaux signes de l'allergie alimentaire sont : les signes cutanés ; les signes digestifs.

S'entraîner en situation

1. Oui, car le riz et le maïs ne contiennent pas de gluten.

2. Les cinq aliments courants fabriqués avec de la farine de blé que je ne peux pas lui donner sont :
– des pâtes ;
– de la semoule ;
– des biscuits ;
– des pâtisseries ;
– du pain.

Auto-évaluation

1. Quelles sont mes erreurs ou mes lacunes ?

....

....

....

2. Quelle est ma note sur 10 ? .../10

3. Quels sont les mots que je n'ai pas compris ?

....

....

....

Exemple d'épreuve d'examen

Dans le cas d'un contrôle en cours de formation (CCF)
Le temps de préparation de **l'épreuve est de 1 h 30**.
C'est une **épreuve orale de 25 minutes** qui comporte :

- un exposé du candidat du projet d'accueil complété à partir des questions posées,
- un entretien.

Cette épreuve se déroule devant un jury composé de deux membres :

- soit un professeur de la spécialité et un professionnel ;
- soit deux professeurs de la spécialité.

Le candidat va exposer oralement le contenu de son travail écrit.
Puis le jury, qui souhaite approfondir certains éléments ou vérifier la maîtrise des compétences du candidat, va lui poser des questions

Projet d'accueil élaboré à partir d'un ensemble documentaire (Annexe 1 et Annexe 2)

Projet d'accueil-type

Cet exemple de sujet comprend 12 pages :

- Annexe 1 : l'ensemble documentaire
- Annexe 2 : le projet d'accueil à compléter
- Les questions à préparer à l'écrit (en complétant le projet d'accueil et/ou en répondant sur feuille libre)

Ensemble documentaire (Annexe 1)

Voici les fiches que l'assistante maternelle agréée a données à remplir aux parents pour établir un projet d'accueil pour Louis, leur enfant de 4 mois.

Renseignements pratiques

Enfant

Nom : Dupond Prénom : Louis

Date de naissance : 20 janvier 2021 Âge : 4 mois Fratrie : 0

Parents

Père Nom : Dupond Prénom : Jean-Pierre

Date de naissance : 20 avril 1991 Profession : menuisier

Mère Nom : Dupond Prénom : Bénédicte

Date de naissance : 19 mars 1988 Profession : couturière

Tel. domicile : 5139543323 Tel. portable : 5539543311 Tel. professionnel : 2339543378

Adresse mail : jeanpierredupond@xxx.fr Adresse : 9, boulevard des Roses à P.

Rythme et habitudes de vie de votre enfant

Prénom : Louis Nom : Dupond

Le sommeil

Habitudes :

- horaires

– la nuit : de 20 h 30 à 7 heures

– les siestes : 2 le matin et 2 l'après-midi nombre de siestes : 4

temps de sieste : de 1 h 30 à 2 heures

- signes d'endormissement : se frotte les yeux, suce son pouce
- rites d'endormissement : bercements et caresses sur la tête
- temps pour s'endormir : 5 minutes
- habillement pour s'endormir : body et turbulette

L'alimentation

- allaitement maternel non, alimentation artificielle au biberon
- nombre de repas/24h 5 repas horaires : 7 heures, 10 h 30, 14 heures, 17 heures, 20 heures
- quantité par repas et lait : 180 ml de lait pour nourrisson (1er âge)
- régime particulier : non
- allergie alimentaire : non
- diversification alimentaire : non, le pédiatre souhaite commencer la diversification à 5 mois
- repas fourni par l'assistante maternelle : non, par les parents

Soins d'hygiène

Quels produits et matériels utilisez-vous chez vous ?

- savon liquide : savon de Marseille liquide
- allergie cutanée : non si oui, lesquelles
- sérum physiologique : oui
- eau minérale pour la toilette du visage : non
- coton : oui
- compresses : oui
- gant de toilette jetable : oui
- eau micellaire pour la toilette du visage : oui
- liniment oléocalcaire : oui si besoin
- eau de toilette : non
- produits fournis par les parents : oui pour tous les produits

Rythme et habitudes de vie de votre enfant

Élimination

- nombre de selles/24h : 3
- leur aspect : normal odeur : malodorante couleur : jaunâtre
- nombre d'urines/24h : 6 mictions
- leur aspect : jaune pâle abondance : couches lourdes odeur : fade

Sorties et promenades

- matin : l'été ou après-midi : l'hiver
- le temps et les horaires : 30 à 45 minutes
- en poussette : X en landau : en porte-bébé : en écharpe

Développement psychomoteur de l'enfant

- motricité globale :

– à plat ventre :

s'appuie-t-il sur ses avant-bras ? oui

fait-il des mouvements de bras et de jambes ? oui

– à plat dos :

roule-t-il sur le côté ? non

sa plante des pieds repose-t-elle sur le sol ou le lit ? oui

- préhension :

– essaye-t-il d'attraper ses jouets ? oui

– secoue-t-il son hochet lorsque vous lui donnez ? oui

- communication :

– roucoule-t-il ? oui – gazouille-t-il ? oui – fait-il de longues mélodies ? oui

– émet-il des cris de joie ? oui – rit-il aux éclats ? oui

Les jouets

<u>Quels sont ses jouets préférés ?</u>

- mobiles • hochets X • bouliers X • grelots X • girafe X
- autres jouets objet transitionnel : non sucette ou « tétine » : non

<u>Qu'aime-t-il faire ?</u>

- sucer ses jouets : X
- écouter : de la musique, des berceuses, des chansons
- créer des bruits : X
- voir des couleurs vives : X
- toucher des matières différentes : X

<u>Joue-t-il seul quelques instants ?</u>

- combien de temps ? 10 minutes
- s'intéresse-t-il à son environnement (chambre, objets, jouets…) ? oui
- joue-t-il avec ses mains ? oui
- joue-t-il avec ses jouets ? oui

La séparation

- Avez-vous déjà confié votre enfant à une autre personne que vous ? oui
- À qui ? à une amie pendant une heure
- Comment cette séparation s'est-elle passée ? très bien, mais il connaissait très bien cette amie

Fiche médicale

Nom : Dupond
Prénom : Louis
Date de naissance : 20/01/2021
Médecin traitant : Durand
- Adresse : XX boulevard V. Hugo à P.
- Téléphone : 5579024568

Antécédents médicaux :
- Allergie : non
- Maladie : 2 rhino-pharyngites depuis sa naissance
- Intervention chirurgicale : non
- Traitement : aucun
- Médicaments contre-indiqués : aucun
- Vaccinations obligatoires, âges des injections :

– diphtérie 1re injection : à 2 mois
2e injection : à 4 mois
1er rappel :
– tétanos 1re injection : à 2 mois
2e injection : à 4 mois
1er rappel :
– poliomyélite 1re injection : à 2 mois
2e injection : à 4 mois
1er rappel :
– coqueluche 1re injection : à 2 mois
2e injection : à 4 mois
1er rappel :
– haemophilus influenza B
1re injection : à 2 mois
2e injection : à 4 mois
1er rappel :
– hépatite B 1re injection : à 2 mois
2e injection : à 4 mois
1er rappel :
– pneumocoque 1re injection : à 2 mois
2e injection : à 4 mois
1er rappel :
– rougeole 1re injection :
2e injection :
1er rappel :
– oreillons 1re injection :
2e injection :
1er rappel :
– rubéole 1re injection :
2e injection :
1er rappel :
– méningocoque 1re injection :
2e injection :
1er rappel :
- Développement staturo-pondéral :

– poids : 6 300 g – taille : 62 cm
– PC : 41 cm – Dents : 0

Autorisations de soins d'urgence

Nous, représentants légaux
Monsieur : Dupond Madame : Dupond
Adresse 9, boulevard des Roses à P.
Autorisons l'assistante maternelle agréée, Madame : Parisse Patricia
À intervenir en cas de problème chez notre enfant :
Nom : Dupond Prénom : Louis Né le : 20 janvier 2021
Sous réserve qu'elle s'engage : à prévenir les parents X à appeler le médecin X
Docteur : Durand Adresse : XX Boulevard V. Hugo à P. Téléphone : 5579024568
En cas d'urgence, appeler le Samu : 15 ou 112
En cas d'hospitalisation, l'enfant sera conduit
– à l'hôpital : X Téléphone :
– à la clinique : Téléphone :
Fait à C.
Le 20 mai 2021
Signature de Monsieur Signature de Madame
X X

Présentation de l'assistante maternelle

Madame Patricia Parisse, assistante maternelle, est née le 14 mai 1962. Elle a 59 ans et souhaite continuer à faire ce métier jusqu'à la retraite, qu'elle prendra à 63 ans. Elle a suivi la formation obligatoire et est assistante maternelle agréée indépendante depuis 11 ans. Elle a obtenu son premier agrément (n° 06725785) le 2 février 2010 et deux renouvellements d'agrément (en 2015 et en 2020) pour recevoir trois enfants. Elle a suivi les 120 heures de formation obligatoire sur deux périodes de 60 heures. Elle a accueilli, pendant 9 ans, neuf enfants jusqu'à 3 ans qui sont partis à l'école, puis deux autres enfants jusqu'à l'âge de 12 mois, qui sont partis dans une crèche collective. Les enfants l'appellent « Patricia ».
Depuis 6 mois, elle accueille Gaspard, 32 mois, et Colombe, 22 mois, de 8 heures à 17 heures du lundi au vendredi. Lundi prochain, le 20 mai 2021 à 9 heures, date du début du contrat de travail, elle va accueillir un enfant, Louis, qui a aujourd'hui 4 mois. Elle a rencontré Louis et ses parents à plusieurs reprises. Les parents seront présents lors de l'adaptation. Puis, après l'adaptation, c'est la maman de Louis qui le conduira le matin et viendra le rechercher le soir.
Madame Patricia Parisse est mariée et a 3 enfants de 25 à 29 ans qui sont tous partis vivre en province. Elle ne possède pas d'animal domestique. Elle a une maison de six pièces de plain-pied entourée d'un jardin. Son domicile se situe en dehors du centre-ville, à côté d'un parc, du Relais Petite Enfance et du centre de PMI. Les parents des enfants qu'elle reçoit peuvent se garer facilement car un parking public est juste à côté de la maison.
Les six pièces sont distribuées ainsi : une salle à manger, un salon, quatre chambres et deux salles de bains. Elle a transformé l'ancienne chambre de son fils en salle de jeux et de repas pour les enfants. L'ancienne chambre de sa fille aînée est devenue un dortoir pour les enfants. Elle peut facilement coucher trois enfants puisque cette chambre est grande et qu'elle y a installé trois lits à barreaux pour enfant.
L'une des deux salles de bains est désormais la salle de bains des enfants qu'elle accueille. Il y a un WC, deux pots, une baignoire, un lavabo et une table à langer.
L'autre chambre lui permet d'accueillir les parents et leurs enfants pour les transmissions du matin et du soir. Tous les sols sont en carrelage. Il n'y a ni tapis, ni moquette dans les pièces où elle reçoit les enfants. Les enfants et leurs parents ne peuvent pas entrer dans sa chambre, dans le salon, dans la salle à manger et sa salle de bains.

Courbes de taille et de poids

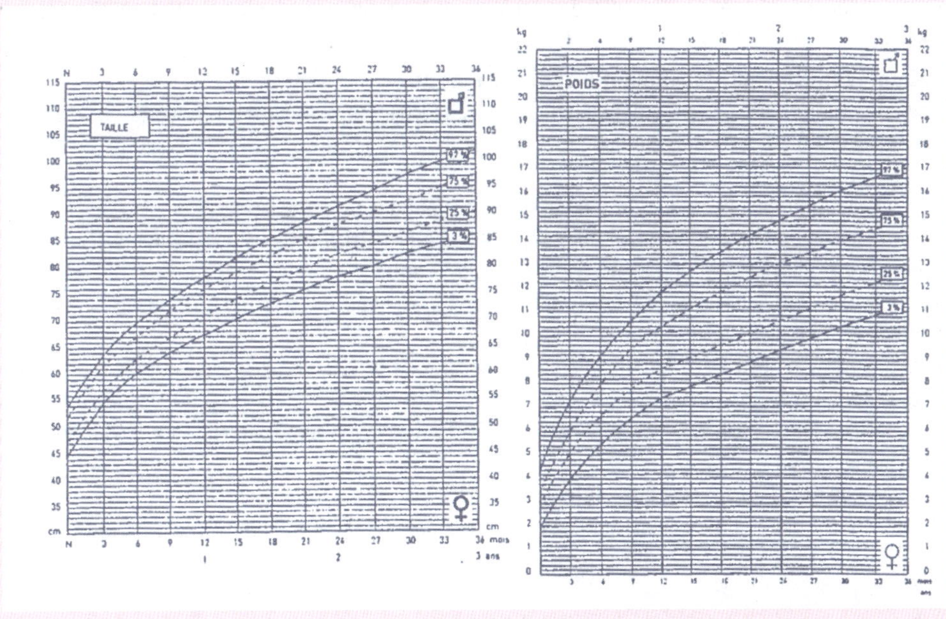

Contenu du réfrigérateur de Patricia

- 6 œufs
- 2 tranches de jambon
- 3 filets de merlan
- 2 blancs de poulet
- 8 yaourts nature
- 1 plaquette de beurre
- 4 fromages blancs
- 1 litre de lait entier
- 1 pot de crème fraîche
- 1 morceau de gruyère
- 4 citrons
- 1 pot de confiture de framboises
- 4 tomates

Contenu du panier de courses de Patricia

- 3 kg de pommes de terre
- 4 poires
- 3 courgettes
- 1 brocoli
- 1 botte de persil
- 4 endives
- 4 tomates
- 6 pommes
- 6 abricots

Projet d'accueil élaboré à partir de l'ensemble documentaire (Annexe 2)

• Projet d'accueil de Louis DUPOND

Ce projet d'accueil a été élaboré par Madame Patricia Parisse, assistante maternelle agréée indépendante, et les parents de Louis avant la période d'adaptation. Il sera réactualisé régulièrement.

1. Ma présentation professionnelle et ma formation

Assistante maternelle agréée indépendante depuis 11 ans, j'ai 59 ans. Je suis mariée et mère de trois enfants de 25 à 29 ans qui sont tous partis vivre en province. Je ne possède pas d'animal domestique.

J'ai suivi la formation obligatoire de 120 heures sur 2 périodes de 60 heures.

J'ai obtenu mon premier agrément (n° 06725785) le 2 février 2010 et deux renouvellements d'agrément pour recevoir trois enfants. Depuis 2010, j'ai accueilli 11 enfants.

Depuis 6 mois, j'accueille Gaspard, 32 mois, et Colombe, 22 mois, de 8 heures à 17 heures du lundi au vendredi. Les enfants m'appellent « Patricia ».

Lundi prochain, le 20 mai 2021, date du début du contrat de travail, je vais accueillir un enfant, Louis, qui a aujourd'hui 4 mois.

J'ai une assurance professionnelle MGENA n° 2537XP12 avec une extension de la garantie de responsabilité civile.

Je suis tenue de respecter le secret professionnel et la discrétion professionnelle.

Je souhaite continuer à faire ce métier jusqu'à 63 ans, date à laquelle je prendrai ma retraite.

2. L'environnement de l'accueil et mon logement

J'habite une maison de six pièces de plain-pied entourée d'un jardin. Les six pièces sont distribuées ainsi : une salle à manger, un salon, quatre chambres et deux salles de bains.

....

....

Tous les sols sont en carrelage. Il n'y a pas de tapis ni de moquette dans les locaux où j'accueille les enfants.

Les enfants et leurs parents ne peuvent pas entrer dans ma chambre, dans le salon, dans la salle à manger et ma salle de bains.

3. La présentation de Louis et sa famille

Louis est né le 20 janvier 2021. Il a 4 mois. La famille est composée de deux parents mariés (Bénédicte D., 33 ans, et Jean-Pierre D., 30 ans) et d'un enfant : Louis. C'est une famille traditionnelle. Les parents de Louis travaillent tous les deux. De nombreuses rencontres avec les parents ont eu lieu à mon domicile pour que l'on puisse faire connaissance et que les parents, rassurés, puissent prendre la décision de me confier leur enfant pendant la journée. J'ai pu observer que Louis est un enfant qui s'intéresse à son environnement (chambre, objets, jouets…), qu'il joue avec ses mains et avec ses jouets.

4. L'accueil de Louis et mes valeurs éducatives dans le respect de l'autorité parentale

4.1. L'adaptation

La période d'adaptation est essentielle. Elle permet à Louis de s'habituer avec ses parents au milieu dans lequel il va ensuite passer ses journées. Elle se déroule sur 2 semaines et peut être prolongée en fonction des réactions de Louis et de ses parents. Au fil des jours, l'accueil de Louis est de plus en plus long en présence des deux parents puis en leur absence.

Louis a déjà eu une expérience de séparation car sa maman l'a confié une heure à une amie qu'il connaissait très bien. Cette séparation s'est très bien passée.

Louis commence son adaptation lundi prochain 20 mai 2021 à 9 heures.

4.2. L'accueil de Louis au cours de la journée

Après l'adaptation, j'accueillerai Louis de 9 heures à 18 heures, du lundi au vendredi, en tenant compte des deux autres enfants, Gaspard et Colombe.

....

....

4.3. Les jeux et les activités de Louis en lien avec son développement psychomoteur et mon rôle

Son développement psychomoteur est normal pour son âge. Dans la salle de jeux, dans la matinée et l'après-midi, je peux proposer des jeux et des activités à Louis

• Les activités motrices :

Au niveau de sa motricité globale, à plat ventre, Louis s'appuie sur ses avant-bras et fait des mouvements de bras et de jambes. À plat dos, il repose la plante des pieds sur le sol ou sur le lit. Je peux déposer Louis :

– à plat ventre, sur le tapis de sol, pour qu'il puisse redresser la partie antérieure de son tronc et soulever sa tête jusqu'à 90° du plan du lit ;

– à plat dos. Louis, peut aussi essayer de rouler sur le côté et mettre un pied sur le genou opposé.

• Les activités manuelles et sensorielles :

Au niveau de sa motricité fine, Louis essaye d'attraper ses jouets et il peut secouer un hochet.

....

....

- **Les activités qui stimulent le langage :**

Au niveau du langage, Louis fait des gazouillis. Il roucoule, fait de longues mélodies vocales, il émet des cris de joie et rit aux éclats. Je peux, pour permettre à Louis de gazouiller davantage, répéter les sons qu'il émet. Cet échange affectif avec l'adulte est primordial. Louis fera beaucoup de progrès s'il sent que je suis attentive et que je le sollicite. Le nourrisson aime partager ses jeux vocaux avec l'adulte.

- **Mon rôle**

....

....

4.4. L'objet transitionnel

Louis n'a pas encore d'objet transitionnel. Il n'a pas non plus de tétine ou de sucette. J'ai demandé à la maman de m'amener un foulard imprégné de son odeur pour rassurer Louis pendant les premiers jours de séparation.

4.5. Le sommeil

Louis dort très bien la nuit de 20 h 30 à 7 heures environ. Ses quatre siestes durent chacune entre 1 h 30 à 2 heures. Il dort en body avec une turbulette. Je change les draps deux fois par semaine ou plus s'ils sont souillés. Je nettoie le lit de Louis deux fois par semaine.

Ses signes d'endormissement sont : Louis se frotte les yeux et suce son pouce.

Ses rituels d'endormissements sont : bercements et caresses sur la tête.

Son temps d'endormissement est de 5 minutes.

4.6. L'alimentation

Sa maman ne l'a jamais allaité.

....

....

4.7. Les sorties et les promenades

Louis sortira une fois par jour dans le jardin ou le parc qui se situe à côté de mon domicile. Si le temps ne le permet pas, en cas de grosses chaleurs l'été ou de grands froids l'hiver, je ne sors pas Louis. Ces sorties permettent à Louis une bonne oxygénation et la découverte de nouveaux environnements (feuilles sur les arbres, fleurs, chants des oiseaux, odeur des fleurs…).

4.8. Les soins d'hygiène du quotidien

J'effectue des soins d'hygiène plusieurs fois par jour :

– le change avant chaque biberon : j'emploie des gants de toilette jetables de l'eau et du savon de Marseille liquide ;

– les soins du visage après la sieste de l'après-midi : j'emploie du coton, de l'eau micellaire et du sérum physiologique.

Ce sont les parents qui me fournissent une fois par trimestre le matériel (les couches, le savon de Marseille liquide, le coton, les compresses, l'eau micellaire et le sérum physiologique).

J'ai un liniment oléocalcaire (fourni par les parents) à appliquer, si besoin, sur le siège de Louis. Je ne donne pas de bain, ni de shampoing aux enfants que j'accueille. Le coupage des ongles des mains et des pieds sera aussi effectué par les parents.

5. L'hygiène des locaux et du matériel

....

....

6. Ma tenue professionnelle et l'hygiène des mains

Je travaille avec un ensemble en coton de couleur claire composé d'un pantalon long et d'une tunique à manches courtes. Je change de tenue chaque jour. Je possède trois autres tenues professionnelles dans mon placard que je peux utiliser en cas de souillures au cours de la journée. Mes chaussures sont plates et silencieuses. Je les lave une fois par semaine dans la machine à laver.

....

....

7. Les transmissions

Je fais des transmissions orales à la maman de Louis tous les soirs. Chaque enfant a un cahier de transmissions. Je note, avec la date et l'heure, tout ce que fait Louis au cours de la journée (jeux d'éveil, sorties...), la durée des siestes, mes observations (comportement, pleurs, fatigue...), la quantité de lait bue, les changes et l'état du siège, le nombre de selles et d'urines et leurs aspects. Le matin, la maman de Louis me fait des transmissions orales de la soirée, de la veille et de la nuit.

8. La santé de l'enfant

Louis ne présente aucun problème de santé. Il a eu, depuis sa naissance, deux rhino-pharyngites. Ses vaccins obligatoires sont à jour. Les parents ont rempli une fiche médicale concernant Louis. J'ai une autorisation de soins d'urgence signée des parents.

Il y a trois jours, lors de la dernière visite chez le pédiatre, il a été mesuré (taille et PC), et pesé. Louis pèse 6,3 kg et mesure 62 cm. Son PC est de 41 cm.

....

....

Préparation

À l'écrit, pendant le temps de préparation de 1 h30, complétez (répondre à l'emplacement des pointillés et/ou sur feuille libre) le projet d'accueil (Annexe 2) de Louis à l'aide de l'ensemble documentaire (Annexe 1) en répondant aux questions suivantes :

Dans le paragraphe « L'environnement de l'accueil et mon logement » :

– Quelles sont les pièces dans votre logement réservées aux enfants et aux parents ?

Dans le paragraphe « L'accueil de Louis au cours de la journée » :

– Décrivez le déroulement d'une journée-type de Louis, après la période des deux semaines d'adaptation et en tenant compte des deux autres enfants, Gaspard et Colombe.

Dans le paragraphe « Les jeux et les activités de Louis en lien avec son développement psychomoteur et mon rôle » :

– Quelles activités manuelles et sensorielles pouvez-vous proposer à Louis ?

– Quel est votre rôle lors des périodes de jeux et d'activités de Louis ?

Dans le paragraphe « L'alimentation » :

– Précisez le nombre de repas/24 heures de Louis, les horaires, le type de lait et la quantité par biberon.

– Qui fournit le lait ?

– Élaborez un menu (avec les quantités) pour le déjeuner des deux autres enfants, Gaspard et Colombe, avec les contenus du réfrigérateur et du panier de courses de Patricia.

Dans le paragraphe « L'hygiène des locaux et du matériel » :

– Quel est l'entretien journalier des locaux où vous recevez les enfants, et en particulier des sanitaires et de la table de change ?

– Où rangez-vous les produits d'entretien ?

Dans le paragraphe « Ma tenue professionnelle et l'hygiène des mains » :

– Décrivez votre hygiène personnelle et l'hygiène de vos mains au cours de la journée.

Dans le paragraphe « La santé de l'enfant » :
– À quel endroit rangez-vous les produits d'hygiène et les médicaments ?

À l'oral, devant le jury

1. À l'oral, avant l'exposé de votre préparation écrite, vous devez vous présenter :
Voici un exemple de présentation personnelle :

Présentation personnelle
Je m'appelle Céline S. J'ai 20 ans. Je suis née le 11 mai 2001. J'habite chez mes parents. J'ai un frère de 22 ans qui fait des études de droit. J'ai effectué toute ma scolarité dans un collège, puis dans un lycée. Je suis élève en 2e année de CAP AEPE au lycée D.-E. à P., dans lequel j'ai effectué toute ma scolarité.
En première année, j'ai effectué un stage de quatre semaines dans un ACM et un autre stage de quatre semaines dans une MAM. En deuxième année, j'ai effectué un stage de quatre semaines dans une école maternelle et un autre stage de quatre semaines dans une crèche collective.
Dès que j'aurais obtenu le CAP AEPE, je souhaite travailler dans une crèche collective qui se situe à trente minutes de chez moi.

2. Exposé de votre préparation écrite, à l'oral
Dans le paragraphe « L'environnement de l'accueil et mon logement » :
– Quelles sont les pièces dans votre logement réservées aux enfants et aux parents ?

Réponse
J'ai transformé l'ancienne chambre de mon fils en salle de jeux et de repas pour les enfants que j'accueille. L'ancienne chambre de ma fille aînée est devenue un dortoir pour les enfants. J'y ai installé trois lits à barreaux pour enfant.
L'une des deux salles de bains est désormais la salle de bains des enfants que j'accueille. Elle comporte un WC, deux pots, une baignoire, un lavabo et une table à langer.
L'autre chambre me permet d'accueillir les parents et leurs enfants pour les transmissions du matin et du soir.

Dans le paragraphe « L'accueil de Louis au cours de la journée » :
Décrivez le déroulement d'une journée type de Louis après la période des deux semaines d'adaptation et en tenant compte des deux autres enfants, Gaspard et Colombe.

Réponse
– Déroulement de la journée de Louis en tenant compte des deux autres enfants, Gaspard et Colombe

Horaires approximatifs	Activités, sorties, siestes et soins
8 h 00	Arrivée de Gaspard et Colombe Transmissions individuelles avec les parents (respect de la confidentialité) Activités manuelles autour de la petite table dans la salle de jeux
9 h 00	Arrivée de Louis Transmissions avec la maman de Louis
9 h 15	Préparation des trois enfants et départ pour le parc, si le temps le permet Jeux moteurs dans le parc pour Gaspard et Colombe, sous mon étroite surveillance Louis dort et/ou s'intéresse au monde extérieur dans sa poussette

10 h 00	Retour à domicile Change pour Louis (après son réveil naturel), Colombe et Gaspard (pot ou WC) Lavage des mains pour Colombe et Gaspard
10 h 30	Biberon pour Louis Jeux libres pour Gaspard et Colombe, sous ma surveillance
11 h 00	Sieste pour Louis Préparation du repas pour Gaspard et Colombe (repas confectionné le matin avant l'arrivée des enfants et mis au réfrigérateur)
11 h 30	Déjeuner autour de la petite table pour Gaspard et Colombe, après lavage des mains
12 h 15	Préparation de Gaspard et Colombe pour la sieste Change de Colombe et Gaspard (pot ou WC) Toilette du visage et des mains Lecture d'un livre
12 h 45	Sieste pour Gaspard et Colombe
14 h 00	Réveil naturel de Louis Change et petite toilette du visage de Louis Biberon pour Louis
14 h 30	Jeux d'éveil pour Louis
15 h 00	Réveil échelonné pour Gaspard et Colombe Change et petite toilette du visage de Colombe et Gaspard (pot ou WC) Activités organisées et/ou jeux libres dans la salle de jeux Sieste pour Louis
16 h 00	Goûter pour Gaspard et Colombe, après lavage des mains
16 h 30	Jeux libres pour Gaspard et Colombe en attendant les parents
16 h 45 / 17 h 00	Arrivée des parents et transmissions individuelles aux parents (respect de la confidentialité), départ de Gaspard et Colombe
17 h 00	Réveil naturel de Louis Change de Louis Biberon pour Louis
17 h 30	Jeux d'éveil pour Louis en attendant la maman
17 h 45 / 18 h 00	Départ de Louis après transmissions à la maman. Il fera une sieste en arrivant chez lui.

Dans le paragraphe « Les jeux et les activités de Louis en lien avec son développement psychomoteur et mon rôle » :

– Quelles activités manuelles et sensorielles pouvez-vous proposer à Louis ?

Réponse

Dans la salle de jeux, je peux lui proposer des hochets, bouliers, grelots et girafe.

Je peux installer Louis sur le tapis de sol et lui donner dans la main :

– des hochets et la girafe pour qu'il les suce ;
– des cubes de différentes couleurs pour qu'il voie des couleurs vives ;
– des grelots pour écouter et créer des bruits.

Je peux aussi installer Louis à plat ventre sur le tapis d'éveil pour qu'il découvre par le toucher les différentes matières.

Dans le paragraphe « Les jeux et les activités de Louis en lien avec son développement psychomoteur et mon rôle »
– Quel est votre rôle lors des périodes de jeux et d'activités de Louis ?

Réponse
– J'accompagne et j'observe les progrès ou les difficultés de Louis.
– Je propose toujours une petite quantité de jouets adaptés à Louis, tout en respectant ses progrès.
– Je respecte le rythme de Louis et j'observe ses signes de fatigue.
– Par le jeu, Louis va développer ses capacités motrices, intellectuelles et sensorielles.

Dans le paragraphe « L'alimentation » :
– Précisez le nombre de repas/24 heures de Louis, les horaires, le type de lait et la quantité par biberon.
– Qui fournit le lait ?
– Élaborez un menu (avec les quantités) pour le déjeuner des deux autres enfants, Gaspard et Colombe, avec les contenus du réfrigérateur et du panier de courses de Patricia.

Réponse
– Louis est à cinq repas.
– Les horaires de ses repas sont, en général, à 7 heures, 10 h 30, 14 heures, 17 heures et 20 heures. J'attends que Louis se réveille naturellement pour lui donner son biberon.
– La quantité de lait par repas est de 180 ml de lait pour nourrisson (1er âge).
– Le matin, chez lui, vers 7 heures, il boit son premier biberon. Le dernier biberon sera donné chez lui également, vers 20 heures.
– Le lait est fourni par les parents.

Menu pour le déjeuner de Gaspard et Colombe avec les quantités :

Gaspard	Colombe
Une portion de courgettes et pommes de terre de 200 g avec une noix de beurre et du persil finement haché 40 g de blanc de poulet Un yaourt avec une cuillère à café de confiture de framboises Une poire	Une portion de courgettes et pommes de terre de 180 g avec une noix de beurre avec du persil finement haché 30 g de blanc de poulet Un yaourt avec une cuillère à café de confiture de framboises Une poire

Les courgettes, les pommes de terre, le poulet et la poire sont coupés en tout petits morceaux.

Dans le paragraphe « L'hygiène des locaux et du matériel » :
– Quel est l'entretien journalier des locaux où vous recevez les enfants, et en particulier des sanitaires et de la table de change ?
– Où rangez-vous les produits d'entretien ?

Réponse
– Tous les soirs, après le départ des enfants, je nettoie le carrelage de toutes les pièces où ils vont avec un produit détergent-désinfectant après avoir passé l'aspirateur.
– Pour les sanitaires, j'utilise un détartrant et un nettoyant désinfectant. Je les nettoie avec une balayette et des lavettes rouges, qui sont réservées au nettoyage des sanitaires.

– J'utilise des gants de ménage pour me protéger les mains.
– Puis j'aère les pièces pendant 15 minutes.
– Je nettoie et désinfecte le tapis et la table de change après chaque change avec un nettoyant-désinfectant en spray et des gants à usage unique.
– Je range les produits ménagers dans un placard en hauteur, fermé à clé, en prévention des accidents domestiques.

Dans le paragraphe « Ma tenue professionnelle et l'hygiène des mains »
Décrivez votre hygiène personnelle et l'hygiène de vos mains au cours de la journée.

Réponse
– Pour des raisons d'hygiène et de sécurité, je ne dois porter aucun bijou aux poignets, aux oreilles, aux mains et autour du cou.
– Mes ongles doivent être courts, sans vernis et limés régulièrement.
– Mes cheveux sont courts. Je dois prendre une douche chaque jour pour laver mon corps et mes cheveux.
– Je dois me laver les mains avant et après les soins d'hygiène et de confort des enfants, avant et après les repas, les activités organisées avec les enfants, les activités de nettoyage, le port de gants jetables ou de gants de ménage, certains gestes de la vie courante (passage aux toilettes, mouchage, etc.). Je dois porter un masque en période pandémique et en cas de besoin (transmissions avec les parents,…).

Dans le paragraphe « La santé de l'enfant »
– À quel endroit rangez-vous les produits d'hygiène et les médicaments ?

Réponse
Tous les produits d'hygiène et les médicaments sont rangés dans la salle de bains, dans une armoire en hauteur et fermée à clé.

3. Après l'exposé de votre préparation écrite à l'oral, le jury, au cours d'un entretien, vous posera différentes questions. Vous pourrez y répondre en vous aidant des annexes 1 et 2.

Questions possibles le jour J

Question 1
Pourriez-vous décrire l'environnement du domicile de Madame Parisse ?

Question 2
Madame Parisse peut-elle coucher les trois enfants qu'elle accueille dans l'ancienne chambre de sa fille aînée ?

Question 3
Quel est le rôle du centre de PMI ?

Question 4
Quelle convention collective détermine les conditions d'emploi et les conditions d'accueil des enfants pour les AMA ?

Question 5
Que signifie le sigle RAM et quel est son rôle ?

Question 6
Pourriez-vous préciser le déroulement de l'adaptation de Louis pendant la première semaine ?

Question 7
Dans quelle situation le secret professionnel doit-il être levé ?

Question 8
Quel produit non toxique pouvez-vous utiliser pour détartrer des WC ?

Question 9

Que faites-vous en cas d'urgence ?

Question 10

De quels matériels avez-vous besoin pour nettoyer les jouets ?

Question 11

Qu'avez-vous dit aux parents à propos de l'administration des médicaments ?

Question 12

Quelles sont les règles de sécurité que vous devez appliquer en prévention de la mort inattendue du nourrisson lorsque Louis fait la sieste ?

Question 13

Citez 5 règles à respecter lors de la prise des repas de Louis.

Question 14

Comment et où installez-vous Gaspard et Colombe pour le déjeuner ?

Question 15

Que pensez-vous du développement staturo-pondéral de Louis ?

Propositions de réponses

Question 1

Son domicile se situe en dehors du centre-ville, mais à côté du RAM et du centre de PMI. Les parents des enfants qu'elle reçoit peuvent se garer facilement car un parking public est juste à côté de la maison. Son domicile est aussi à côté d'un parc.

Question 2

Oui, elle peut facilement coucher trois enfants puisque cette chambre est grande et qu'elle y a installé trois lits pour enfants.

Question 3

La PMI peut donner des conseils à Madame Parisse par rapport au développement et à la santé de Louis ou pour des questions administratives (contrôle, renouvellement de l'agrément...).
L'AMA ne peut exercer son métier qu'avec l'agrément et le contrôle de la PMI.

Question 4

La Convention collective nationale des assistants maternels du particulier employeur détermine ses conditions d'emploi et les conditions d'accueil de ou des enfants.

Question 5

Le sigle RAM signifie « relais assistant maternel ». Il a été remplacé par le « Relais Petite Enfance ». Des ateliers y sont organisés (ateliers de musique, peinture, dessin, parcours de motricité...) tous les jours pour les enfants. Il permet aux AMA de rencontrer d'autres AMA.
Il peut aussi faire bénéficier les AMA d'un accompagnement au niveau de leurs pratiques professionnelles de la part d'un éducateur de jeunes enfants, d'un psychologue, d'une puéricultrice...

Question 6

Lundi	La maman de Louis reste 30 minutes avec son fils. Elle me précise encore les habitudes de vie de Louis (le portage, le change, les caresses, le bercement).
Mardi	La maman de Louis reste 1 heure avec son fils et m'explique ce qu'elle a ressenti la veille et le comportement de Louis lorsqu'il est rentré à la maison.
Mercredi	La maman de Louis reste 2 heures avec son fils. Elle part 10 minutes. J'observe le comportement de Louis au moment de l'absence de sa maman.

Jeudi	Louis reste 30 minutes sans sa maman et avec moi. Je fais un bilan avec sa maman de ces 30 minutes pendant lesquelles il est resté seul.
Vendredi	En fonction de la tolérance de la veille, Louis reste 1 à 2 heures sans sa maman. Je fais un bilan de la semaine avec sa maman.

Question 7

Je suis tenue de lever le secret professionnel devant une situation de maltraitance.

Question 8

Je peux utiliser du vinaigre d'alcool.

Question 9

J'appelle le Samu et les parents. Je note avec des horaires précis tous les événements (comportement de Louis, coloration de sa peau, difficultés respiratoires, vomissements…) dans le cahier de transmissions.

Question 10

Pour nettoyer les jouets, j'ai besoin :

- d'eau ;
- d'une paire de gants à usage unique ;
- de deux bassines ;
- d'une lavette ;
- d'une brosse ;
- de papier essuie-tout à usage unique ;
- d'un détergent-désinfectant alimentaire.

Question 11

J'ai prévenu les parents que je peux administrer des médicaments (acte de la vie courante), en cas de besoin, à Louis (fièvre, érythème fessier, collyre…), s'ils me fournissent une ordonnance médicale datée, des médicaments non ouverts et une autorisation signée de leur main.

Question 12

J'installe Louis dans son lit sur le dos, sans jouet, sans couette, sans drap de dessus, sans couverture et sans oreiller en prévention de la mort inattendue du nourrisson. La température de sa chambre est réglée sur 19 °C.

Question 13

Je ne réveille jamais Louis pour lui donner son biberon.
Je respecte son appétit.
Je ne le force jamais à finir son biberon.
Le moment de la prise du repas au biberon doit être aussi un moment d'échange privilégié entre Louis et moi.
Je dois prendre un temps suffisant pour que Louis prenne du plaisir à téter son biberon et à être dans mes bras.

Question 14

J'installe Gaspard et Colombe autour de la petite table, assis sur des petites chaises, dans la salle de jeux et de repas.

Question 15

Le développement staturo-pondéral de Louis se situe dans la moyenne.

Dans le cas d'un contrôle ponctuel (pour les AMA et les employés à domicile).

Projet d'accueil réel qui prend appui sur le contexte d'intervention professionnel du domicile

C'est une épreuve orale de **25 minutes** qui comporte :
- un exposé du candidat de son projet d'accueil ;
- et un entretien.

Cette épreuve se déroule devant un jury composé de deux membres :
- soit un professeur de la spécialité et un professionnel ;
- soit deux professeurs de la spécialité.

Le candidat va exposer oralement le contenu de son travail écrit.
Puis le jury, qui souhaite approfondir certains éléments ou vérifier la maîtrise des compétences du candidat, va lui poser des questions.

Projet d'accueil-type

Voici un exemple de projet d'accueil type :

1. Ma présentation personnelle
– identité et mode de vie
– scolarité et études

2. Ma présentation professionnelle (AMA ou employé à domicile) et ma formation
– formation et projet professionnel
– type d'accueil
– nombre d'enfants pris en charge
– date de début du contrat de travail
– horaires et journées de travail dans la semaine

3. Le statut et la réglementation de l'AMA ou de l'employé à domicile
– convention collective
– textes réglementaires
– contrat de travail
– responsabilité

4. L'environnement de l'accueil et le logement de l'AMA ou de la famille en cas d'employé à domicile
– implantation
– description des principales pièces du domicile, et plus particulièrement de celles qui accueillent les enfants pour l'AMA

5. Les interlocuteurs de l'AMA ou de l'employé à domicile
– noms et qualifications
– rôles

6. La présentation de l'enfant accueilli
– identité
– famille
– description rapide et principaux traits de caractère

7. L'accueil et mes valeurs éducatives dans le respect de l'autorité parentale
– adaptation
– accueil au cours de la journée
– jeux et activités
– objet transitionnel
– sommeil
– alimentation
– sorties et promenades
– soins d'hygiène du quotidien

8. L'hygiène des locaux et du matériel

9. Ma tenue professionnelle et l'hygiène des mains

10. Les transmissions
– orales
– écrites

11. La santé de l'enfant
– état de santé actuel
– développement staturo-pondéral
– autorisation (fiche médicale, soins d'urgence…)

Exemple de projet d'accueil

Voici un exemple concret de projet d'accueil.

Projet d'accueil de Pierre L.

Ce projet d'accueil a été rempli avec les parents de Pierre, avant et pendant la période d'adaptation. Il est réactualisé régulièrement. La dernière mise à jour date du 20 mai 2021.

1. Ma présentation personnelle

Je m'appelle Caroline D. J'ai 48 ans. Je suis née le 14 mars 1973.

Je suis mariée depuis vingt-huit ans et j'ai deux enfants, Bénédicte, 25 ans, et Romain, 27 ans.

J'ai effectué toute ma scolarité dans un collège, puis dans un lycée.

J'ai obtenu mon bac en 1991, et j'ai commencé des études d'infirmière.

Lorsque je me suis mariée, j'ai arrêté mes études et je me suis entièrement consacrée à l'éducation de mes enfants.

2. Ma présentation professionnelle : AMA (assistante maternelle agrée) et ma formation

Lorsque mes enfants sont partis vivre chez eux, j'ai décidé, en accord avec mon mari, de devenir assistante maternelle agréée indépendante.

J'ai donc suivi la formation obligatoire, et je suis assistante maternelle agréée indépendante depuis quatre ans.

J'ai obtenu mon agrément (N° 08785) en février 2017 pour recevoir deux enfants.

J'ai suivi les 120 heures de formation obligatoire sur deux périodes de 60 heures.

J'ai accueilli, pendant deux ans et demi, deux enfants, qui sont partis à l'école maternelle, puis un autre enfant, qui est parti dans un multi-accueil.

Depuis le 18 avril 2021, date du début du contrat de travail, j'accueille un seul enfant, depuis quatre semaines, Pierre, qui a aujourd'hui 15 mois. J'accueille Pierre de 8 heures à 17 heures, du lundi au vendredi. Un prochain enfant de 6 mois arrivera au mois de septembre 2021.

Je me présente au CAP AEPE en candidat libre.

Si j'obtiens le CAP AEPE, je souhaiterais travailler dans une crèche collective.

3. Mon statut et la réglementation

Je suis assistante maternelle agréée indépendante, employée des parents dont j'accueille les enfants.

Lorsque l'assistante maternelle agréée est indépendante, elle peut accueillir un à quatre enfants à son domicile, en fonction de son agrément.

L'AMA ne peut exercer son métier qu'avec l'agrément et le contrôle de la PMI.

La convention collective nationale des assistants maternels du particulier employeur détermine ses conditions d'emploi et les conditions d'accueil de (ou des) enfant(s).

Elle fixe le cadre juridique de cette profession. Elle détermine un certain nombre d'éléments (droits et obligations, contrat et temps de travail, rémunérations, congés annuels, frais de repas...).

Un contrat de travail est rédigé, daté et signé en deux exemplaires pour chaque enfant accueilli.

J'ai une assurance professionnelle avec une extension de la garantie de responsabilité civile.

Je suis tenue de respecter le secret professionnel et la discrétion professionnelle.

4. L'environnement de l'accueil et mon logement

J'habite avec mon mari dans un appartement de cinq pièces au rez-de-chaussée à B.

Mon domicile se situe à côté du centre-ville, à cinq minutes à pied de la médiathèque et de la ludothèque. Le Relais Petite Enfance et le centre de PMI sont un peu plus éloignés, à quinze minutes à pied.

Je ne possède pas d'animal domestique.

Mon appartement se situe dans une résidence implantée dans un grand parc arboré et fleuri à côté d'un square.

Un grand parking permet de se garer facilement, et notamment aux parents de prendre leur temps lorsqu'ils accompagnent leur enfant chez moi et lorsqu'ils reviennent les chercher le soir.
Les cinq pièces sont distribuées ainsi : une salle à manger, un salon, trois chambres, deux salles de bains.
J'ai transformé l'ancienne chambre de mon fils en salle de jeux et de repas puisque cette chambre est à côté de la cuisine.
L'ancienne chambre de ma fille est devenue la chambre des enfants que j'accueille.
Je peux y coucher un à quatre enfants puisque cette chambre est grande. Elle fait office de dortoir puisque j'y ai installé quatre lits à barreaux. Un grand placard permet de ranger la literie, le linge et les vêtements des enfants. Deux fauteuils permettent aux enfants et à moi-même de m'asseoir.
L'une des deux salles de bains est désormais la salle de bains où je peux dispenser les soins du quotidien aux enfants accueillis. Il y a un WC, deux pots, une baignoire, un lavabo et une table à langer.
Une vaste entrée me permet d'accueillir les parents et leurs enfants. J'y ai installé un meuble avec des tiroirs pour déposer les cahiers de transmissions. Une grande banquette permet aux parents et aux enfants de s'asseoir pour l'accueil du matin et les retrouvailles du soir.
Les murs de chaque pièce sont peints avec une peinture à l'eau de couleur crème.
Tous les sols sont en carrelage. Il n'y a aucun tapis dans les locaux où je reçois les enfants.
Les enfants et leurs parents ne peuvent entrer ni dans ma chambre, ni dans le salon, ni dans la salle à manger ou notre salle de bains.

5. Mes interlocuteurs

5.1. Le centre de PMI

Quand je le souhaite, j'ai un soutien du centre de PMI, qui peut me donner des conseils par rapport au développement et à la santé de Pierre, ou pour des questions administratives (contrôle, renouvellement de l'agrément…).

5.2. Le Relais Petite Enfance

Je me déplace au Relais Petite Enfance régulièrement, tous les quinze jours, pour que Pierre y rencontre d'autres enfants. Des ateliers sont organisés (ateliers de musique, parcours de motricité…).
Je peux aussi dialoguer avec d'autres assistantes maternelles.
Je bénéficie aussi d'un accompagnement dans mes pratiques professionnelles de la part de l'éducatrice de jeunes enfants.

5.3. La ludothèque

Une fois par mois, je vais avec Pierre à la ludothèque pour emprunter un ou deux jeux qui me sont conseillés par la ludothécaire.

5.4. La médiathèque

La médiathèque organise des lectures de livres par une conteuse chaque jeudi après-midi et vendredi matin.
Je m'y déplace avec Pierre une fois par semaine, le vendredi matin pour lui faire bénéficier de ce moment magique qu'il réclame toutes les semaines.
Je me déplace toujours à pied et j'ai une autorisation signée des parents pour que Pierre puisse participer à des rencontres ou des activités adultes-enfants.

6. La présentation de Pierre et sa famille

Pierre est né le 18 février 2020. Il a 15 mois. Il est né à la maternité de l'hôpital P. à C.
Il est de nationalité française. La famille est composée de deux parents mariés (Sophie D., 35 ans, et Luc D., 38 ans) et de deux enfants : Laurent, 3 ans et demi, et Pierre, 15 mois. C'est une famille traditionnelle.
Laurent est à l'école maternelle. Les parents de Pierre et Laurent travaillent tous les deux.
Pierre est un petit garçon aux yeux verts et aux cheveux bruns ondulés. Sa peau est mate.

Pierre est un enfant très gai et très sociable, mais il est timide avec les gens qu'il ne connaît pas. Les parents ont rempli une fiche avec différents renseignements pratiques. J'ai plusieurs numéros de téléphone possibles si je dois joindre les parents à leur domicile, à leur travail ou sur leur portable. De nombreuses rencontres avec les parents ont eu lieu à mon domicile avant la période d'adaptation.

7. L'accueil de Pierre et mes valeurs éducatives dans le respect de l'autorité parentale

7.1. L'adaptation

La période d'adaptation permet une transition en douceur entre le domicile familial et le lieu d'accueil. L'adaptation doit respecter le rythme de l'enfant et de ses parents.
La maman de Pierre a pris soin de lui en ma présence, puis j'ai moi-même pris soin de Pierre en la présence de sa maman (change, repas, éveil...).
Les temps de séparation se sont allongés peu à peu pour aboutir à une journée complète.
J'ai pu m'adapter à la disponibilité de la maman de Pierre, et j'ai pu tisser des liens de confiance avec Pierre et sa maman.
L'adaptation s'est très bien déroulée sur deux semaines, après le congé parental de sa maman. Seule la maman de Pierre était présente.
J'ai fait un bilan en fin de période d'adaptation avec la maman pour savoir s'il fallait prolonger la période d'adaptation ou non. J'ai demandé à la maman si elle se sentait prête à laisser son enfant toute la journée, et si Pierre vivait cette séparation sans difficulté (troubles du sommeil, de l'alimentation, pleurs, etc.).

7.2. L'accueil de Pierre au cours de la journée

Le matin, Pierre arrive à 8 heures avec son papa, qui est toujours à l'heure.
Le papa de Pierre me fait les transmissions des événements de la veille au soir et de la nuit.
À partir de 8 heures, Pierre fait des jeux libres dans la salle de jeux avec moi.
Vers 9 heures, j'organise des activités manuelles (dessin, pâte à modeler, pâte à sel...), des jeux d'encastrements ou des jeux de construction.
Ensuite, vers 10 heures, je propose à Pierre des activités motrices dans le square qui se trouve à côté de chez moi, pendant 45 minutes environ.
Le repas se déroule entre 11 heures et 11 h 30. Pierre déjeune autour de la petite table dans la salle de jeux.
À 12 h 30, je mets Pierre à la sieste.
Je surveille la sieste et j'attends que Pierre se réveille spontanément.
En général, il se réveille vers 15 heures.
Le goûter se déroule à 15 h 30 autour de la petite table.
Puis je propose des activités libres, dans le jardin de la résidence si le temps le permet.
Les retrouvailles à 17 heures sont un moment de joie entre Pierre et sa maman.
Je fais des transmissions très détaillées à la maman de Pierre.

7.3. Les jeux et les activités de Pierre en lien avec son développement psychomoteur et mon rôle

Son développement psychomoteur est normal pour son âge.

• Les activités motrices

Au niveau de sa motricité globale, Pierre marche seul depuis un mois. Il est capable de monter doucement un escalier à quatre pattes. Il peut s'agenouiller et se relever seul. Mais son équilibre reste encore instable. J'organise une activité motrice dans le jardin de la résidence ou dans le square lorsqu'il fait beau (balle, ballon...). Dès que c'est possible, je le fais marcher.
Dans la salle de jeux, Pierre apprécie beaucoup le gros camion, pour monter dessus, et le chariot de marche.

• Les activités manuelles

Au niveau de sa motricité fine, Pierre peut faire une tour de deux cubes, encastrer un rond sur un jeu d'encastrement, reproduire un trait fait par l'adulte, peut montrer du doigt ses jouets et lancer un petit ballon à deux mains.

J'organise les activités manuelles dans la salle de jeux des enfants (peinture, dessin, pâte à modeler, jeux d'eau dans le bac à eau…).
Pierre apprécie aussi les jeux de construction, les jeux d'encastrement, les trieurs de forme, les gobelets ou les cubes gigognes. Il joue aussi beaucoup avec des jeux à tirer, à traîner ou à pousser.

• Les activités qui stimulent le langage

Au niveau du langage, Pierre a un langage global significatif. Il est capable d'associer deux mots. Il connaît cinq à six mots. Pierre associe souvent ses gestes aux mots. Il module sa voix pour se faire comprendre. Mais il communique aussi beaucoup avec des sourires ou des pleurs. Il se désigne souvent par « bébé », mais commence depuis une semaine à dire « Pierre ».
Je propose à Pierre la lecture de livres, de comptines, de chansons ou l'écoute d'un disque systématiquement avant les repas.
Pierre réclame souvent une comptine ou une berceuse avant la sieste.
Cette activité lui permet de s'exprimer verbalement et d'apprendre de nouveaux mots.

• Mon rôle

Chaque jour, j'essaie de varier les jeux et les activités en les alternant.
J'accompagne Pierre tout en respectant son autonomie.
Je lui explique le jeu puis je l'observe, je l'encourage, mais je ne fais pas à sa place.
Je lui propose toujours une petite quantité de jouets adaptés à son développement psychomoteur, puis je le laisse choisir.
Pierre est avide d'expérience et va d'un jeu à l'autre sous mon regard.
Je respecte son rythme et j'observe ses signes de fatigue.
Je choisis les activités en fonction des moments de la journée et de ses besoins de repos.
Par le jeu, Pierre développe ses capacités motrices, intellectuelles et sensorielles.

7.4. L'objet transitionnel

Pierre a comme objet transitionnel un petit renard en peluche noir prénommé « Snob ».
Son objet transitionnel est à sa disposition. Il le prend et le serre contre lui lorsqu'il en a besoin : avant la sieste et le soir, avant que sa maman vienne le chercher.

7.5. Le sommeil de Pierre

Pierre dort très bien pendant la sieste, qui dure en général deux heures et demie.
Il dort en body, sur le dos, avec une turbulette. Les draps de son lit sont verts avec des petits dessins d'ours bruns dans la forêt. Je change les draps une fois par semaine, ou plus s'ils sont souillés. Je nettoie le lit de Pierre une fois par semaine.
Ses signes d'endormissement sont : les bâillements et les clignements de paupières.
Les rituels d'endormissements sont : les berceuses, que Pierre me réclame tous les jours.
Il se réveille spontanément et toujours de très bonne humeur.
Chez lui, il est couché à 19 h 30 et se réveille vers 7 heures.

7.6. L'alimentation de Pierre

Sa maman l'a allaité pendant cinq mois. Pierre est à quatre repas depuis l'âge de 6 mois. Il ne présente aucune allergie ni intolérance alimentaire. Pierre a des menus équilibrés et confectionnés par sa maman. Ses deux repas (de 11 heures et 18 h 30) sont entièrement diversifiés depuis l'âge de 9 mois. Pierre a très bon appétit et mange avec plaisir.
Le matin, chez lui, vers 7 h 30, il boit un biberon de 250 ml de lait de croissance.
À 11 heures, il mange 180 g de purée de légumes moulinée ou écrasée à la fourchette et 30 g de viande ou de poisson, moulinés ou écrasés à la fourchette, un yaourt avec une cuillère à café de confiture et une compote de fruits mélangés.
À 15 h 30, le goûter est composé d'un produit laitier, en général un fromage blanc, avec une cuillère à café de miel, et d'un fruit cru râpé s'il a encore faim.

À table, il peut incliner sa timbale pour boire, il tient seul sa cuillère, mais il la met souvent à l'envers dans sa bouche

7.7. Les sorties et promenades de Pierre

Je propose à Pierre de sortir deux fois par jour dans le parc de la résidence ou dans le square si le temps le permet. Ces sorties permettent à Pierre une bonne oxygénation, des jeux de plein air et la découverte de nouveaux environnements. Les sorties au RAM, à la médiathèque et à la ludothèque permettent aussi à Pierre de faire d'autres activités et de rencontrer d'autres enfants.

7.8. Les soins d'hygiène du quotidien

J'effectue les soins d'hygiène du quotidien : le change, les soins du visage et le lavage des mains. J'emploie des gants de toilette jetables, de l'eau et du savon liquide pour le change, du coton, de l'eau minérale et du sérum physiologique pour les soins du visage, et de l'eau et du savon liquide pour le lavage des mains. Ce sont les parents qui me fournissent une fois par mois le matériel (les couches, le savon liquide, le coton et le sérum physiologique). J'ai une crème non médicamenteuse à appliquer sur le siège de Pierre que les parents m'ont fournie et qu'ils renouvellent régulièrement.

Les parents donnent un bain à Pierre tous les soirs, suivi d'un shampoing des cheveux. Ils se chargent aussi du coupage des ongles des mains et des pieds.

8. L'hygiène des locaux et du matériel

Tous les soirs, après le départ de Pierre, je mets des gants de ménage et je nettoie le carrelage de toutes les pièces réservées aux enfants, ainsi que la salle de bains et la cuisine avec un produit détergent-désinfectant après avoir passé l'aspirateur. J'utilise un détartrant pour les WC. Puis j'aère les pièces pendant dix minutes.

Je nettoie et désinfecte avec un détergent-désinfectant et des gants à usage unique le plan de change et son matelas après chaque change.

Je nettoie les jouets des enfants avec un détergent-désinfectant alimentaire par immersion ou par essuyage, par spray ou dans la machine à laver, en fonction de la matière des jouets.

Je range les produits ménagers dans un placard en hauteur, fermé à clé.

9. Ma tenue professionnelle et l'hygiène des mains

Je travaille avec un ensemble en coton de couleur rose clair composé d'un pantalon long et d'une tunique à manches courtes. Je lave ma tenue tous les soirs après mon travail dans la machine à laver. Elle est sèche le lendemain matin. Je n'ai pas besoin de la repasser. Je possède deux autres tenues professionnelles dans mon placard que je peux utiliser en cas de souillures au cours de la journée. Mes chaussures sont plates, silencieuses et blanches. Je les lave une fois par semaine dans la machine à laver. Pour des raisons d'hygiène et de sécurité, je ne porte aucun bijou aux poignets, aux oreilles, aux mains ou autour du cou.

Mes ongles sont courts, sans vernis et limés régulièrement.

Mes cheveux sont courts. Je prends une douche quotidienne pour laver mon corps et mes cheveux.

Je me lave les mains avant et après les soins d'hygiène et de confort, avant et après les repas, les activités organisées avec les enfants, les activités de nettoyage, le port de gants jetables, certains gestes de la vie courante (passage aux toilettes, mouchage...). Je dois porter un masque en période pandémique et en cas de besoin (transmissions avec les parents,...).

10. Les transmissions

Je fais des transmissions orales à la maman de Pierre tous les soirs. Je note sur le cahier de transmissions, avec la date et l'heure, tout ce que fait Pierre au cours de la journée (activités, sorties...), mes observations (comportement, pleurs, fatigue...), les changes, le nombre de selles et d'urines et leurs aspects, et enfin d'éventuels problèmes de santé (fièvre, maux de tête...). Le papa de Pierre me fait des transmissions orales tous les matins.

11. La santé de Pierre

Pierre ne présente aucun problème de santé. Il a eu cet hiver deux rhinopharyngites et une otite sans gravité. Ses 11 vaccins obligatoires sont à jour. Les parents ont rempli une fiche médicale concernant Pierre. J'ai une autorisation de soins d'urgence signée des parents.
Ses courbes staturo-pondérales sont régulièrement ascendantes, dans la moyenne et sans cassures. Lors de la dernière visite chez le pédiatre, il y a une semaine, sa maman m'a indiqué que Pierre pesait 10,700 kg et mesurait 77 cm. Pierre a 12 dents (8 incisives, 4 prémolaires).
Je peux administrer des médicaments (acte de la vie courante) à Pierre en cas de besoin (fièvre, érythème fessier, collyre…) dans la mesure où j'ai une ordonnance médicale datée et fournie par les parents et une autorisation signée des parents. Tous les produits d'hygiène et les médicaments sont rangés dans une armoire en hauteur, fermée à clé.

Entretien avec le jury

Voici des questions que pourrait poser le jury et les réponses que vous pouvez faire.

Question 1 du jury

Pourriez-vous expliquer le déroulement de l'adaptation de Pierre au cours des deux semaines ?

Réponse

Principe : L'accueil est de plus en plus long en présence d'un des parents ou des deux parents puis en leur absence.

Première semaine

Lundi	La maman de Pierre reste 30 minutes avec son fils et dialogue avec moi sur les habitudes de vie de son enfant et de la vie de leur famille.
Mardi	La maman de Pierre reste 1 heure avec son fils et dialogue avec moi, me fait des transmissions et le bilan de ce qu'elle a ressenti la veille et ses observations.
Mercredi	La maman de Pierre reste 2 heures avec son fils et dialogue avec moi sur les réactions de son fils et son comportement à la maison après ces 2 jours chez moi. Elle part 15 minutes.
Jeudi	Pierre reste 30 minutes sans sa maman et avec moi.
Vendredi	En fonction de la tolérance de la veille, Pierre reste 1 à 2 heures sans sa maman. Je fais un bilan de la semaine avec sa maman.

Deuxième semaine

Lundi	La maman me fait les transmissions du week-end. Pierre reste avec moi 1 à 2 heures.
Mardi	Pierre reste avec moi 2 heures, et sa maman vient lui donner son repas.
Mercredi	Pierre reste chez moi 3 heures, et je lui donne son repas.
Jeudi	Pierre reste chez moi toute la matinée, et je lui donne son repas.
Vendredi	Pierre reste chez moi pendant le repas, la sieste et le début de l'après-midi.

Question 2 du jury

Comment se passe le moment de la séparation entre Pierre et son papa, le matin ?

Réponse

Le moment de la séparation se déroule toujours très bien car le papa de Pierre prend toujours beaucoup de temps pour parler avec moi puisqu'il repart travailler à 8 h 15. Ses transmissions écrites sur le cahier sont riches et précises.

Question 3 du jury

Quel type de jeux libres Pierre aime-t-il faire le matin lorsqu'il arrive à 8 heures ?

Réponse
Pierre s'intéresse particulièrement le matin aux jeux symboliques (coin garage et dînette).

Question 4 du jury
Que devez-vous dire à la maman de Pierre au moment des transmissions orales ?

Réponse
Je dois détailler les activités de Pierre au cours de la journée, le temps de sommeil, les temps du déjeuner et du goûter (quantités d'aliments et de boissons que Pierre a pris), le nombre de selles et d'urines, les progrès de Pierre et les éventuels petits problèmes de santé ou les pleurs.

Question 5 du jury
Que faites-vous pour préparer Pierre au repas de 11 heures ?

Réponse
En fin de matinée, je prépare Pierre au repas avec un change et le lavage des mains.
Puis je chante une ou deux comptines, avant le repas, pour permettre à Pierre de se relaxer.

Question 6 du jury
Quelles sont vos actions avant de proposer le goûter à Pierre ?

Réponse
Après la sieste, je procède à une petite toilette du visage, au change et je rhabille Pierre.
Ensuite, je lui lis des livres.
Juste avant le goûter, je lave les mains de Pierre.

Question 7 du jury
Qui confectionne les repas ?

Réponse
Les repas sont toujours confectionnés par la maman de Pierre, la veille. Son papa me les apporte dans une petite glacière le matin, dans différentes boîtes en plastique, avec son nom, son prénom, la date et l'heure de la préparation des mets.
Je les range au réfrigérateur dans la partie entre 4 °C et 6 °C. Je n'ai qu'à les ouvrir et à les réchauffer si besoin. Je réchauffe les plats à feu doux dans une casserole. Je jette les restes si Pierre ne mange pas toutes ses portions préparées par sa maman.

Question 8 du jury
Comment préparez-vous Pierre à la sieste ?

Réponse
À 12 heures, je nettoie le visage de Pierre, je le change, je lui lave les mains, puis je le déshabille pour le mettre en body.
Avant que Pierre fasse la sieste, nous chantons ensemble une berceuse, assis sur les fauteuils de la chambre.
Puis je mets Pierre dans son lit, et il s'endort très facilement.

Question 9 du jury
Pierre a-t-il eu des problèmes de santé depuis sa naissance ?

Réponse
Pierre a présenté une détresse respiratoire après une naissance par césarienne.
Il a donc été hospitalisé pendant cinq jours dans un service de néonatologie à côté du service de maternité où avait accouché sa maman. Elle a donc pu venir le voir et s'occuper de lui pendant ces cinq jours.
Il n'a gardé aucune séquelle de cet épisode sur le plan respiratoire.

Question 10 du jury
Comment avez-vous aménagé la salle de jeux ?

Réponse
Le mobilier de cette salle de jeux est composé d'une armoire (où je range les matériels de dessin, de peinture, les puzzles, les jeux d'encastrement, les livres...), d'un coffre à jouets (où je place les Lego, les cubes, le ballon, les hochets, les seaux, les pelles...), de deux fauteuils, d'une petite table avec quatre petites chaises (activités et repas) et d'une petite banquette pour s'asseoir. Deux coins de jeux symboliques complètent cet aménagement : un coin dînette et un coin garage.

Question 11 du jury
Quel est l'intérêt du lait de croissance par rapport au lait de vache ?
Réponse
Le lait de croissance est plus pauvre en lipides et en protéines que le lait de vache.
Sa composition est proche du lait de suite, avec une concentration un peu plus élevée en protéines et en minéraux.
Il est enrichi en fer (25 fois plus que le lait de vache), en glucides adaptés (lactose et dextrine maltose), en acides gras essentiels, en vitamines, dont la vitamine D.

Question 12 du jury
Quels sont les aliments classés dans le groupe 1 et le groupe 2 ?
Pierre mange de la confiture et une compote de fruits. Dans quel groupe sont classés ces deux aliments ?
Réponse
Les aliments classés :
- dans le groupe 1 : lait et produits laitiers ;
- dans le groupe 2 : viande, poisson, œuf.

La confiture est classée dans le groupe 6 (produits sucrés).
La compote de fruits est classée dans le groupe 4 (légumes et fruits).

Question 13 du jury
Citez deux raisons importantes pour lesquelles Pierre doit consommer des produits laitiers à chaque repas ?
Réponse
Pierre doit consommer des produits laitiers à chaque repas car ils contiennent du calcium en quantité importante. Le calcium est le principal minéral de constitution des dents et des os.

Question 14 du jury
De quels matériels disposez-vous pour effectuer un lavage simple des mains ?
Réponse
Pour effectuer un lavage simple des mains, je dispose :
- d'un lavabo traditionnel ;
- d'un savon doux liquide ;
- d'essuie-mains jetables ;
- d'une poubelle à pédale.

Question 15 du jury
Combien de fois par jour nettoyez-vous le matelas de change, et avec quels matériels ?
Réponse
Je nettoie le matelas de change après chaque change.
J'utilise :
- une lavette en microfibres ;
- des gants jetables ;
- un spray détergent-désinfectant.

LE BIMENSUEL DES PROFESSIONNELS DU SECTEUR SOCIAL ET MÉDICO-SOCIAL

LIEN SOCIAL

Seul organe de presse du secteur social et médico-social à être totalement **INDÉPENDANT**, *Lien Social* est un journal qui se distingue par sa liberté de ton.

Réalisé par des travailleurs sociaux et des journalistes spécialisés, cet **OUTIL DE TRAVAIL** propose des reportages, des analyses, des dossiers, des critiques de livres, et restitue de manière claire et hiérarchisée l'actualité du secteur.

Lien Social se veut un **ESPACE DE DÉBAT ET DE RÉFLEXION**, de découverte, d'initiatives et d'échanges de savoir-faire. Il ouvre ses pages à tous les travailleurs sociaux. Ce brassage atypique et fourmillant entre experts et témoins fait de lui le forum des travailleurs sociaux.

LES LECTEURS ONT TOUJOURS PLUS GRAND BESOIN DE JOURNAUX INDÉPENDANTS… ET RÉCIPROQUEMENT !

OFFRE DÉCOUVERTE LIEN SOCIAL

☐ Je souhaite recevoir un numéro gratuit

Nom : ………………………………………………

Prénom : ………………………………………………

Adresse : ………………………………………………

………………………………………………

Mail : ………………………………………………

Profession à laquelle vous vous destinez : ………………………………

Vuibert 01/2018

Conformément à la loi « Informatique et Libertés » du 6 janvier 1978, vous pouvez accéder aux données vous concernant, les rectifier et vous opposer à leur transmission éventuelle à nos partenaires en nous écrivant.

www.lien-social.com

☎ 05 62 73 34 40

contact@lien-social.com

76 rue Garance • 31670 Labège

Dépôt légal : août 2021 – N° éditeur : MAGSI20200483

Achevé d'imprimer en août 2021 en France par Présence Graphique en France - Monts

IMPRIM'VERT

PEFC™ 10-31-2677